中小学语文教师专业发展用书

新课程

语文教育问题与对策研究

耿红卫◎著

新华出版社

图书在版编目（CIP）数据

新课程：语文教育问题与对策研究 / 耿红卫著. —北京：新华出版社，2016.7

ISBN 978-7-5166-2707-5

Ⅰ．①新…　Ⅱ．①耿…　Ⅲ．①语文教学—教学研究　Ⅳ．①H19

中国版本图书馆CIP数据核字（2016）第169231号

新课程：语文教育问题与对策研究

作　　者：耿红卫

选题策划：张永杰　　　　　　　　　责任编辑：张永杰
责任印制：廖成华　　　　　　　　　封面设计：李尘工作室

出版发行：新华出版社
地　　址：北京市石景山区京原路 8 号　　邮　　编：100040
网　　址：http：//www.xinhuapub.com
经　　销：新华书店
购书热线：010-63077122　　　　中国新闻书店购书热线：010-63072012

照　　排：李尘工作室
印　　刷：北京竹曦印务有限公司
成品尺寸：170mm×240mm
印　　张：17　　　　　　　　　　字　　数：200千字
版　　次：2016年8月第一版　　　　印　　次：2016年8月第一次印刷

书　　号：ISBN 978-7-5166-2707-5
定　　价：30.00元

河南师范大学学术专著出版基金资助

2015年河南省教师教育课程改革研究重点项目：

中小学语文教师"国培"的针对性、实效性研究

（项目编号：2015-JSJYZD-016）核心成果

新课程背景下语文教育的审视与反思

　　新中国成立以来的语文教育始终在波折中前进。尤其是"文革"十年的破坏，使我国的教育领域受到极大的重创，作为百科之母的语文学科受到的负面影响尤甚，丧失了独立的学科属性，被称之为"政治语文"、"革命文艺"，甚至有些学校直接把毛主席语录和毛主席著作当作语文学。改革开放以来，邓小平同志提出了"科教兴国"战略，强调"教育要面向现代化、面向世界、面向未来"，在新一轮的改革浪潮下，我国的语文教育于20世纪80年代中期，进入了一个新的发展时期，标准化考试被逐步引入语文课程评价中来，某种程度上提高了语文教学的效率。但是，随着标准化考试之风的愈演愈烈，语文教学也发生了严重的异化，教师遵循着"字、词、句、篇、语、修、逻、文"八字宪法，肢解式地讲解、分析课文，所有的教学中心都围绕着"升学考试考什么，老师就教什么，学生就学什么"来进行，以至于使原本丰富、有趣的语文教学走向了死胡同，变成了一种应试之学、技艺之学。1997年的语文教育大讨论，围绕着语文教育的问题展开了激烈的讨论，与此同时，第八轮新课程改革的前期调研也在全国各地如火如荼般地展开，最终促使2001年义务教育语文课程标准和2003年高中语文课程标准的颁布，拉开了新一轮语文课程改革的序幕。

　　新课程改革实验至今十年有余，也取得了一些显著的成绩。比如：语文教师对以生为本，学生是学习的主体、主人，全面提高学生的语文素养，工具性和人文性的统一是语文课程的基本特点，自主、合作、探究的学习方式是语文学习的基本参照，语文教学价值取向的调整在理论上已经基本到位；语文课堂教学中师生关系得到全面调整，由过去的"双主体论"、"双客体论"、"主体客体论"、"客体主体论"、"师生客体、教学媒介主体论"发展到新课标主导的"主导主体论"，师生关系更加平等、民主化；语文教学吸纳了"建构主义教学理论"、"对话教育理论"的新理念，摒弃过去常用的"问答式教学法"和"讨论法"，倡导对话式教学，问题可以由老师抛出，可以由学生自主阅读后提出，也可以由师生商讨来共同提出，而后学生1、学生2……学生n，陆续地加入到讨论中来，学生之间、师生之间的观点产生碰撞与共鸣，"讨论之链"、"讨论之球"在师生之间、生生之间进行多站的传递，从而使语文教学对话模式得以确立，对话教育理念得到师生的广泛认可；语文教学由20世纪60年代以来提出的重"基础知识、基本能力"培养的教学原则发展到20世纪80年代重"基本能力、基础知识"的培养，再到弱化语文知识的学习，全面提高学生的语文素养的转变，等等。

在2001年、2003年课标的实验中，一些专家学者和课标研制者也发现了不少问题，比如：有些内容缺乏整合，难度偏大，设计缺乏弹性；语文学法指导过于笼统；具体内容循序渐进的梯度不够；学科之间、学段之间的衔接不够；时代性不强，传统文化渗透太少；过于淡化语法修辞知识，等等。2011年颁布的《义务教育语文课程标准》对十年来的新课程改革中存在的问题进行了纠正，使义务教育语文新课程再次迎来一个新的发展契机。高中新课标修订版尚在研制之中，相信不久的将来定会问世，进一步把高中语文新课程的改革引向深入。

如果从历史评价的角度来看语文教育改革的情况，那么，1904年1月语文独立设科以来，除了1963年5月教育部颁布的《全日制（十二年制）中学语文教学大纲（草案）》明确提出了"语文是学好各门知识和从事各种工作的基本工具"这一学科性质，之后的两年，中小学语文教学改革取得的成绩，得到学界肯定的多，否定的少。而其他一些阶段或时期，包括当前，基本都是否定的多，肯定的少。为什么我们的母语学科会出现这样的一个局面？笔者认为与当下语文课程本身还存在一些重大的分歧及问题没有得到重视和解决有重要的关联。

众所周知，2011年版课程标准尽管明确了语文课程的性质，即"语文课程是一门学习语言文字运用的综合性、实践性课程。义务教育阶段的语文课程，应使学生初步学会运用祖国语言文字进行交流沟通，吸收古今中外优秀文化，提高思想文化修养，促进自身精神成长。工具性与人文性的统一，是语文课程的基本特点"。与2001年实验稿课标相比，这一性质的确有了很大的发展。但"工具性与人文性的统一，是语文课程的基本特点"这一定位是不尽合理的，并非基于学科发展的角度来阐发的，笔者认为"科学性与人文性的统一"应为语文课程的基本属性，而其他的民族性、实践性、综合性、言语的模糊性、国际性等附属属性也应该好好把握的。名不正则言不顺，定性必先正名。当前新课程标准虽然明确区分了语文和语文课程的内涵，但是就语文的内涵简单解释为"语言文字"是没有说服力的，这一概念的界定无非是把曾经影响语文教育界的一些大家，比如叶圣陶、吕叔湘、张志公等人的观点综合一下放到课标中而已，并没有从学理层面很好地定义语文名称的内涵。学界一些学者和笔者一致认为"语文"的内涵应为：语文是一个以语言为核心的包括语言、文字、文章、文学及相应文化等在内的言语学科体系，是口头言语与书面言语的统一体。当然，当前语文这一内涵之所以存在很大的分歧，个中原因之一与语文学科这一名称自身容易产生歧义有关系，笔者认为，语文学科必须改名，"中语"应是最佳的选择。

新版课程标准对于师生关系理念的阐发也滞后于国际通行的理念。目前，学界对师生关系的认识已经超越了所谓的"教师为主导，学生为主体"的这一阶段。师生之间不是简单的谁主导谁主体的问题，而应当是构建一个新型的师生"学习共同体"的关系。韩愈说"能者为师"、柳宗元说"交互为师"其实就是阐明了师生之间不是简单的师生关系，而是亦师亦友、亦生亦友的关系。师生在一个和谐的教学环境下，共同学习、共同成长、共同提高、共同进步。

新版课程标准，尽管对2001年课标有关学法指导过于笼统的问题有纠偏作用，但是修改后的学法指导在阅读教学、综合性学习及语法修辞指导等方面依然过于笼统，不具有很强的可操作性。新版课程标准为了防止新课程改革再次步入"知识中心论"的怪圈，弱化语法修辞等语文知识的教学这一导向基本是正确的，但是，由于语文常识、标点符号、语法修辞等语文基本知识点过于笼统、分散，且在实际教学中教师反映的"不知如何教授一些语文知识，为学生扫清阅读、写作的基本障碍"等问题并没有得到很好地解决，因此，难免还会出现语文教学高耗低效的局面。当然，新课程改革实践中，在社会主义核心价值观和中国传统文化的渗透、识字量、写字课（书法课）开设、课外阅读量、背诵量、写作素材积累、写作场景创设、探究性学习和自主、合作、探究学习方式的运用、网络学习平台的建设、口语交际的设计以及语文教学评价等方面还存在着诸多问题，亟待引起学界的高度重视。

　　基于语文新课程背景下，语文教育界关于语文教育问题与对策研究还不够深入系统。笔者尝试从语文课程的名称、语文课程的性质、识字写字教学、阅读教学、写作教学、口语交际教学、语文学习、语文教学评价、语文教师与学生的发展、语文教育的发展趋势十个方面，全面梳理了语文新课程改革中存在的问题，并提出合理的对策。同时，也真切地期待语文教育学界有更多的学者能够耐住寂寞，以更加理性的思维方式审视和研究我们的语文教育，一起筹划我国语文教育发展的宏伟蓝图，共同构筑我国语文教育的理想大厦！

耿红卫

2016年3月于河南师范大学

目录/contents

第一章　语文课程的名称

　　"癸卯学制"颁布后，我国基础教育各科开始正式实施分科教学，语文学科才有了自己独立的名称，即"中国文字"、"中国文学"。中华民国成立之后，又统称为"国文"。1920年"国语"科的设立，这一名称与"国文"并存到新中国成立前夕。叶圣陶先生提出了"语文"的概念。这一名称可以说总结了语文独立设科以来的学科发展的经验，同时又开启了后半个世纪以来的混乱。究其原因，与"语文"这一概念自身容易造成误解有关，因此，需要给我们的母语学科重新定名，笔者认为，"中语"恐怕是最佳的选择。

第一节　语文课程名称的历史沿革

　　孔子曰："名不正，则言不顺，言不顺，则事无成。"荀子曰："名有固善，径易而不拂，为之善名。"也就是说，凡事物都要有一个好名字，因为名字合理与否决定事物的成败。传统语文教育是融经学、史学、哲学等于一体的大语文教育，学习"三、百、千"字书、阅读"四书"、"五经"和文章选编，写作"诗文"、"辞赋"等都是语文教学的内容，但尚无统一的名称。清朝末年，语文独立设科后，语文课程名称开始确定，并经历了不同的演变阶段。

一、语文课程名称的演变轨迹

　　按照学科演变轨迹，语文课程名称大致经历了四个时期：

1."中国文字"、"中国文学"设科期（1904—1912）

19世纪末至20世纪初，中国教育发生了触及筋骨的根本性变革。在这一关键时期，洋务派、维新派等仁人志士几乎都一致主张"中体西用"的思想，并致力于以该思想为旗帜，努力学习西方科学技术、创办新式学堂、改革科举考试和建立新式教育制度。比如，张之洞在《劝学篇·会通》中对中学与西学进行了比较，他反复强调了中学是"治身心"之"内学"，西学则是"应世事"之"外学"的兴学思想。

在"中体西用"思想指导下，1902年，清政府颁布了中国教育史上第一个较为系统的新教育制度——《钦定学堂章程》，又称"壬寅学制"。在该学制中，"语文"已经初步具备了学科的雏形，这主要体现在各阶段课程名称的设置上。如，"读经"在蒙学、小学、中学所有阶段开设，而"字课"、"习字"在启蒙学堂首设；"作文"、"习字"课程设立在包含寻常和高等两个阶段的小学堂，其中高等小学堂另加设"古文辞"；而"词章"一科则新设在中学堂等。遗憾的是，该学制由于缺乏调研以及设置不合理等因素而没有实施。

1904年1月，张百熙、荣庆等人奏拟的《奏定学堂章程》由清政府公布，这是我国第一个由政府审定且在全国各地实施的规范学制，又称"癸卯学制"。在第一阶段普及教育中，初等小学堂在德、行、道、艺四者并重的初衷下，开设了修身、读经讲经、中国文字、算数、体操等八门课程。在此基础上，高等小学堂将"中国文字"更改为"中国文学"，"历史"更改为"中国历史"，并多设了"图画"一课。而在第二阶段普通教育性质的要求下，中学堂增加设立了外国语、物理及化学、法制及理财等兼具升学和就业双重任务的实用课程。在这个章程中，语文学科体系的基本框架得以初步形成，名人大家的经书集注、诗集文论也承担了最原始教科书的作用，这徐徐开启了语文教育具有现代化学科意义的大门，踏出了语文教育独立化发展之路的第一步。但是，这个独立之路充满了坎坷与崎岖，在经历了步履蹒跚般艰难探索的独立过程之后，语文教育的独立化依然受到封建教育学制的束缚和传统语文教育观念的制约，使整个独立化历程充满了不彻底性。[①] 我们从"读

---

① 王松泉等.中国语文教育史简编[M].北京：社会科学文献出版社，2002：77.

经讲经"一科的设置中即可看出。但语文学科终究从经学的附庸中独立出来，开始把培养学生的识字、写字、阅读、写作等实际运用能力作为基本目的，使其在学校教育中发挥主干学科不可替代的作用，这对语文学科独立设科具有重要的历史意义。

2. "国文"设科期（1912—1920）

清末，在西学东渐的深入影响下，为了适应新式教育形势发展的需要，许多中西学兼学的各级学堂应运而生。它们学习西方国家的教学方法，吸取办学经验，并结合古代传统教育的特点，逐步把语文教育从综合性社会大学科中分化出来，实行分科教学，成为与修身、算学、物理、化学等地位相同的学科。其中，1878年张焕纶在自己建立的正蒙书院中，最早开设了"国文"课程，教授学生把日常俗话转换成书面文言文的方法，建议学生坚持讲授解惑与背诵记忆并重。[1] 1906年清政府在《学部奏请宣示教育宗旨折》中提出，国文等教科书"皆举其易知易从勗之以实行"，[2] 随即在1907年颁布的《学部奏定女子学堂章程》中规定女子学堂开设9门学科，其中有一门是"国文"科，这是中国依据教育法规而采用"国文"学科名称的开始。1911年10月前后，蔡元培等人认为各学堂之前开设的"中国文字"和"中国文学"两门课程误导了教员和学生，这些名称把教学内容局限在了识字、写字及读古文、作古文等文字与文学范畴之内，而学生实际上应掌握的知识远不止于此，故撰文建议将其称谓二合一为"国文"。以上"国文"科的提倡和设立，尽管不具有普遍性（与"中国文字"和"中国文学"科并存），但对于"国文"名称的全国启用起到了酝酿和推动作用。

1912年1月，蔡元培担任了中华民国南京临时政府的教育部总长。在他的主持下，教育部率先颁布了《普通教育暂行办法通令》。该通令不仅取消了全国小学堂的"读经讲经"课程，同时，规定清政府发行的教科书一律作废，而临时政府统治下的全国各阶段教育、各学科教学的教学参考使用书必须符合共和民国的宗旨。[3] "读经讲经"科的废止，是按照资本主义民主精神

---

[1] 陈学恂. 中国近代教育大事记 [G]. 上海：上海教育出版社，1981：39.

[2] 舒新城. 中国近代教育史资料（上册）[G]. 北京：人民教育出版社，1981：221.

[3] 陈学恂. 中国近代教育大事记 [G]. 上海：上海教育出版社，1981：219.

和生产发展来改革传统教育的重要举措，为此后的语文教育摆脱经学的附庸地位扫除了障碍。

1912—1913年，民国政府颁布了一套完整的学制系统，即"壬子—癸丑学制"。1912年12月《中学校令实施规则》规定开设"国文"一科目。与清末相比，民国政府皆取消了"读经讲经"课。从语文学科发展来看，"读经讲经"课的存在将阅读教学拘囿在孔孟儒家思想之中，跳不出几千年的封建思想怪圈，而将其废止则有利于把阅读教学从僵化的"经学"桎梏中解脱出来，有利于将"中国文字"和"中国文学"两者合二为"国文"一科，这更能全面地反映语文学科的教学内容。自此，在"国文"设科时期，从教育立法层面，"国文"确立了资产阶级性质现代化意义的教育目标，明确划分了较为清晰的资本主义意识下的教学内容，实现了从封建性质向资产阶级性质的巨大飞跃。

3. "国语"、"国文"科并设期（1920—1949）

随着新文化运动的爆发，一场"反传统，反孔教，反文言"的思想解放运动给布满阴霾的中国大地带来一阵春风，以及伴随而来的五四运动，更将思想解放运动推向了高潮。在革命运动压力下，广大仁人志士奔走呼吁，北洋政府教育部最终于1920年1月颁布通告，律令所有初等学校统一改"国文"为"国语"，一律教授白话文；高等小学则视"国语"和"国文"地位并重，增加白话文，适当减少文言文，掺和讲授，这是有历史记载的我国以政府名义首次明令使用"国语"名称的开端。1922年11月，北洋政府教育部公布了《学校系统改革案》，该方案既立足于我国长期的封建教育实际，又借鉴了美国资本主义体制下的学制。按照新学制的教育宗旨，1923年由全国教育会联合会请专家拟定并提交教育部审定通过的《新学制课程纲要》规定，小学校和初级中学都设"国语"科，高级中学则同时开设"国语"和"国文"科，其中"国语"是以公共必修课程形式开设，"国文"是以必修特设课程形式开设。"国语"一名称的提出，重新界定了"国文"的概念，补充了其含义，丰富了其内涵，这预示着语文学科的性质、目的及特征得到了语文教育界的不断深入探讨与认识。自此，语文教育学科正式进入"国语"和"国文"教育的并存时期。到了1929年，国民政府教育部颁布了《中小学课程暂行标准》，重新定位语文学科名称，以其阶段性教学特征为标准，正式确定小学开设"国语"和中学开设"国文"课。直到"语文"名称的出现。

4. "语文"设科期（1949—现在）

1949年春，华北人民政府教育部成立了教科书编审委员会，组织全国的专家、学者及教师对中小学各科教学上的理论与实践问题进行了大讨论。在关于母语教学的名称问题上，一部分代表主张要把承袭固有名称的"国语"、"国文"更改为"语文"。1949年8月，叶圣陶在起草《中学语文科课程标准草稿》时，他把国语、国文科更名为了"语文"并大胆地写入了文件草稿中，这一举动旗帜鲜明地突出了该学科重在语言训练的特征。在新中国成立后，"语文"科开始在全国各层次、各阶段学校教育中使用，从而在形式上统一了"语文"课程的名称，结束了长期的混乱局面。自此语文教育开始了新时代。对于为什么叫"语文"这个名称，叶圣陶曾在1964年《答滕万林》的信中回忆说："'语文'一名，采纳众人之意，将口头上的'语'，书面上的'文'合二为一，语以文为体，文以语为达，诗两者之义兼得。"① "语文"称谓的统一体现了语文学科独立以来，语文教育界对语文教育目标和任务的认识是符合当时中小学语文教学实际的。虽然建国后曾对语文教学进行了多次不同形式的改革，特别是汉语、文学分科教学重新回归了以前的模式，但"语文"学科名称却像约定俗成一般被固定地传承下来。

二、对语文名称变更的思考

传统语文教育中，恪守文言文定式的书面语言严重地脱离日常生活交际的口头语言，还具有明显地重视读写轻视听说的倾向，而经过名称的几经变更，重新界定其概念，终于让现代语和现代文在学科教学体系中拥有了核心地位。所以，"语文"名称的界定，具有重大的本体论意义，它更准确地体现了该学科的属性，利于在教学实践中做到"言文兼顾"，这是对传统语

---

① 中央教育科学研究所 . 叶圣陶语文教育论集 [C]. 北京：教育科学出版社，1980：730.

文教学重文轻言现象的审视与纠正，也是对国文、国语教学的完善与发展。但是，单纯从语言角度切分语文为"书面语言"和"口头语言"是值得商榷的。

第二节　语文课程内涵的分歧

为什么对语文课程性质争执不断，笔者认为，名不正则言不顺，定性必先正名。"语文"课程内涵的分歧是造成语文课程性质纷争的主要原因。

一、语文课程内涵的纷争

新中国成立前夕，叶圣陶把语文的内涵解释为："口头为'语'，书面为'文'，文本于语，不可偏指，故合言之。"[①] 这一概念的提出，可以说是总结了前半个世纪的语文教育发展的经验，同时又开启了后半个多世纪语文内涵的混乱。

从词源学的角度来看，不同的工具书对语文内涵的界定不尽相同。《现代汉语词典》解释为语言和文字、语言和文学。《新华字典》解释为：语言和文学、语言和文章或语言和文字。《辞海》里只有"语文学"条目：偏重从文献角度研究语言文字的学科的总称……语文学不等同于语文，广义上是语言学和文字学的总称。这样来看，"语言文字"才是《辞海》对语文内涵的实际解释。

从语文教育界"三老"的认识来看也有分歧。语文概念提出者叶圣陶对"语文"内涵的认识是有些矛盾的。比如，他在《语文教育书简》中解释说："语言"、"文字"或"语言"、"文学"的内涵不是原意。"文"字之含意比之文学较广，就像书本中收录的各类作品，有真正意义上的文学作品，亦有不能称为文学的各种体例的文章，若把"文字"释义为书面语言的汇集成句、段、篇或章，则在一定程度上相符了。[②] 可见，叶老主张的语文的内涵是语言与广义文字的合称。然而，叶老在建国初期，时任中央教育部部

① 刘国正.叶圣陶教育文集（第三卷）[C].北京：人民教育出版社，1994：218.
② 刘国正.叶圣陶教育文集（第三卷）[C].北京：人民教育出版社，1994：218.

长，竭力主张汉语、文学分家，并主持了汉语、文学分科教学实验，可见，关于语文的内涵，他也赞同语言和文学二者的合称的。吕叔湘先生曾指出："语文是语言和文字，也可以是语言和文学。"张志公先生认为："语文这门学问主要是语言文字之学。"由此可见，"三老"对语文内涵的解释是不尽相同的。

长期以来，在语文教育界流行的关于语文名称内涵的解释还有很多。语言和文章（大文章观包含文字、文学在内）。语言和文学（大文学观包含文字、文章在内）、语言和文章文学（曾祥芹主张"一语双文论"）。言语（李海林强调语文学习属于个体行为，是人们对相沿成习的语言符号系统的理解、掌握及运用的过程）。语言文本（有学者认为语文是有语言和诸多文本组合而成），等等。还有学者则是从语文的学科角度解释了语文的概念。语文是以口语和书面语为工具，以词、短语、句子、篇章为单位内容，词汇、语法、修辞为应用内容，以掌握并运用语文工具服务人类交际以及文化传承与创造的学科体系。[①]

从课标的规定来看，2001年《义务教育语文课程标准（实验稿）》对语文课程的概念并没有明确界定。通读课标，我们发现，语文内涵之一，就是"泛文化"，通俗来讲，语文是个大箩筐，什么都可以往里装。而在2011年课标修订版中关于"语言文字是人类最重要的交际工具和信息载体"的论述，则为语文课程明确了内涵，即"语言文字"。笔者认为，这里的"文字"有一个广义上的内涵，近似于叶老于1964年《语文教育书简》中对语文内涵的解释，即成篇的书面语，还有一层狭义的内涵，即相对于文章、文学作品而言的文字。

二、语文课程内涵的界定

随着语文学科的发展演变，对"语文"名称的定义也不尽相同，这说明了人们在持续不断地对这门课程进行探讨和研究。实际上，"语言文字"、"语言文学"、"语言文章"甚至"语言文化"等术语概念皆不能单方面偏指

---

① 苏炜.语文内涵嬗变考[J].晋中学院学报，2010，（5）：29.

"语文"，更不是这几种概念的糅合相加，其实在不同历史背景、不同发展时期，乃至不同学段下，它的内涵都具有明确且独特的阶段性特点。比如，小学阶段，旨在识字与写字核心教学任务的完成，侧重于学生掌握一定量的汉字及养成良好的语言表达和书写习惯。初高中阶段，从文章体式的学习，把握文章内容，逐渐过渡到更加重视语言和文学的学习，熟练运用常见常用的文章体式，阅读小说、喜剧、报告文学等中外古今名作，学会对名著的领悟与鉴赏。而到了大学阶段，各高校根据学校培养方案会以公共必修课的形式开设大学语文课程，在学习语言、文章、文学的同时，则更侧重于对中外文化现象的学习，以提高文化修养。

当然，语文就宽泛一点说，就是语言。但是，该语言其实包含着语言和言语。语言和言语，顺序之颠倒，含义之大不同。言语是一种个人行为，强调对语言符号的掌握和运用，注重培养学生的语言实践能力，而语言则是全体性的社会现象，是客观存在的具有一定规则、一定体系的完整的符号系统，是任何个体表达思想、感情和想法的交际工具。倘若每个人体都不使用现实生活中约定俗成的语言交流，比如，在我国存在的普通话、各民族语和方言等差异，那就不会被社会成员所理解，自然不会被社会所接受。

从上述的工具书条文解释、语文教育界的认识、语文发展的阶段理论及课标规定等诸多方面，我们可以为语文的内涵做一个较为恰当的解释。即"语文"是一个以语言为核心，由口头言语与书面言语统一构成，包括文字、文章、文学及相应文化在内的言语课程体系。我们的语文教学，也就是教师组织言语训练活动，让学生参与其中，在互动过程中发现并学会运用语言规律，锻炼表达技能的一种教学活动。简言之，即从言语到语言再到言语的一种言语实践活动。众所周知，牙牙学语的幼儿，最初接触的是言语实践而不是语法规则，到了学龄阶段，逐步接触一些语法规则，进一步规范自己的言语行为，而后又进行言语实践和语法规则的学习。由此可见，语文学习存在于人的一生，是从言语到语言再到言语的一个持续反复、持续循环的曲线式螺旋上升和提高的过程。

第三节　为语文课程正名

一个事物有一个好的正确的名称方不容易出错，一门课程其实也是如此，语文的内涵争论那么多年，其中原因之一与语文课程名称自身不太妥当有关。因此，我们要善于打破固有的权威说法和观点，为语文课程改一个最佳的名称。

一、语文课程名称的争论

关于语文课程名称的分歧问题，迄今争论还远远没有停止。孝感学院王随仁认为，中小学语文课，叫语文名称不合适，应该更名为"汉语"。他认为"汉语"是汉民族共同语本来的名称，既体现出民族性又能反映出语种，还可以表明这门课程的核心任务——学习使用汉语。[①] 这样更名后，与对外汉语教学中汉语的名称也完全一致。他认为只有更名为"汉语"才是最佳选择。河南师范大学王文彦认为，多年以来，语文名称的内涵之所以产生那么多的分歧，一个主要原因就是，叶圣陶不应该把母语学科定名为语文。这个名称的出现是造成分析的罪魁祸首。那么，语文名称应该叫什么呢？他认为，原来的中国文字、中国文学、国语、国文、汉语、文学等都是历史上的概念，有着特定的含义不能再叫了。后来又对"中语"做了解释，认为"中语"有明确的国别。但民族性不强。比如美国用英语，不是表示国别，而是表示民族。[②] 最后，他提出"华语"是当仁不让的不二选择，认为该名称揭示了中华民族共同语的性质，又具有一目了然的国别区分和民族特性，同时与国外华人、华侨的用法相统一，符合国际惯例。[③]

二、语文课程最佳名称：中语

笔者认为：王随仁把我国母语名称定位为"汉语"是不合理的，因为

---

① 王随仁 . 中小学语文课程的名称应该更为"汉语" [J]. 教育评论，2011，（6）：95.

② 王文彦 . 中国语文教育发展史 [M]. 呼和浩特：远方出版社，2006：386—389.

③ 江明 . 问题与对策——也谈中国语文教育 [C]. 北京：教育科学出版社，2000：118—119.

"汉语"是固定课程的说法，包括古代汉语和现代汉语两门课程，涵盖了汉字、语法、词法、句式、句法、辞格及格律等理论知识的学科。如把中小学语文课程更名为汉语，一是容易与汉语这门课程相混，二是会弱化语文学科的核心任务，即培养学生的听、说、读、写能力，搞不好会走向"知识中心论"的泥沼和误区。因此，更名为"汉语"是极其不合适的。当然，王文彦对把"语文"名称更改为"华语"也不科学，众所周知，"华语"这一名称早在几百年前，在港、澳、台地区和海外华侨华人社区以及国外汉语圈里普遍流行，并且赋予了比较明确的含义，即更多倾向于大陆的普通话，学习华语，就是指学习汉语的普通话。因此，既然"华语"一词，有着约定俗成的说法，我们就不能强行解释再给旧词赋予一个新的含义。那么，不叫"华语"，叫"中文"、"华文"合适吗？从字面上看，"中文"可以解释为中国的文字、文章、文学、文化等，但是没有了语言的位置。"华文"的"华"可以解释为中华民族，"文"可以解释为文字、文章、文学、文化等，但是也没有语言的归属了。笔者认为，一个好的母语课程，既要体现国别性又要体现民族性，这也是符合国际惯例的。由此，对于新词"中语"可能是最佳的名称。但王文彦对此名称的认识不到位。"中"在这里既可以解释为"中国"，具有明确的国别性；又可以解释为"中华民族"，包括中国汉族、55个少数民族和港、澳、台同胞以及海外华人华侨在内，具有鲜明的民族性。"语"就是口头语和书面语的合称。这样来看。"中语"的说法既符合国际惯例的说法，又能体现海内外华族的民族共同性，是华族的共同语（口头的、文字的）。因此。我国的母语学科，如避免"语文"名称所造成的内涵分歧，就需要更名，恐怕"中语"一名称就是最佳的选择！

第二章　语文课程的性质

凡事物皆有属性。人和动物的共有属性是自然属性，而根本区别在于他的社会属性。因为人是受社会教化了的人，有文化、受教育，有良知。如果一个人丧失了其社会性，那么，这个人就不能称之为人了。正如人们常常骂人所说：你瞧那人那"德性"，你瞧那人做事"禽兽不如"，等等。作为一门课程，也有自身的根本属性，语文课程也是如此。正确认识语文课程的属性，是把握语文课程的目标、任务及教育教学规律的重要前提。

第一节　语文课程性质的历时梳理

不同历史时期，学界和课程标准（或教学大纲）对语文课程的性质有不同的认识，纵向梳理语文课程性质的演变轨迹，对于当下合理地理解语文课程的性质具有重要的历史借鉴意义。

一、叶圣陶并非是"工具说"的首倡者

学界常说，20世纪是"工具性"的世纪，是叶圣陶、吕叔湘、张志公等语文教育家所倡导的"工具说"主宰的世纪，这是不可否认的事实。但不少研究者撰文指出叶圣陶先生是语文"工具说"的首倡者。笔者认为，此论断不符合历史事实。我们以近现代一些学者的观点来审视这一说法。

早在20世纪10年代，蔡元培说：国文是一种利器，这种利器就是指"用今人的话表达今人的意思"。1922年胡适在国语设科之初谈到国语的概念时

说："国语是一门学习语言的重要工具。"1931年，程其保指出："语文为传达思想的工具。"1940年，浦江清在《论中学国文》中论及语文学科的性质，他说："我们要求太多，反而不好。鉴于现今中学生作文技术之恶劣，我们认为中学国文应该是语文训练的功课，而不是灌输知识的功课，与理化史地等课程性质完全不同的。"而叶圣陶在1942年系统地论述了国文科的性质，认为"国文在生活上是必要的工具中的一种"，并强调"就个人说，是想心思的工具，是表达思想的工具，就人与人之间说，是交际和交流的思想工具"。当然，叶老早在20世纪二三十年代，在自己的著述中也曾阐发过语文学科的性质——是一门工具学科。通过回顾历史，我们说，叶老只能算是一个"工具说"的系统的阐发者，而绝不是"工具说"的首倡者。

二、语文课程工具性的确立与理解偏差

新中国成立初期，语文学科的性质由于受阶级斗争的影响，逐步思想政治化了，偏离了语文学科本质规律的认识，也偏离了对语文学科工具属性的正确把握。如，1956年汉语、文学分科时期，《汉语教学大纲》明确规定："汉语是一种重要有力的工具，文学也是对年青一代进行社会主义教育的有力工具。"1961年《文汇报》发表社论《试论语文教学的目的任务》，指出"语文……是阶级斗争的工具，是交流思想的工具，是传播知识的工具"。

20世纪五十年代末六十年代初，语文教育领域掀起了一场关于文道关系、语文性质的大讨论。在讨论声中，学界逐步明确了语文学科的基本属性——工具性，并写进教学大纲中。如1963年5月，教育部颁布了《全日制（十二年制）中学语文教学大纲（草案）》强调指出："语文是学好各门知识和从事各种工作的基本工具。"这是中学语文教学第一次明确地定位了语文学科的工具属性，提出"基础知识、基本能力"的"双基"教学原则，准确地把握了语文教育的发展规律，使语文教学步入了正确的发展轨道。

然而，当时的人们依然对语文的工具属性理解有偏差，甚至把语文这门

工具理解为像"轮船、刨子"一样的工具。为此，1963年10月10日张志公在《光明日报》发表了《说工具》一文。他强调说："语文这个工具跟其他工具有相同的一面……也就是着眼于掌握字、词、句和篇章的运用能力……它跟其他工具又有相异的一面，这又决定了语文教学必须……和训练学生理解语言所表达的思想的能力结合起来……"张志公的观点的确对当时人们错误理解语文的工具属性具有纠偏作用。并且在20世纪七八十年代，还多次强调工具性是语文学科的基本属性问题。

就张志公的语文学科性质观，近年来，学者王文彦先后指导两名研究生，写了两篇"论张志公的特殊工具说"的文章。一致认为，张志公早在20世纪60年代就认识到语文学科的性质是"工具性与人文性的统一"这一高度，而21世纪初期语文课程标准对语文学科性质的定位是历史的倒退。笔者认为，这一观点是错误的，是因为无视历史或忽视历史造成的。

众所周知，1840年鸦片战争的爆发，西方的"船坚炮利"打开了中国的国门，科学主义哲学思潮和西方教育理论开始传入中国，对中国的政治、经济、文化、教育等诸多领域都产生了重大影响，大大推进了中国的近代化进程。1904年1月"癸卯学制"的颁布，促使了语文学科的诞生，语文教育由此走向科学化、学科化的发展道路。而这一时期，产生于西欧中世纪的人文主义思潮对我国教育领域的影响还是比较弱的。20世纪60年代，美国人本主义教育心理学的兴起，对全球教育领域的变革产生了一定的影响。"文革"十年的破坏，使我国再次认识到科学的重要性，提出了"科教兴国"的发展战略，与此同时，西方科学主义哲学思潮又席卷我国的教育领域。由于过于追求科学化的发展，致使我国的教育又走向"技能化"、"标准化"、"伪科学化"的发展道路。同时，美国人本主义教育理念被引入我国，对"伪科学"的教育导向进行了审视与批判。语文教育领域中就逐步形成了"科学主义语文教育观"和"人文主义语文教育观"两种教育观的对峙局面。据考证，1987年，陈钟梁在《语文学习》上发表《是人文主义，还是科学主义？》一文，才首次提出语文教学要注重"人文性"一词。由此可见，张志公早在20世纪六七十年代提出的语文学科性质的问题，充其量只是上升到"语文学科性质是工具性和思想性统一"的高度而已。因为人文性是指对个性和个人价值的认同和张扬，对人类终极目标和归属的关注，对生存环境的高度敏感，对苦难和悲剧的悲悯焦虑等。其内涵要远远大于思想性的。

三、工具性与人文性的统一是语文课程的基本特点

21世纪初新课标提出了"语文学科的基本特点是工具性和人文性的统一"这一基本属性是符合历史的客观事实和发展规律的。从20世纪90年代语文教学大纲关于语文学科性质的渐变历史中也可看出，人文性从缺失到逐步占据语文课程性质的半壁江山这一发展过程。比如，1992年，教育部颁布《九年义务教育初中语文教学大纲》指出："语文是学习和工作的基础工具。"1996年《全日制普通高中语文教学大纲（试行）》规定："语文是最重要的交际工具，也是最重要的文化载体。"2000年，作为高中新课标的过渡大纲《全日制普通高级中学语文教学大纲（修订）》规定："语文是最重要的交际工具，是人类文化的重要组成部分。"这一大纲中肯定了以往"语文是最重要的交际工具"这一改革成果，同时，用"人类文化的重要组成部分"代替了"最重要的文化载体"这一表述，说明其内涵得以扩大，大大提高了语文学科在人类文化中的地位，而不只是一个简单的"文化载体"。随着学界对语文学科认识的逐步深入，1997年末，语文教育界掀起的"语文教育大讨论"对语文学科人文性的影响以及2001年教育部颁布的《基础教育课程改革纲要（试行）》的出台，最终促使了《全日制义务教育语文课程标准（实验稿）》和《普通高中语文课程标准（实验）》的颁布，明确指出了"语文是最重要的交际工具，是人类文化的重要组成部分，工具性与人文性的统一，是语文课程的基本特点"这一基本性质。历经十年的课程改革实验，《义务教育语文课程标准（2011年版）》（注：修订版）于2011年12月28日由教育部颁布，并对语文课程性质做了大幅度的修订，指出："语文课程是一门学习语言文字运用的综合性、实践性课程……工具性与人文性的统一，是语文课程的基本特点。"同期，高中语文课程标准的修订稿也在紧锣密鼓地进行之中。

第二节 语文课程性质的解读

2011年语文课标与2001年语文课标实验稿相比，语文学科的性质表述发生了很大变化。

一、突出语文的内涵，强调语文的交际性和文化功能

2011年课标把实验稿"语文是最重要的交际工具，是人类文化的重要组成部分。"这句调整到前言部分第一句话，并突出强调"语言文字运用"的重要性，将此改为："语言文字是人类最重要的交际工具和信息载体，是人类文化的重要组成部分。"延续了"语文是最重要的交际工具"这一表述，表明语文学科的"工具性"是指语文用于人际交流具有维持社会联系的实用功能和中介作用。语文是个人和社会都离不开的重要工具。人与人之间要交流和沟通，其中语言是最好的方式。因为语言与文字相比，具有更加直观便捷性、情感投入性等基本特点。语言具有表情达意的重要功能，是人们沟通的桥梁和联系的纽带。通过人们心与心之间的语言交流，不仅能增加知识和丰富生活，也拉近了人与人之间的距离。

2011年版增加了"信息载体"这一表述，突出了信息时代，以网络为重要传播渠道的现代信息技术在语文学科和其他学科学习中的重要性，表明语言文字是信息传递的重要评介。

语文是人类文化的重要组成部分。表明它负载着文化，传承着文化，本身就是一种文化。就以传统的蒙学识字教材"三百千千"为例，时至今日，重新看待这些字书，它们本身不都是负载和传承中华文化的载体吗？再如，我们诸多的成语，后羿射日、守株待兔、揠苗助长、杯弓蛇影、刻舟求剑、夸父逐日等，不都是一个个故事吗？不都是在传递文化吗？

二、明确提出语文课程的内涵

2011年课标，语文课程的内涵既与语文的内涵区分开来，又使得语文课程的性质更加具体明确，突出了课程的综合性和实践性特征。语文课程的内

容以语文教材为载体，内容涉及天文地理、文化宗教、自然博物等方面的材料，因此具有很强的综合性，当然语文课程的识字写字、阅读、写作、口语交际等领域的教学内容不是单列施教的，而是要相互渗透的，还要借助综合性学习活动来更好地实现以上几大领域的学习目标。

语文课程还十分重视实践中学习和运用语文的重要性。学生语文素养的提高，更多是"习得"的，其次才是"学得"的。所谓"習""數飛也。从羽从白"。意思是说"小鸟多次尝试飞翔"，指不断地实践，才能练就技能。所谓"得""行有所得也"。意思是指"在路上拿到一个贝壳"。强调自己行动，方有所获。因此，语文学习更多是习得的过程，语文是为了生活的，但也是为了生存的，是一种技能、本领，就如小鸟会飞翔……要尝试，不能光靠老师讲；口语交际，就要多说（正如美国总统辩论）；书面语就要多读多写……

三、注重学生语言文字运用能力的培养，促进其精神成长

中小学生学习语文课程侧重的是在文章和文学作品中学习语言文字、品味语言文字和运用语言文字的，重在提高运用的能力，而不是掌握和考究语言文字相关知识及深层意蕴的，那是语言文字学家的事情。在育人的观念上，由20世纪60年代侧重对学生的基础知识、基本能力的培养，到20世纪80年代中期"双基教学"突出能力培养的重要性，到21世纪初新课程改革突出"以人为本"的理念，强调学生的语文素养的全面提高，再到2011年课程标准，改革理念又大大前进了一步，在全面提高学生的语文素养的同时，又突出强调了语文教学中学生智慧的生成和精神的成长。钱理群教授也曾多次强调：中学语文教学的任务，主要是在提高学生语文能力的同时，要注意全面打造学生精神的底子。2011年课程标准提出促进学生精神成长的理念，可以说是对钱理群等一些大家此类教育观念的进一步提升和深化。

四、强调学生对优秀文化的吸收，加强其思想道德教育

2011年课标不只是延续了2001年课标对传统文化的弘扬与继承的理念，

而且更加突出了中华文化在育人中的地位和重要性。同时，也有更加开放的视野，海纳百川，吸取国外的一些优秀文化，拓宽学生的国际视野。2011年课标还加大了对青少年思想道德教育的力度。这也是当下学生"精神信仰"缺失的一种折射。远古时代，人们信仰图腾；国家政权建立之后，人们信仰权力；宗教林立时期，人们信仰宗教；个人英雄时期，人们崇拜英雄。改革开放以来，随着市场经济的实行，人们开始信仰金钱和官位，崇拜他人（歌星、明星、私企老板等），当前随着"反腐倡廉"工作的不断深入，不只是不信任他人、金钱和权力，甚至是连自己也不相信了。"我是谁？从从哪里来？我要到哪里去？"很多青少年都成了迷失自我的一代，这是一种很可怕的现象。这次课改，把社会主义核心价值观教育、传统文化教育、革命精神教育、集体主义教育等为主体的思想道德教育渗透到各个学科中，尤其是语文课程中加以强调，是有重大现实意义的。我们语文教育培养的不只是有能力的人，更应该是一个具有人性的人。若是培养的都是"怪物"和"杀人狂"，那么，我们的教育在人才培养方面也是失败的。

五、继续坚持语文课程工具性与人文性统一的基本特点

"统一"表明两者之间的辩证关系；"基本"说明语文课程除此之外，还具有其他属性。如社会性、综合性、科学性、实践性、实用性、民族性等。这里的"工具性"突出强调语文课程的实用功能和实践性特点。"人文性"则强调语文课程的文化功能和人文学科特点。二者是彼此交融的关系。语文工具性中有人文性，语文人文性有工具性，孤立地强调工具性或人文性从根本上都是违背语文课程的基本属性的。众所周知，语文教学除了让学生学习祖国语言、书面语及听、说、读、写基本形态外，更重要的是通过对祖国语言的学习，让学生继承中华民族精神和人类的宝贵遗产，提高思想道德修养，促使智慧的养成和精神的成长。正如于漪所说："民族文化是民族的根，而民族语言负载民族文化，是根之根。"因此，重视语文学科的工具属性的同时，绝不可忽视语文学科育人的文化属性。

第三节　为语文课程性质正名

义务教育、高中语文课程标准从国家层面对语文课程性质做出了规定，即"工具性与人文性的统一是语文课程的基本特点"。但一直受到一些语文教育研究者的质疑和争论，究其原因则归于"工具性"并没有从本质上揭示语文课程的基本性质。因为"工具性"一定程度上只是特定的时代、历史、政治多方面因素的产物，它在一定时期内有其特定的价值，随着时代的发展，其弊端也会暴露出来。众所周知，科学主义思潮首先在自然学科领域发起，影响极其深远，而人文社会学科自然不例外也受到了影响。从19世纪末20世纪初，中国教育发生根本变革之日起，迄今一个多世纪的发展，语文作为一门人文社会学科，其诸多方面一直由内而外的沿着科学化道路前行，在潜移默化中逐渐具有了科学性。故长期以来，关于语文"工具性"的说法具有争议，存在误区，有待进一步修正和完善。

一、语文课程"工具性"之质疑

（一）特定的社会背景使然

首先对语文课程的"工具性"定位做一历史梳理。蔡元培认为"国文是一种利器"，胡适曾说："国语是一门学习语言的重要工具"，叶圣陶认为"国文是生活上必要的工具之一……是交际和交流的思想工具"。1956年《汉语教学大纲》指出："汉语是进行社会主义教育的有力工具"，这是首次通过国家立法对语文课程工具性做出的规定。1963年《中学语文教学大纲》强调："语文是学好各门知识和从事各种工作的基本工具。"1978年、1986年《中学语文教学大纲》规定："语文是从事学习工作的基础工具。"1992年、1996年、2000年颁布的三个大纲，对语文课程的定性仍然是"工具性"。经历近五十年的"工具性"定性后，直到2001年5月，新课程标准才对语文课程的性质做出重大修改，提出"工具性与人文性统一是语文课程的基本特点"这一基本属性。

回顾语文"工具性"观点的提出、发展和确定的历史，该性质的形成是内外因素、时代背景等多方面因素影响下的必然结果。首先，清末时期，随着西学东渐，中学为体，西学为用的思潮席卷了中国大地，借此西方语言学也打破了东方语言学的壁垒，其理论移植嫁接到了汉语体系之中。1898年，马建忠编著的《马氏文通》问世，作者熟练运用西方形态语言的言语生成规则、使用规则和思维逻辑分析了汉语，是第一部现代语言学理论下对中国语法规则系统分析的巨著，具有划时代的意义。由此开始，《马氏文通》逐渐建立了形式主义的语文研究和汉语语法规则体系，这是对语文研究的深刻介入，是可以追溯的语文学科性质被认定为"工具性"的源头。[①]至此，东方汉语语言体系和语文教育研究长期受到此类观点的深刻影响。其次，新中国建立以后，大跃进、"文化大革命"等政治运动对语文学科发展造成了严重的影响。1966年，中共中央、国务院批转了教育部党组《关于1966—1967学年度中学政治、语文、历史教材处理意见的请示报告》，明确要求中小学停开历史课，合并政治与语文课，以毛主席著作等思想性强的内容作为基本教材。在这样的时代背景下，语文成了大力宣传政治运动错误思想的洗脑工具，迫使语文教学偏离人文知识、科学知识、语文基础知识学习的正常轨道，在以党的路线、方针、政策学习为主的政治理论歧路上渐行渐远。这对语文教育发展、青少年的成长、成才造成了长达十年不可估量的影响。为了拨乱反正，肃清影响，叶圣陶集众家之长再度突出强调了语文是交际交流的工具，语文课是一门工具课的观点。再次，十一届三中全会的召开，拉开了改革开放的序幕，社会主义建设渴求大量的人才，这在一定程度上刺激和巩固了语文"工具性"。1977年恢复高考后，饱受了苦难的广大知识青年学习热情高涨，纷纷从基础知识开始一点一滴地捡起课本，积极迎考，投入考试浪潮。不论是中断学业十年的知青，还是初入学校的孩童，语文都成为了他们敲开其他学科大门的敲门砖。随着经济的快速发展，科学化考试、科学化选拔也迅速提上日程，应试教育模式在不断摸索中于20世纪90年代应运而生，这使得科学知识和科学方法备受学习者的推崇，甚至达到了极点，正因为如此也更加强化了语文作为"工具"的地位。由此可见，正是出于特定时

---

① 谢作进. 从主体性教育思想看中学语文学科性质 [D]. 武汉：华中师范大学，2001：6.

代的政治、经济、文化、教育等多方面因素，而不是从语文课程本质属性和学科发展规律出发来定位语文课程的性质，以至于语文课程逐渐牢牢地打上了"工具性"的烙印。

（二）理论来源的谬误

持"工具性"观点的学者认为语文是语言，语言是工具，便由此推导出语文是工具的观点，并以许多领袖和专家的论点作为依据。比如，列宁说："语言是人类最重要的交际工具"，叶圣陶认为："就个人来说，（国文）是想心思的工具，是表达思想的工具。"吕叔湘强调："语言文字本来就是一种工具，学习、交流知识少不了。"此外，还有张志公等学者关于"工具性"的论述。虽然他们都曾说过语言是工具，但是领袖是政治家，语文教育界"三老"，除了叶圣陶，吕叔湘、张志公的突出成就是语言学，术业有专攻，他们并不是真正意义上的语文教育研究者，他们的观点也不足以为语文课程的性质定性。而恰恰实际上，"语文"并不等于"语言"，两者并不是彼此的充分、必要条件。在大多数情况下，他们所谓的语言即工具，即使是在说语文，但从行文逻辑和口语交流中，我们就可以察觉出，其本意均是暗指语言。所以，凡将两者相提并论，持有并赞同语文等同语言观点的学者，是对语文和语言的模糊界定，以偏概全，而这正是对语文"工具性"理解的致命错误。

在教授语文课程的过程中，我们发现包含在教学过程中的教学目标与教学过程的进行会根据文本的设定而划分为不同的层次。教授学生认识文字，学会使用语言，能够很好地运用这些语言文字只是学习文本的冰山一角，隐藏在语言文字背后的文化内涵与情感，也是需要学生在老师的指引下慢慢去感知体会的。如果我们认为语文等同于语言，那么语言文字的学习就会变得简单、单一，而真正的语文课堂并非如此，其教学内容是丰富且拥有其他学科无法具备的美感的。所以，我们更不能够单一地认为语文就是一种学习语言的工具，它身上肩负着的文化内涵与人文情怀都是学生学习与感知的对象。

（三）逻辑手段的误用

《现代汉语词典》对工具的解释是：（1）进行生产劳动时所使用的

器具；（2）比喻用以达到目的的事物。因为语言和语文均不是实物劳动工具，所以更趋向于第二项的比喻意，即语言是使语文达到目的的事物，这样得出了语文是工具的观点。但是该观点并经不起仔细地推敲。在逻辑中，类似"语文是工具"的判断句式是对该事物所下的定义，但定义实际上是对于一种事物的本质特征或一个概念内涵的确切而简要的揭示和阐释。有学者认为，"语文是语言，语言是交际和交流的工具"，继而推出语文也是工具，这一"工具"自然是比喻意义上的"工具"。而比喻，只是对事物某一方面的外部特征所做的一种描述，是用打比方的方式把事物的某一方面的特征形象化、具体化，目的是在表述上有效果，是以修辞形式形容事物本体和喻体，是一种形容与被形容、修饰与被修饰的关系，而不是事物的本体和本质的关系。[1]所以，从这里便可知，这不是下定义，故说"语文是工具"只是一种比喻，并不能揭示事物的本质属性，从而不能把"工具性"确定为语文课程的基本性质。

同时，从"语言是工具"推导出"语文是工具"，只是一种简单的逻辑类比，从"课程要素"的部分相似进而推导出了"课程性质"的整体相似。在这中间其实存在着一个理解误区，对语文课程性质的研究与探讨要放眼于语文学科这一整体的高度上，不能只从课程内容一个要素上来推导，课程内容不是课程性质的充分条件，这是一种只见树木不见森林、以偏概全的错误思考方法。因此，"语文是工具"只是下定义与比喻的偷换概念，是思维的逻辑推理，是同类事物的类比，是显而易见的逻辑手段的错误使用，最关键的要素是——工具性，在逻辑上就决定了它不可能解释语文的本质属性。

二、语文课程"科学性"之确立

在日常生活中，如果我们仔细地观察，不难看出其实每一种现象的发生与存在都具有一定的规律性，而且这种规律性是会沿着一定的科学性轨道来运作的。关于我们的工作与学习科学化的存在更是具有不可忽视的影响。就以极具人文性的语文课程为例来说，教师在教学过程中不管是设定教学目

---

① 李海林.言语教学论[M].上海：上海教育出版社，2006：126.

标、确定教学方法还是预设教学过程、进行教学评价，在这一系列的活动中，任何一个教学环节的实施都是具有一定的科学性的，教师不可能完全不按章法和规律来教学，杂乱无章的课堂获得的教学反馈也是一塌糊涂的。同样，不仅仅是课堂，任何一门学科它从最初的设定到实施都是离不开科学性的规范与指导的。我们知道，科学主义在20世纪初期对我国教育领域产生了深远影响，也大大促进了语文学科的独立与发展。纵观语文学科的百年发展历史，语文课程在科学主义的影响下，语文教育目标、教学内容、教学方法、教学评价、研究方式等方面逐步走向了科学化，语文课程的科学性大大增强。

（一）语文课程目标的全面、细化

从语文教育萌芽开始，到"语文"单独设科之前，在漫长的历史发展中，语文一直与其他学科糅合在一起来讲授，界定模糊，属于综合性社会学科之一。再者，从学科名称的演变就可以略知一二，比如，"中国文字"、"中国文学"、"读经讲经"，语文课程还没有完全独立出来，根本谈不上完善的课程目标，乃至课程体系。在独立设科之初，由于人们认识的局限，近现代语文课程目标最初只设定在识字写字、读书、写作有限的范围内，随着对学科发展规律认识的不断深入，语文课程目标则涉及听、说、读、写四个方面，一直延续至今。纵观历史，语文课程目标经历了从无到有，从片面到全面的快速发展。较之以前的教学大纲，现今的课程标准对语文课程目标的规定更加全面、具体和详细，包括知识和能力、过程和方法、情感、态度和价值观三维目标，贯穿于识字与写字、阅读、写作、口语交际、综合性学习五个领域之中。与"三维目标"的纵向隐性线索相比，五个领域的目标规定则更加趋向显性，这样就构成了完整的目标框架，整体宏观目标之下的课程阶段目标又细化为很多条目，更便于操作与实施。

（二）语文教学内容的逻辑化、系统化

不论是人文社会科学领域还是自然科学领域，科学主义哲学观坚持的最基本主张就是强调学科知识的逻辑化和系统化。从这个角度来讲，新课标下语文课程内容的科学性显而易见。首先，语文教材，作为语文知识的载体，特别需要立足基础教育及当地教学实际情况，将语文学科客观存在的规律和学生的主观能动的学习方法相结合，以学生为本，科学编写，对阅读、写作、口语交际、综合性学习进行系统安排，实行国家、地方和学校三级联动，落实一纲多本，校本课程。其次，在课文的选择、编写和排版上，比如，高中课本以必修课程和选修课程形式来呈现，必修课程取代旧版教材的单元划分，而以五个教学模块为逻辑线索，选修课程在以促进学生有个性的发展的目标下，突出了选择性，围绕"三维目标"、"五个模块"，采用多种方式组元、编排，模块内容清晰，单元专题突出，符合学生的认知规律，充分体现了教材编排的科学性。最后，在教材编排逻辑化、系统化的基础之下，语文基础知识的呈现和传达自然更加明确、清楚、规范。在语言上，摒弃了以往对语言"模糊性"的追求，某些教学内容可以具体量化，有利于教与学，便于教学评估；在内容上，加大了对人与科学、人与自然领域的科普文章和科学人物传记等阅读和写作的教学内容，确立文本解读的规范体系，提倡科学性的多元解读。比如，人教版七年级的《月亮上的足迹》、《邓稼先》，八年级的《大自然的语言》、《奇妙的克隆》，等等。这些文章在各年级的课本中穿插分布，教学目标各异，让学生在不同的文章中感受科学，接受科学教育。

（三）语文教学方法的科学、有序

科学主义的理论即使再完备，最终也需要落实到教育实践中，有科学的方法来指导教育实践。我们的语文教学也在积极吸收和化解科学主义理论中的科学方法，渐渐融入了更多的科学因素。但因为语文教学内容既有关于语文的知识，又有关于社会、自然、科学各个领域的百科知识，科学化的语文教育便主张："只有从学生的实际出发，突出重点，强化难点，精讲多练，才能省时高效。"①为了更好地对语文教学内容进行科学化的指导，教师在进行教学活动之前要学会用科学化的态度来阅读文本，感受文本设置的内涵，熟悉并牢牢把握文本的重、难点，并以最佳的教学方法教授学生。在教学过程中，教师要学会把握学生的心理特征，根据学生的特点来设置课堂教学，这样不仅能够完美地实现教学任务，还可以取得事半功倍的教学效果。在新课

① 施茂枝、方元山.从混沌走向清晰——百年语文教育科学化的轨迹探寻[J].天津师范大学学报，2007，（4）：33.

标的影响下，如今的课堂教学变得越来越丰富。不论是情景教学法、合作教学法、还是暗示教学法，教师在确定某一种教学方法的过程中，大都会根据一定的教学规律来设置，这也就遵循了一定的科学规律。

（四）语文教学评价的动态、多元

科学主义让素质教育下的教学评价融入更多的科学因素，使教学评价具有了科学性，科学、动态、多元的教学评价也将成为未来发展的大趋势。规律是事物之间的必然联系，任何事物皆因其内在元素的联系形成固有的规律。对语文教学而言，从教学目标、教学要素、教学过程、教学方法与手段、教学效果等方面的评价分析来构建的完整的评价体系，进而到评价实施，最后再到评价反馈，该过程的任何一元素都要遵循语文教学的规律，比如，认知发展、思维逻辑、识记记忆、心理发展及知识的顺序组合、教学技巧等。虽然这些规律是心理学、教育学上的，但在语文课堂运用中，规律和语文知识的结合突出了语文教学活动的主要特征，显露出语文教学评价在测试学生学习成绩、预测未来发展及鉴定教师教学效果、改善学校教学管理等方面的功能。可以说，在科学主义的影响下，语文教学评价坚持科学性原则，摒弃了形式单一、内容片面、目的功利的传统教学评价，形成了一个视角多元的、角度变化的、动态的、分层的科学评价体系。

（五）语文教育研究方式的客观、理性

随着社会的日新月异的发展，科学的重要性愈发体现在不断地进行科学实验研究、更新理论知识、指导实践发展上面。在传统语文教育研究中，由于种种的局限性，关于语文教育规律的认识总是停留在依靠直觉、经验和主观判断的阶段，而且对部分杰出领袖、著名学者的言论深信不疑也让一线教师出现了理论与实践不一致的矛盾，这严重影响了语文的教学实践和教育研究，越来越不适应现代教育发展的需要。所以，在科学主义思潮尤其是实验教育思潮的影响下，中国语文教育研究的瓶颈终于找到了突破口，开始逐步学习西方的教育理论，运用交叉学科的科学成果，加强基层学校调研，重视教育科学实验研究，注重运用研究成果来指导我国语文教育改革。关于语文教育的研究方法在具体的实施过程中，我国的研究专家主要借鉴了国外的许多研究案例以及不少与教育有关学科的学习。在具体的吸收与采纳的过程中，我们要学会将最新思维且适应于教学研究的心理学知识、统计学知识有选择性地收入囊中，并根据国情将其最大化地运用到自己的教育研究当中，比如，俞子夷的汉字心理实验、艾伟的阅读兴趣实验等。

尽管科学主义已经对语文教育各方面都产生了深刻影响，但语文课程的"科学性"属性还是未得到足够的重视。语文教学科学性成分，上到国家层面制定的课程标准、编写的教材、确立的考试评价等，再到学校层面的校园文化建设、课程课时安排、教研组管理，下到师生层面的备课、上课、布置作业、课后辅导及学生家校互动等方面的依然太少。即使在这样严峻的现状下，很多脱离教育实践的学者纸上谈兵，逆科学规律道路而行，呼吁在语文教育中大搞所谓的人文性，实质乃为人文性外衣下的泛人文性、去科学性，隐蔽了师生和家长的双眼。所以，当我们回顾语文教育的发展历程，思考语文教育的严峻现状时，为了更好地推动语文课程的科学发展，语文课程工具性和人文性的统一这一基本属性是否合适，值得我们深深的思考。故重新定位语文课程的性质，把科学与人文教育精神真正渗透到语文教学过程中，坚持科学性与人文性的统一，将是未来语文教育的发展之道。

第三章　识字写字教学

识字写字教学是阅读教学和写作教学的基础，因此，新课程提出了汉字教育的新理念，加大了对识字写字教学的改革力度。然而，当前的识字写字教学尤其是网络环境下的识字写字教学还存在诸多问题，需要采取一些有效措施加以解决。

第一节　识字写字教学改革新动向

2011年课标与2001年的课标相比，在语文教学的各个环节中，识字写字教学改革的力度可以说是最大的。主要体现在以下几个方面：

一、提出汉字教育新理念

识字写字教学与阅读教学、写作教学、口语交际教学一样，尽管在教学实施方面，有着千丝万缕的联系，但是，在教育领域和应遵照的教学规律方面，应该具有相对的独立性。当下，我们不能以纯粹的工具观来看待汉字的学习和教学，也不能简单地把识字写字教学当作阅读、写作教学的附庸。同时，继续强调汉字教育中汉语拼音的学习问题。准确定位汉语拼音的学习目标，适当降低汉语拼音的教学难度，不再做单独的重点考查，旨在发挥汉语拼音在识字写字教学中的"拐棍"作用。学界加大对汉字教育规律的研究和识字写字教学指导的力度，更有利于识字写字教学改革的深入。

二、"识"、"写"分开，继续坚持"认识"、"学会"两种目标

针对学生识字写字负担过重的问题，2011年课标进一步强调"多认少写"的教学原则，继续坚持"认识"和"学会"两种目标。所谓的"认识"，要求认识的汉字，不仅在本课中认识，放到其他语言环境中也认识，这才是真正的认识。凡是要求认识的汉字，要做到不抄写、不默写、不考试。所谓的"学会"，指识字写字教学中要求学生做到"会读、会写"，改变过去每学一个汉字都必须达到"四会"（会读、会写、会讲、会用）的教学目标。

2011年课标规定：一、二年级两年内要求认识常用汉字1600个左右（2001年课标：1600—1800个），其中800个左右（2001年课标：800—1000个）会写。三、四年级认识常用汉字2500个左右，其中1600个（2001年课标：2000个）左右会写。五、六年级累计认识常用汉字3000个左右，其中2500个左右会写。七—九年级累计认识常用汉字3500个左右（2001年课标：其中3000个左右会写删去）。从这一规定可以看出，2011年课标适当降低了第一、第二学段识字写字量的要求，整个小学阶段识字写字总量保持不变，仍然要求认识常用汉字3000个左右，其中2500个会写。初中阶段对识字写字量的规定，更富有弹性，不再规定会写的数量，这样为不同层次的学生在识字写字方面留下了更大的发展空间。

三、增加写字课，在书写中体会汉字的优美和书法的审美价值

2011年课标把写字课的开设放到突出的地位。强调："第一、第二、第三学段，要在每天的语文课中安排10分钟，在教师指导下随堂练习，做到天天练。"小学中段学生能用毛笔临摹正楷字帖。小学高段学生能用毛笔写楷书，体会汉字的优美。初中阶段学生能临摹名家书法，体会书法的审美价值。写字姿势正确，有良好的书写习惯。这些要求贯穿到不同学段之中。从课标的规定来看，书法课的开设最好在初中进行（当然高中也要进一步开设书法课），主要原因是中学生的身体发育比较成熟，情意发展也更加健全，适时地进行传统的书法教育有利于培养他们对祖国语言文字的热爱之情。通

过书法的学习也有利于提高中学生的审美情操以及继承、弘扬祖国的优秀传统文化。

四、增强学生的情感态度价值观教育，使其有识字的兴趣和动力

苏霍姆林斯基曾说："只有当识字对儿童来说变成一种鲜明的激动人心的生活情景，里面充满了活生生的形象、声音、旋律的时候，教学才能变得比较轻松。"可见，在激发学生识字的兴趣和动力方面，采用适宜的方法更能激发出学生识字的兴趣和不竭动力。改革开放以来，我国语文教育改革在识字教学方面取得的成绩相当突出，涌现了很多有影响力的识字教学方法，比如，字理识字、字族识字、部件析形识字、电脑辅助学习汉字等。其中字族识字方法颇受师生的欢迎，至今为止，很少有人来否则这种方法的优越性。字族识字的实验设计是采用"字形类联，字音类聚，字义类推"的方法，把汉字分成"族"，按"族"编成课文，称为"字族文"。譬如，《小青蛙》一课"江水清清天气晴，小小青蛙大眼睛。保护庄稼吃害虫，做了不少好事情。请你保护小青蛙，它是庄稼好卫兵"。其中的母体字是"青"，繁衍派生出"清、情、请、晴"等一族字。通过学习"青"，利于学习迁移的方式就可以学会一批形近的汉字。又如，《皮字朋友多》一课"有土堆成坡，有水波连波。碰石擦破皮，走路跛一跛。披衣床上坐，被子多暖和。菠菜营养好，玻璃用处多"。通过母体字"皮"的学习，可以学会"坡、波、破、跛、披、被、菠、玻"一批形近字。

五、突出识字写字评价的阶段性和可操作性

2001年课标在学生的识字评价方面只是宏观地提出要求，比如，"识字的评价，要考查学生认清字形、读准字音、掌握汉字基本意义的情况……不同的学段应有不同的侧重。"在教学环节，教师依然不知在不同学段如何有所侧重。2011年课标在识字评价方面就更加具体化了，明确规定："第一、第二学段应多关注学生主动识字的兴趣；第三、第四学段要重视考查学生独立识字的能力。"显然，这一规定就给教师在指导学生识字方面指明了方向。即小学1—4年级侧重对学生识字兴趣的培养，而小学5—6年级及初中则要转向

对学生独立识字能力的培养，否则都是违背识字教学规律的。

在写字方面，2001年课标规定的比较笼统，只是强调："激发学生识字写字的积极性，不能以简单的罚抄的方式来达到纠正错别字的目的。"而2011年课标的规定则具有很强的可操作性。比如，"第一学段要关注学生写好……基本字，第二、第三学段还要关注学生的毛笔书写，第四学段还要关注……对名家书法作品的临摹。"这一规定，就给教师评定每一阶段学生的写字情况提供了重要参考。

此外，2011年课标与2001年课标相比，还有一个重大的变化就是附录中增设了两个字表，其中《识字、写字教学基本字表》，建议先认先写"字表"中的300个字，逐步发展小学低年级学生的识字写字能力。《义务教育语文课程常用字表》3500字，包括字表一2500字，字表二1000字，规定学生义务教育阶段应掌握的常用汉字。这两个字表都为识字写字教学、教材编写和教学评估等提供了客观的依据。

总体来说，2011年课标在识字写字改革方面有了很大的进步，为中小学识字写字教学指明了方向，在教学实践中也取得了骄人的成绩。但是，这次改革有一点，笔者认为不甚合理。课标提倡"多认、少写"的原则，减低识字写字的难度要求的理念是正确的，但在第一学段，"两年内要求认识常用汉字1600个左右，其中800个左右会写。"这一规定与2001年课标相比，不仅写字量（原来800—1000个）大大降低，而识字量（原来1600—1800个）也大大降低了。笔者认为，写字量减低是比较合理的，因为低年级的学生年龄小，正处于身体和心智发展的阶段，如果写字太多，由于手腕的骨力较弱，有意注意的时间不够长，耐心不足，会造成他们对写字的抵触情绪和厌烦心理，这样不利于他们写字兴趣的培养和良好习惯的形成。然而，大大降低学生的识字量，实属不合理。众所周知，传统语文教育在识字方面的经验之谈，正如："在儿童入学前后用比较短的一段时间（一年左右）集中地教儿童认识一批字——两千左右为宜，然后再进行读书。"即在一个不太长的时间内，掌握2000字左右，方可进入进一步的读写阶段，这是千百年来达成的共识。2011年课标与2001年课标相比，又大大减低识字量，这一导向是有问题的。尽管学界也是通过所谓的实验得来的数据，但是，笔者认为不可低估6—7岁孩子的识字能力，我们可以通过"改进识字教学方法和提高教材编写的趣味性"等方式来解决他们学习汉字感到枯燥乏味等问题，而不应该一味地降低识字量。古代的"三百千"识字教材，在识字教学方面的效果不是很好吗？蒙童在快乐中识字的同时，又潜移默化地接受了思想道德教育和审美教育。这是值得今天我们语文教育界所深思的。

第二节　识字写字教学的现状与对策

汉字是一个记录语言的形、音、义三者相互统一的书写符号系统，它不仅是人类最重要的辅助性交际工具，还是中华民族优秀传统文化的一个代表，更是语文学习和语文教学的基础。简单来说，识字是认识汉字，写字是书写汉字，在语文教育中识字写字教学是蒙学教育的开端，在教学过程中，既要很好地依据汉字的特点，又要切实地符合儿童的学习规律。在《义务教育语文新课程标准（实验稿）》中，就已经对识字写字教学做出了明确的定位，"识字写字是开展阅读和写作的基础，是语文教育第一学段的一个不可忽视的教学重点，同样它也是贯串整个义务教育阶段的重要教学内容"。然而，值得深思的是，随着科学技术的快速发展，国人的识字能力正在不断下降，其中体现最为突出的就是中小学生识字写字能力参差不齐，错别字泛滥、提笔忘字等现象层出不穷。因此，采取有效措施提高学生的识字写字能力应是当务之急。

一、识字写字教学的现状分析

（一）教师方面

要想在今后的学习过程中让学生具备良好的读书与写作能力，首先教师要教会学生自己去认识汉字，这是学习阶段的基础，也是根基。在初学阶段，学生在对汉语拼音的认识和笔画的书写有一定难度，对于这样的教学活动也不太感兴趣，甚至伴随着机械化的练习会产生一系列的厌学情绪。基于此，教师在教学过程中，就要通过丰富多样的课堂活动和生动趣味的教学方式来调动学生的学习积极性，带领他们在汉字的海洋里徜徉。同样，就汉字自身而言，还肩负着传承中华文化的重任，对维护民族统一也有着不容忽视的作用。但在教学中，教师往往容易出现以下问题，严重地影响了学生的识字写字效果。

1. 盲目追求识字数量与速度，识字质量降低

2011年课标对于学生学习任务及汉字积累量有着明确的规定。学生在小学阶段的识字量3000字左右。但在实际教学中，教师因应对考试，明显加大学生的学习任务，采用纯机械化的教学方式，而忽视了学生学习兴趣的培养，在识字教学方面导致学生的识字量不足。殊不知，如果学生在初期阶段因应付各类考试而失去了学习的主动性，只是一味地在教师的讲授下被动接受一切的话，那么不管是今后的阅读教学还是写作教学都是难以为继的，而识字恰恰是学生阅读与写作的最好敲门砖。正视这样的现状，不难发现，识字与写字教学的课堂多数是呆板、无趣的，若要更好地改变这一局面，就需要教师在实际操作中，将重点放在积极引导和趣味讲解上，唯有此，识字写字教学才有可能收到预期的效果。

2. 识字与写字教学评价不够认真，忽视对学生的评价

在教学过程中，教师为了更好地调动教学氛围，可能会采取一些诸如合作讨论、自我交流与分享经验等教学活动，这些活动都是由学生参与其中的，看似对课堂有帮助，却忽略了一个重要问题，即在整个活动中，教师缺乏一定的参与，对于学生的表现也未能做出及时有效的评价，要知道教师正确的评价是非常有利于学生的发展的。评价时，因教学对象不同且各具特点，教师就要根据学生的不同情况来给出不同的评价与鼓励，只有将评价做到因人而异且符合实际，才能收到更好的教学效果。识字写字教学是第一学段的教学重点，该学段学生年龄偏小，心智尚在不断的发展中，教师一点点的鼓励或者批评对学生而言都会产生较大的影响。笔者调查发现，在识字写字教学过程中，教师不能认真地对待学生的学习情况，主要表现在教师对评价重视程度不高，评价态度不够认真。这种的教学态度会挫伤学生对于识字与写字的兴趣，识字与写字的水平也会随之慢慢下降。

3. 教师的专业素养参差不齐，影响识字与写字效果

当今，教学的发展是与时代发展步伐紧密联系在一起的，最值得一提的

就是网络对于教育的微妙影响。教师在课堂上用粉笔写字、板书的机会越来越少，教师的粉笔，钢笔和毛笔"三笔字"的能力也在逐渐降低，这在无形中弱化了学生对汉字的认识、辨识与书写，大大不利于识字与写字教学。而且智能网络的扑面侵袭，让提笔忘字、错别字连篇成为了社会的通病，国人的识字写字能力明显下降。汉字文化博大精深，教师为人师表，行为世范，在向学生讲解汉字的同时也是在传承千年的文明，如果不注意提高自身的专业素养，便不足以承担起该重任。所以，打铁还须自身硬，教师只有储备了丰富的语文知识尤其是汉字学知识，拥有正确的教学方法和娴熟的教学技能，才能调动学生学习的热情，取得好的教学效果。

4. 教学方法简单化、程序化，缺乏创新

调查发现，如今有很多课堂教学缺乏新颖性，呆板无趣。具体表现在教学过程中的问题是，教师为了过多地增加学生的识字量而反复让学生去抄写、默写。不仅如此，在布置课后作业时也只是让学生去默写生字，把抄写、默写这样单一的练习方式变成了学生记住生字的主要方式。为了更好地实现教学目标，扩大识字量，教师大多会对汉字进行孤立地讲解，不去理会汉字深层的含义，简单讲述后让学生开始机械记忆，由此可能会造成汉字之间连贯性的破坏。还有部分教师在导入新课后，就采取学生自学的方法学习生字，即自己读书—圈出生字—自学生字—互相探讨—检查自学情况，教师在没有认真讲解汉字的情况下，盲目地去调动学生的主动性，这无疑加重了他们的学习负担。凡此种种，教师都是在识字教学时缺乏有效地适用于学生的教学方法，简单化、程序化，缺乏创新的教学让学生的学习热情消减。

（二）学生方面

汉字作为世界上最古老的文字，有着绵延不绝的历史，经过了数次的发展演变才形成了当下相当成熟和系统的文字。许慎在《说文解字》中说："汉字的根基在于象，在于形"，言简意赅地抓住了汉字识记的精髓。但是，在识字写字教学中，博大精深的汉字文化，对于初学汉字的学生来说依然是一个挑战，容易出现一些问题。

1. 音义不清，形近混淆

因为汉字发展演变有着极其悠久的历史，汉字的字音、字形、字义之间的联系已经不够紧密。在现代汉语中形声字占据一大部分，在它们之间可能会存在着一定的构成规律，但并非所有的汉字都是如此。学生在学习这类汉字时可能会出现一系列的问题。根据孩子注意力保持度的显示，我们发现小学生注意力的保持时间比较短，因此，他们不会有太多的耐心去关注到汉字之间的相似变化和异同点。再加上对于小学生而言，任何事物的认知还大多停留在外部轮廓阶段，因此对于汉字之间深层次的意义辨别是十分容易混淆的，从而也就会导致认错字、写错字等问题的出现。

2. 掌握不易，遗忘迅速

据研究表明，汉字是世界各国中最难学的文字。有很多汉字笔画繁多，在低年学段的学生的识字教材中，就出现过不少繁杂的汉字，如"露"、"蠢"、"镶"等字的笔画基本都是二十多画。而且汉字的形体由点、横、竖、撇、捺、横、钩、横、折等几种笔画结构而成。由于笔画的形式不多，在组字的结构上难免出现许多相似的地方。我国文字浩如烟海和汉字本身的特点使得要想把每个汉字都准确地印在脑子里，需要下一番苦功夫。对高年级学生尚且不易，特别是低年级学生的识记能力还较差，记忆欠缺持久性与准确性，掌握汉字更是难上加难。因为学生的注意力集中时间有限，对于许多学过的汉字，由于复习巩固缺乏耐心、复习的方法又比较机械、盲目，就会导致许多相似或相近的汉字特别容易被混淆甚至于被遗忘。

3. 课内外练习时间少，不足以习得能力

汉字的习得是一个长久的过程，掌握常用三千多字不是一朝一夕的事情。教师有限的一堂课时间对于低年级学生只能讲解几个汉字，而学生能较好地掌握这几个字的音、义、形也已经实属不易；而有关教育减负的规定明确要求教师的课业布置的任务也不得超标。鉴于此，2011年课标提出了"10分钟随堂练字"的教学建议。10分钟不是孤立的数字，它是课堂各环节写字的时间总和。但是10分钟并不足以让学生写得一手好字，认得所学汉字，虽然它具有一种意义，产生一定影响，但还需要额外的时间做写字练习以巩固课堂效果。而当下学生课内外识字写字练习时间的不足，对于正处于学习能力培养和学习习惯养成的低年级学生来说是十分不利的。

4. 学习态度不端正，书写习惯不良

汉字结构复杂，笔画繁多，笔顺难记，这对于低年级学生而言，识字写字难度陡然上升。而且低年级学生的认知模式正在不断的建构中，他们的认知策略、学习态度、简单推理和类比都会对识字写字教学效果产生较大的影响。具体到识字写字过程中，学习态度不端正的学生，学习积极性不高而且容易误写汉字的结构，形成不良的书写习惯，这对学习新的汉字所产生的消极影响是潜移默化的，如学生在学过"少"字后，常将"步"字下边写成"少"字。

当然，在网络技术发展的今天，电脑提供的画面与音响，已足够满足人类对知识的需求，超过了传统纸质传媒记录的文字量。受这种思想的影响，学生逐渐地对纸质传媒下的汉字失去了浓厚的兴趣，影响了他们识字与写字能力的提高。同时，社会上使用汉字不规范现象的大量存在，也加大了教师识字与写字教学的难度。

二、识字与写字教学的基本原则

（一）符合学生的认知规律

学生认知思维的阶段性在很大程度上决定了教师在进行识字写字教学时要认真地考虑学生的心理认知特点，根据其阶段性的不同来合理安排教学过程和方法。关于学生学习汉字的情况，大多学者认为，学生在识字之初，关键要做的就是突破之前的空白认知，对汉字有简单的认识。在最初的引导阶段，教师要注意初级阶段孩子的思维能力，用生动活泼的方式来启发儿童对字形和字义的认知，无须渗透更多的字理分析。在此过程中写字教学重点是如何让学生保持正确的坐姿和握笔姿势，并进行少量的摹写。在快速发展阶段，由于有了具体的语境作为依托，字理的显现和表意文字与其背后代表着的文化的联系就越来越显著，因而学生对汉字意义的掌握也会不断加深印象。因此应当采取提示和分析的方法（部件识字、字理识字等），总结规律，帮助学生大量识记汉字。这一阶段的写字教学应注意书写得端正、整洁，提高书写速度。在巩固运用阶段，汉字的形、音、义三者互为一体，学生对于汉字系统的掌握也基本走向成熟与稳健。识字可以很好地和阅读、写作同步开展，并促进阅读和写作教学质量的提高。

（二）符合汉字的构字规律

在教学中，针对不同的类型要采用不同的方法，凸显义理。第一，对于表意字的教学，据形表意，水到渠成。如（羽）"羽"字的教学，可先整体感知"羽"的古文形体，引导学生发现字形像鸟的长毛，然后出示楷体"羽"，深化儿童的认知。第二，对于意音字的教学，分析音义，让学生建立音义和本字的联系。如："疯"字的教学，提点"疒"多表示疾病，"风"表示该字的读音。对于表意、表音不清的，教学时要及时指出，避免误导。第三，对于半记号字的教学，阐述有意义的部分，并让学生反复记忆。第四，对于记号字的教学，可以结合汉字的历史轨迹或日常生活经验编造字理，帮助学生理解。在这四种基本类型之中，教师可利用多种方式，追求多种教法的和谐统一。

（三）教学方法必须科学化、艺术化、信息化

科学化、艺术化、信息化是时代的要求，也是信息时代，教师要全面提高教学效能和实现教育创新就必须与时俱进，科学化、艺术化、信息化地灵活使用诸多教学方法，开展丰富多彩的教学活动。为了更好地营造出和谐的课堂氛围，教师应该学会思考和创造出一些新颖有趣的教学活动，如，卡片游戏：教师可以根据教学任务，将所学习的生字词写在彩色卡纸上，然后通过各种方式运用到教学活动当中。现代教育技术进入中小学课堂已成为现实，教师可以借助多媒体技术，充分体现汉字表意文字和复杂文字的特点，使学生更好地领悟汉字的文化内涵。写字教学中可以借助多媒体技术讲授笔画烦琐的汉字，通过分解和定格，让学生由整体到局部，由无序到有序理清汉字的脉络和架构，调集学生的各种感观，使其学得更加高效。除此之外，教师还可以把一些相关联的汉字制成动态学习网页传到互联网上，让师生更好地利用网络资源来互相探讨学习。

三、识字与写字教学的基本策略

（一）识字教学基本策略

1. 本体入手，一语道破

关于如何开展识字与写字教学，教师可多阅读一些相关书籍。了解汉字

之间的内部联系，然后，再从最基础入手，一步步地教导学生认识字音、字义。让学生懂得从基本知识入手，逐步掌握学习汉字的基本规律，提高学习汉字的能力。努力做到：第一，从字形上来说，在汉字学习的初始阶段，学生刚刚接触到汉字的形体，重点应该放在构字能力强、组词能力强、意义明确的独体字学习上，打好基础；随之开始对他们的构词能力进行强化练习，以便于更好地达到教学目标。然后，讲授从合体字中分析出来的不成字偏旁及其由其构成的一串串汉字，达到触类旁通；最后随文教一些其他的汉字。第二，从字音上来说，主要是为了突破同音字繁多的藩篱，如可将声母、韵母相同声调不同的"妈、麻、马、骂"，或者相同读音的"朱、诛、珠、株"，或者同音形似的"分、芬、纷"等放在一起教学，讲清其中的区别和联系。第三，从字义上来说，可以分为独体字溯源识字法、合体字字理识字法。如简化后的"鸡"可以解释为"能用手抓住的鸟"（"又"是手形 ➔）。在课堂教学过程中，我们不仅要做到按部就班、简明系统，还应注意使用一些多元化的教学方法，调动学生的学习积极性，将课堂教学与生活实际紧密结合在一起，营造出两者完美结合、妙趣横生的课堂氛围。

2. 情景渲染，拼音助读

在学生初学汉字阶段，首先出现在他们眼前的是那二十几个拼音字母，对于庞大的汉字数据库来说，拼音知识的掌握只是学习之始的一小步，但如果教师能够将这一小步扎实、扎牢，那么之后的识字与写字将会收到柳暗花明的效果。在低年级的学生课本中，为了能够更好地拉近教材与学生的距离，课文中往往都会配上精美有趣的插图给学生的识字及阅读创造了很好的条件。作为教师则应该在拼音和场景的有力渲染下，去唤起学生的主体意识和问题意识，通过师生之间的有效互动从而达成共识、理解与融合。教师不必要求学生遇到的所有汉字"逢见必写"，写字应遵循由简到繁，由常见到不常见的顺序，循序渐进地让学生慢慢熟悉。对于阅读中那些未到时候要求书写的汉字，应发挥学生的无意识记忆，通过拼音助读和汉字复现方式，提高识字积极性和扩大识字量。

3. 拓宽渠道，采撷新知

在识字教学过程中，教师一要做到通过多元化的方式体味隐藏在汉字背后的奥秘，二要在学习的过程让学生树立远大的价值观，将语文学习更好地投放在日常生活之中，时刻秉持着处处留心皆学问的态度。教师要抓住校园环境和社会环境的有利条件，为学生学习汉字创造和谐、轻松的氛围，如开辟生字栏、阅读窗；带领学生游戏校园，观察标语、口号；引导学生随时随地识记汉字，产品的包装、商店的名称、超市的货架标签等。此外，课外读物和工具书，不仅能够帮助学生巩固和识别一些生字，还能对整个的语文学习产生积极的影响。对于低年级的学生来说，由于识字量有限，阅读存在一定的难度，因此，教师要时刻记住呵护学生的好奇心，多鼓励学生，通过家长或教师的帮助来更好地开展阅读活动。

（二）写字教学的基本策略

1. 正确执笔，稳住坐姿

不良的写字习惯对学生的写字的质量以及身心发育都会产生消极影响。因此，在学生写字的过程中，需要教师对其坐姿和执笔方法给予悉心指导，如眼睛距纸一尺远，大拇指与食指捏笔、中指托住笔等。另外，有条件的地方可以拍摄每个孩子的写字录像，然后，再比对正确的姿势和执笔方法，让学生寻找差距。

2. 基本训练，稳扎稳打

朱熹《童蒙须知》："凡写字，未问写的工拙如何，且要一笔一书，严正分明，不可潦草。凡写文字，须要仔细看本，不可差讹。"写字教学首先要让学生观察汉字笔画和部件（注意部件的变形），从而把字写得端正、整洁；其次是教给学生运笔的技能：怎样起笔、运笔、收笔以及笔画的先后顺序，从而把字写得规范、顺利；再次是对学生进行书写指导，把握部件比例，结构形态，先从各种字格练起，从而把字写得美观、匀称；最后是让学生摹写，由易到难，由简到繁，切忌看一笔写一笔。低段教学的课堂上最好留出10分钟以上时间让学生先练习书写。

3. 活动多样，审美培养

汉字较之于其他的语言文字来说，它的不同之处就在于其独特的审美价值。鲁迅曾在《汉文学纲要》中指出，汉字具有三美："意美以感心"、"音美以感耳"、"形美以感目"，因此，对于教师来说，指导学生把字写对、写会写对、写会不是识字写字教学的唯一任务，还要指导学生把字写好、写美并令其充满无限的写字乐趣。如：让学生自制贺卡、手抄报；组织写字小组，让组内的同学相互评字，共同进步等。另外，在写字教学中，适当穿插一些书法艺术，让学生学习汉字的同时也能够适当地领会到一些文字背后的文化底蕴。学生学习汉字文化究竟是一个怎样的过程，关键取决于教师怎样来看待这一教学目标了，如果你把它看的简单，那它也就仅仅是一个简单的认字环节，如果你将它看的复杂，那么它也就会因为你的偏爱而更加充满色彩。通过对汉字文化的学习和了解，所收获到的就不只是汉字量的增加了，它背后的人文性、情感化及审美性都会得到明显的提升。

总而言之，在人生的一个漫长的学习过程中，识字毫无疑问被认为是第一源头。因为无论是对于一个国家还是一个民族来说，国民的识字率是紧切地关乎着国家和民族的文化传承和素质的提高的。面对沉淀千年的汉字，面对日日生新的学生，面对日新月异的教学环境，识字写字教学的现状依然不容乐观，但这是一个任重道远的任务，需要一代代教育工作者不断地发现问题，解决问题，总结经验，也只有这样才能让汉字文化历久弥新，不断传承。

第三节　网络环境下的识字写字教学指导策略

科技时代的快速发展，让网络这一重要媒介开始渐渐地潜入我们的日常生活之中，并扮演着一个重要的角色。我们每天都会收到各种各样的网络信息，多样化的网络媒介，也让我们的生活变得丰富多彩。不论是微博、微信还是其他网络媒介都在以自己独特的方式将多彩的世界呈现在我们的眼前。同样，教育事业也在顺应着时代的发展，发生着微妙的改变。在网络环境下，教师如何指导学生进行识字写字教学，如何指导学生搜集与教学相关的信息资料已是当务之急。此外，教师要充分利用网络的便捷性使学生的识字写字能力得到前所未有的发展和提升。

一、网络环境下识字写字教学的优势和弊端

纵观和实际考察我国利用网络进行教学这一现状，不难看出，教师对计

算机和互联网的依赖是明显的，在远程教育中占据着领导性的地位，而较之于学校教育来说，其主要扮演着辅助性教学手段这一角色。本节着重论述后者，即各级校内以网络为辅助的识字写字教学。[①]在网络环境下的识字写字教学利弊同在，机遇与挑战共存。

（一）网络环境下识字写字教学的优势

与传统教学沿袭而来的识字写字教学相比，网络环境下的识字写字教学具有独特的优势，一方面浩如烟海的网络在线学习资源，如名师授课、专家讲坛等栏目为学习者提供了触手可及的方便服务；一方面网络的时空开放性为学生的识字写字学习提供了便利，学生可以发挥自主权、自主选择，张扬个性，尽显个人之本色，真正发挥教育的"因材施教、因地制宜"原则；另一方面，网络环境下的识字写字教学更新颖，关注社会现实，注重实用。如近期电视台举办的汉字听写大会、汉字英雄等专场学习栏目。此外，还表现在以下三个方面：[②]（1）提高手脑的协调能力。网络环境下识字写字教学有利于学生充分发挥左右脑及双手的作用，从而协调手脑关系，促进大脑开发，同时可以有效提高其思维能力。（2）提升汉语言文字应用能力。简单快捷的电脑书写能极大地推进汉语言文字应用能力的整体提升，能进一步推进汉语言文字的应用。苏霍姆林斯基曾说："一个学生如果他没有具备流利、快速阅读文章的能力，那么他相当于一个半盲人一般。"从他的话中，我们可以得到一个明确的信息，即学生良好的阅读能力的培养，对于今后掌握各类知识是十分有帮助的。网络环境下的识字写字教学能够最大力度地去实现学生书写过程的自动化，从而大大提升了学生对汉语言文字的应用能力。（3）普及汉字字理知识。汉字是个完整的系统，汉字的构造方法、发展演变、偏旁部首和书写等都是有规律可循的，认识并掌握一些识字规律，才能事半功倍地、真正学好汉字。在网络、新媒体等多元素并行发展的时代，我们可以充分利用网络的优势，使教学变得多姿多彩，充满趣味性，以此来激发学生识字写字的兴趣。我们可以在教学过程中运用多种网络手段给无声冰冷的汉字赋予生命力，呈现在学生面前，让其中包含汉字的文化内涵，让学生对学

---

① 耿红卫. 网络语文教育建构论 [M]. 武汉：华中科技大学出版社，2012：79—111.
② 李香平. 汉字教学中的文字学 [M]. 北京：语文出版社，2006：18—62.

习汉字充满期盼性，从而逐渐形成良好的识字写字习惯。

（二）网络环境下识字写字教学的弊端

任何事物都有两面性，网络当然也毫不例外。网络对学生的学习和生活带来便利的同时，也产生一定的负面影响。

1. 学生书写不佳

当下，人们经常用电脑输入打字来代替纸质的汉字书写，这就使得人们写出的汉字实在有点难登大雅之堂，且不说汉字是否美观、大方、得体，单是用字的准确度就让人诧异，错别字简直惨不忍睹，学生书写汉字的能力也是日益下降，这种现象的出现与当下网络的盛行有着密切的关系。2011年课标强调："写字教学旨在让学生的书写达到规范、端正、整洁的效果，并且还要具有一定的速度。"[①]然而，在现实中，走遍中小学的语文课堂，你会发现学生为应付作业，追求书写速度，加上教师对书写教学的重视程度和指导力度不够等因素，导致学生的书写状况不容乐观，令人担忧。有研究表明：从学生的课堂笔记与家庭作业的完成情况来看，学生因为过多地依赖电脑，而忘记了怎样规范地书写汉字，他们的作业大部分都会出现笔画错误、字迹潦草等问题。

2. 教师指导不力

网络环境下的识字写字教学目前仍处于探索阶段，至今还未形成一个完整的可供参照的系统，加之教师受诸多因素的局限，比如，农村偏远山区的教师对网络的使用知识知之甚少，根本无法指导学生利用网络进行识字写字能力的训练。就算有些地区有年轻并且精通网络教学的教师，可是也会局限于当地学校整体的硬件教学设备而无法对学生进行切实有效的指导。完全具备开展网络教学的地区，又因没有可以实施的具体参照体系而不能进行有针对性的指导。另外，网络上林林总总的学习资源（如动画、漫画、多媒体）的确是开阔了学生视野，激发了学生的兴趣，可是学生却把注意力放到了那些并不重要的画面上，而忽略了极为重要的识字写字，因此，网络未能充分发挥应有的学习效果。如此一来，汉字只是成了动画的陪衬，难避喧宾夺主

① 中华人民共和国教育部.义务教育语文课程标准（2011年版）[S].北京：北京师范大学出版社，2012：6—28.

之嫌。这些都是网络环境下识字写字教学的硬伤，大都与教师的指导不力有关。

3.教师重视不够

在网络这一大环境下进行识字写字教学毕竟是一个新事物，新事物的产生、发展和壮大是需要一定的时间和条件的。在这一新事物刚刚萌芽时，很多人并未具备慧眼能洞察一切，很多教师都不具有利用网络的优势服务于自己的实践教学的超前意识。意识不到，要想加以足够的重视当然是不可能的。因此，就会导致识字写字教学在网络环境下的实施步履维艰。在网络时代，一个合格称职的好教师绝不能够简单地拿着教学参考书到课堂里向学生机械化地传授知识，不能简单地拿着一张教育的旧船票每天去重复演绎昨天的故事。他必须与时俱进，探索出一系列行之有效的新型指导策略，以增强网络环境下识字写字教学的针对性和实效性。

二、网络环境下识字写字教学指导的基本原则

开展好网络环境下的识字写字教学，需要坚持的原则主要有以下三点：

（一）实时指导性原则

网络既然作为教学活动中的一个重要媒介与手段，就应该最大化地将其运用到教学活动中，用最新颖、最受学生喜爱的方式来开展教学活动，让学生乐于参与其中，并有最大的收获。这是传统课堂中的所不能达到的。在网络情境下，教师可以发挥网络多媒体的优势，实时监督学生并对他们进行有效的指导，这就打破传统教学中教师力不从心的局面。

（二）针对性指导原则

由于网络环境为教学提供了一个较为开放的学习情境，它的时空自由性可以让学生自主选择自己喜欢并比较擅长的学习内容，教师可以因材施教、因地制宜地对每个学生进行指导和帮助，真正实现新课改的"为了每一个学生的发展"的目标。另一方面，教师也可以对学生的薄弱环节进行巩固和训练，力求精准到位、加强针对性，切实发挥教师指导的功用，而非"纸上谈兵"。

（三）交流协作指导原则

网络环境的出现给师生之间以及生生之间提供了一个良好且行之有效

的交流和沟通的平台。在这样一个大的平台下，师生之间的关系是民主、平等的，针对教学过程中所出现的重点、难点问题，师生之间可以畅所欲言，发表自己的观点和看法，提出解决办法。这样一种合作探究的教学环境，不仅可以让学生最大化地参与其中，而且对于一些平常不善于主动发言的学生来说，也可以调动其学习积极性，展示成果，发展合作探究的能力。不仅如此，学生在交流解决问题的过程中，一旦遇到某些难解的问题，可以及时通过互联网向教师或专家求助。

三、网络环境下的识字写字教学指导的具体形式

当下，网络环境下的识字写字教学还存在不少问题，需要采取有效策略加以解决。

（一）"慕课"理念下的识字写字教学指导策略

"慕课"（MOOCs）是"大规模网络公开课"（mas-sive open online courses）的缩写，它始于2011年秋天，被誉为"印刷术发明以来教育界最大的革新"。慕课教学的最大特点就是最大化地将网络运用到教学过程中，将学习以一种最新颖的方式吸引着大批的学习者。"慕课"与其他的传统教学方式相比有着无法做到的随时性，因而在识字写字教学中可以尝试去将"慕课"引入教学环节中。比如，教师可以利用"字立方"钢笔字网络在线学习的机会，借助"慕课"平台，教会学生掌握一种新的系统的快速写字方法。

1. 在线听课

教师安排学生在一定的时间观看专家讲解钢笔字速成的公开课，学生针对自己平时写字方面的不足进行校正。这就有效地解决了教师专业不足方面的缺陷，可以让学生从另一方面接触到最新的信息。

2. 实时指导

教师根据专家的讲授，有重点地指导学生进行训练，比如，在规范汉字的书写结构时，可以采用邱海兵老师的"八字符"方法，即八种图形来帮助学生规范书写。

3. 成果展示

在听课结束和教师指导后，学生可分组把写字成果用多媒体投影的形式

或者是传到网上展示，比较前后两次不同的写字效果。

4. 交流评析

根据学生的写字成果展示，同学之间可以展开讨论，说说这个字写得好不好，如果好，好在哪儿，教师可以进行点拨。

5. 反思提高

根据同学、教师之间的交流评析，帮助学生确认自己的位置，以及今后需要努力的方向，让学生了然于手、了然于口、了然于心。

（二）"微课"理念下的识字写字教学指导策略

"微课"以内容简洁明了见长。在微课中，教师将所要讲授的学习内容缩减到十分钟左右，围绕一个核心知识点，将重、难点呈现出来，提前录制好上传到网络平台上或者直接拷贝给学生，学生可以根据自己的时间安排，随时随地进行学习。当视频中的教学重、难点为学生所接受后，教师可让学生做一些有针对性的练习，以达到巩固知识点的效果。[①]据此，我们可以针对一些疑难字进行微课教学，主要步骤如下：

1. 录制课程

比如，在讲解"𰻞"字时就可以录制一个十分钟的视频课程。具体讲解内容为：同学们好！今天老师带领大家来学习一个十分有趣的汉字，这个字笔画繁多、结构复杂，在我们的大字典中是查不到的，很多人看到它都会抓耳挠腮，只有一个地方的人有着深刻的认识。这个字就是"𰻞"（读音biang），在这个汉字的背后隐藏着一个十分有趣的小故事，大家听完故事就会对它有所了解了。相传古代有一个怀才不遇的秀才，在咸阳城一家卖biang biang面的面摊吃面后发现无钱付账。于是聪明的秀才反问老板："你这卖的是什么面啊？"答："biang biang面。""biang字怎么写？"老板听到秀才的质问怎么也答不上来，于是秀才就和老板约定，如果自己能够马上写出biang字来，便可免去吃biang biang面的钱，老板欣然答应。接着，秀才边唱边写："一点飞上天，黄河两边弯；八字大张口，言字往里走，左一扭，右一扭；西一长，东一长，中间加个马大王；心字底，月字旁，留个勾搭挂麻糖；推

---

①　黎加厚.微课的含义与发展［J］.中小学信息技术教育，2013，（4）：11.

着车车进咸阳。"唱完后，一个繁杂的"齉"字也就写好了。这个故事也被世人流传开来。那么下面老师想请大家也跟着秀才的口诀，将这个"齉"字工整地写在自己的笔记本上。

2. 学生自学

考虑这个字的字形结构以及笔画较多，内容比较庞杂。上课前，让学生先观看这个提前录制的短片，记住这个字的口诀。

3. 分组讨论

学生在网上看过视频并做过简单的预习之后，针对这个字难写难记的地方，进行分组讨论，并就如何快速识字写字达成比较一致的讨论结果。

4. 疑难讲解

教师针对学生讨论后的结论，再在课堂上进行细致的讲解，这样更有针对性，重、难点分明，以使学生能够查漏补缺。

5. 练习巩固

学生在反复的讲解和练习中已经具备了识写汉字的能力，稍稍再加以练习，就能够达到课程预设的教学目标。

（三）"云计算"理念下的识字写字教学指导策略

云计算指的就是通过Internet以服务的方式提供出一种动态可伸缩的虚拟化的资源的计算模式，它包括了存储、分析、分享等多种功能。随着"云计算"平台的慢慢使用，它让那些传统性的仅仅限制于课堂之上的学习拓展到课外，使得原本黑板、粉笔、投影PPT的教学方式，发展成为运用多媒体等教学手段，来帮助师生合作共同完成所学课程的新颖、有效的、具有系统性的信息技术。据此，我们在进行识字写字教学时，可根据学生情况和网络环境为学生专门设计一些有梯度的课外自主性作业，以适应"云计算"下的教学要求。

1. 设定梯度

在识字写字过程中，教师可以根据教学目标的需要逐步加入一些关于汉字背后的文化知识，让学生的学习与认识提升到一个新的高度，让识字写字教学逐渐具有深度，以此来更好地培养学生的语文素养。

2. 兴趣拓展

教师可以根据学生的兴趣爱好，给他们推荐一些既有趣又有知识的网站和平台，以满足他们的求知欲，也可以鼓励他们去参加汉字听写大赛、汉字英雄等文化类的节目，进一步激发他们对汉字的热爱。

3. 积累提高

学生在课堂上的学习的知识很有限，开展课外积累有利于丰富他们的知识量，这样天长日久、潜移默化，会增强他们对事物的洞察力，增加对语文学习的浓厚兴趣。

4. 交流共享

教师可以根据情况不定期地举办一个交流会，或是把学生积累的知识上传到学习网站上进行交流分享。这样就给他们提供了一个充分表现与发展的空间，不知不觉中感受到汉字的博大精深，体会到成功的喜悦。

当然，值得注意的是，不管教师运用何种网络媒介对学生的学习进行指导，都要摆正自己的位置，即领导学生、指引学生，对于学生的学习扮演着协作者和鼓励者、评价者的角色，绝不能代替学生在学习中的主体地位。同时，在加强网络识字写字的同时，也不能忽视传统的识字写字教学方式，只有二者有效地结合，才可能收到更好的效果，坚决防止唯网络识字写字教学这一极端问题的出现。

第四节　案例分析

一、案例呈现

《识字七》课堂实录[①]

（人教版一年级下册　执教：王芳）

（一）课前谈话

师：小朋友们好。

生：（反映不强烈，一言不发。）

师：老师热情地和大家打招呼，你们怎么一言不发，对我不理不睬，这

---

① 王芳.《识字7》课堂实录及评析 [DB\OL]. http://www.diyifanwen.com/jiaoan/xiaoxueyinianjiyuwenjiaoan/1333122232114674275.htm.

样冷淡呢？能不能也热情地跟老师打招呼？小朋友们好。

生：（热情、大声）老师好。

师：大家这样热情，老师心里真高兴。我们一起来做一个小游戏：对对子。我来说，大家来对，好吗？云——

生：雾。

师：雪——

生：霜。

师：花——

生：草。

师：和风——

生：细雨。

师：鸟语——

生：花香。

师：动摇——

生：（有的摇摇头，有的做思考状。）

师：虽然大家没有对上来，但是我看到了大家诚实的好品质。大家没有不懂装懂，一点也不虚伪。诚实、热情的小朋友，咱们准备上课吧？

（二）导入新课

师：课前咱们对了对子，这节课我们学习《识字七》，也是一首对子歌。

识字 7

shì duì fēi
是 对 非，
cháng duì duǎn
长 对 短。
xū xīn duì jiāo ào
虚 心 对 骄 傲，
rè qíng duì lěng dàn
热 情 对 冷 淡。
chéng shí yíng dé qiān jiā zàn
诚 实 赢 得 千 家 赞，
xū wěi zhāo lái wàn hù xián
虚 伪 招 来 万 户 嫌。

（三）读文识字

师：（出示"是对非"、"长对短"）请大家借助拼音读一读。

生1、生2和生3分别读。

师：这几位小朋友读得很正确。大家齐读一遍。

师：（出示"虚心对骄傲"、"热情对冷淡"）请大家自由读一读，你能读准确吗？

指名读、齐读、师生合作读。

师：你发现了吗？"对"字前后的两个词是什么关系？

生1：我发现"对"字前后的两个词意思相反。

生2：我发现"对"字前后的两个词是反义词。

师：这两个小朋友不仅观察得仔细，而且很会说话，表达的意思非常清楚。不错，每一行中"对"字前后的两个词是一组反义词。这是一首由反义词组成的对子歌。所以"对"字前后的两个词也可以交换位置读。非对——

生：是。

师：短对——

生：长。

师：骄傲对——

生：虚心。

师：冷淡对——

生：热情。

师：请看第三句。（出示：诚实赢得千家赞，虚伪招来万户嫌。）要求读正确、读流利。

师：谁能说说这句话的意思？

生1：这句话的意思就是说如果你很诚实的话，大家就会赞扬你。

师：还有后半句呢，怎么理解？

生1：（不好意思地笑笑）还没想好。

生2：这句话的意思就是说诚实的人会得到大家的称赞，不诚实的人也就是虚伪的人，大家就不会喜欢他。

生3：这句话是说诚实的人无论走到哪里，都会有人称赞，而虚伪的人只能招来大家的讨厌。

师：对，大家理解得很对，课前老师出的对子，大家没能对上，可是老师仍然称赞了你们，因为你们很诚实。这句话的意思正像大家理解的那样，诚实的人就能赢得大家的称赞，虚伪的人就会招来大家的讨厌。理解了这句话，能把这首对子歌连起来读一读吗？

生：（自由练读。）

师领着大家拍着手读，读出节奏感。

师：大家瞧，词语从课文里跑出来了，你能读准吗？

生：（开火车读词语。）

师：小朋友们，课文读得好，词语读得准，调皮的字宝宝从词语中跳出来了，想和大家交朋友。你能叫出它们的名字吗？

生：（齐读两遍。）

师：上面两排都是要求会认的字，下面一排都是要求会写的字，这行字大家以前已经认识了，再读一遍，（学生齐读一遍）下面看前两行字，你能想个什么办法记住这些新朋友？

生思考后，在小组讨论。

生1：我记住了"虚"，把老虎的"虎"下面的"几"换成"业"，就变成了"虚"。

生2：我记住了"骄"，把大桥的"桥"的木字旁换成马字旁就是骄傲的"骄"。

师：这两位小朋友用"换一换"的办法记住了这两个字。

生3：我记住了冷淡的"淡"。一盆水泼灭两把火，就是冷淡的"淡"。

师：这个办法多好呀，这句话可以做谜面，用猜字谜的办法记住这个"淡"这个字。还有哪个字可以用猜字谜的办法来记？

生4：我觉得"招"也能用猜字谜的办法记。谜面是举手拿刀才开口。

师：这个谜面编得好，抓住了字的特点，而且容易才出来。

生5：我用"加一加"的办法记住"诚"。言字旁加上成功的"成"就是诚实的"诚"。

生6：我也用"加一加"的办法来记"实"。宝盖儿头加头发的"头"，就是诚实的"实"。

师：老师通过想象来记这个字。头上戴帽子（宝盖儿头），盖得真严实。大家说一说。

生7：我记住了"赞"，上面两个"先"，下面一个"贝"，第一个"先"的竖弯钩变成竖提。

师：他非常细心，注意到这个字的变化。老师编了一个小口诀来记这个字（出示字卡，上面写有口诀）：小宝贝，好好干，两次先进，大家赞。大家说两遍，是不是记起来更方便？

师：还有两个字"赢"和"傲"没有好办法吗？"赢"能不能用"加一加"的办法来记？

生：死亡的"亡"加上"口"、"月"、"贝"、"凡"就组成了"赢"。

师：这个小朋友真机灵，老师稍做提示，它就想到了记住"赢"的好办法"亡"、"口"、"月"、"贝"、"凡"组成"赢"，大家把他的办法说一说，也记住这个字。

师：还剩下一个"傲"字，确实不好记，老师也费了一番功夫，想听听老师怎么记这个字吗？我通过想象来记这个字：一人反文立两旁，丰丢横，万补充。

师：大家用"换一换"、"加一加"、"编口诀"、"猜字谜"和"想象"的办法记住了这些字，大家的办法可真多。遇到了汉字新朋友，你们不仅热情，还有巧妙的办法记住它们，真了不起。咱们开小火车把这些生字比赛读一读。

师：把字宝宝送回课文里再读一遍。

生：（拍手读一遍课文。）

（四）书写生字

师：认准了字，还要能把字写好。大家看要求会写的6个字分别是什么结构？

生：有5个是左右结构，1个是上下结构。

师：这节课我们写左边一竖排的3个字。谁能给"短"字组词？

生1：短裤。

生2：短文。

生3：很短。

教师出示字卡。

你们也可以像老师这样设计字卡。有音节，有汉字，有词语，还有插图。

教师范写"短"强调左边是一撇加上"天"，"天"的捺变成"点"。

学生练写"短"和"冷"。描一个，写两个。

师：谁能给"热"组词？

生1：冷热。

生2：火热。

生3：热水。

生4：热爱。

生5：热情。

师：能用"热情"说句话吗？

生：我们热情地和王老师打招呼。

生：对待客人要热情。

生：姥姥来我家，我热情地招待她。

教师出示字卡，学生欣赏。

师：小朋友们也要展开想象的翅膀去设计你的字卡，这可是一件很有趣的事情。

看教师范写"热"。强调"丸"的点，热得流了汗。

师：临近的两个小朋友，互相看看谁的字写得漂亮。

（五）课外拓展

师：老师又给大家搜集了一首对子歌，请小朋友来读一读。

高对低　　古对今　　忙对闲　　假对真　　开对关

哭对笑　　放对收　　晚对早　　来对去　　臭对香

师：这节课，大家认识了 9 个字，写了 3 个字，而且读熟了对子歌。如果有兴趣，大家可以自己写一首反义词组成的对子歌。

二、案例评析

识字与写字教学是阅读与写作的基础，历来是语文学习的一项重要任务。王芳老师的这节识字课不仅有趣而且有效，多个设计非常贴合新课标的要求。

（一）重培养学生主动识字的愿望

子曰："知之者不如好之者，好之者不如乐之者。"学生浓厚的学习情趣是非常重要的，而且新课标对识字教学提出"喜欢学习汉字，有主动识字的愿望"的要求。要达到这样的要求，教学中必须充分调动学生的学习积极性。在课前谈话环节，王老师有意地渗透了"冷淡和热情"、"诚实和虚伪"两组词语，朗读对子歌时采用了多种形式的读，从学生一边拍手一边读对子歌时的状态，可以看出学生对本节识字课已经产生了浓厚的兴趣，萌生了主动识字的愿望。

（二）重引导学生获得识字的多种方法

识字学习是一个反复的、长期的过程，王老师精心制作的字卡，简单而又实用，利于学生的学习与巩固。教师用心制作的字卡，无疑给孩子们展示了汉字的又一个奇妙世界。无论是加一加、减一减，或是猜谜语、编口诀，还是想象的方法，都充分地调动了学生的多种感官，看似枯燥的几个汉字，在老师的精心设计和学生全身心的参与下，显得那样富有生机和活力。比如："实"可以想象成头上戴帽子，盖得真严实。也可以把一个子编成一个故事或说一句话，既培养了学生的创新意识，又教会了学生记住字形和字音的好方法，形成了知识迁移。

（三）重带领学生感知汉字的魅力

中国汉字有着悠久的历史和形体美，学习汉字有利于培养学生对祖国文字的热爱之情。因此，让学生在识记汉字的同时，感受汉字的魅力，欣赏民族文化的瑰宝，也是识字教学中必不可少的一项内容。在王老师的课堂中，简洁实用的课件，形式不一的字卡，规范端正的书写，异彩纷呈的词语和句子练习，无不向学生展示着汉字的魅力，使学生由衷地焕发出喜欢汉字的情感，从而真正从内心深处热爱祖国的语言文字。

　　这节课，尽管王老师采用了多种识字方法，却没有引导学生在具体的语言环境中识字，未能很好地结合学生的生活实际，这也就违背了识字的初衷，极其容易导致学生只认得字，不会运用，从而会影响识字的长远效果。既然按照新课标要求，多种渠道拓宽学生的识字的途径，希望王老师可以令学生不但能产生主动识字的愿望，形成主动识字的习惯，而且还可以具备多种识字写字的能力，在汉字王国里自由的飞翔，给语文教学界带来了更多的惊喜。

第四章　阅读教学

新课改以来，阅读教学领域在阅读理念、阅读教学方法、诗文背诵量、课外阅读量、阅读教学评价等方面都发生了重大变革。然而，在新课程实施过程中，依然存在着一些误区，与国际流行的阅读新理念和新做法尚有一定的差距。新课标突出强调新媒体和新技术的重要性，但网络环境下的阅读教学也凸现出不少问题。这些问题都需要采取有效的措施加以解决，方可更好地推动阅读教学的良性发展，全面提高中小学生的阅读水平和阅读素养。

第一节　阅读教学改革新动向

在整个语文教育改革中，推进阅读教学改革是"重中之重"。2011年课标与2001年课标相比，在阅读教学方面又向前推进了一大步。

一、更新了现代阅读理念

我们知道，传统意义上的阅读：作品是作者思想感情的流露，阅读应指归于作者，以理解作者所流露的思想感情为目的。比如，传统的阅读方式，我们通过安徒生的童话《皇帝的新装》的学习，了解作者安徒生在作品中流露出对皇帝昏庸及大小官吏虚伪、奸诈、愚蠢、丑恶的憎恶，以及对天真童心的褒扬的思想感情为最终阅读目的。读懂了作者在作品的用意，也就算理解了作品的内涵。其阅读流程是从读者到作品再到作者，是线性的、机械的，读者的思维是收缩的、具象的、封闭的，不易于读者创造性思维能力的培养。2001年新课改以来，确立了"以生为本"的现代阅读观。2001年课标指出："阅读教学是学生、教师和文本之间对话的过程。"然而，由于当时对现代阅读观的界定还不够全面，因此，遭到不少教师和学者的质疑，认为在阅读教学中"教科书编者"对学生的文本理解影响也很大。比如，有位教师在讲《分马》一课时，一个学生站起来发言说："老师，我觉得课文作者起的标题不对，课文里说有马、骡子、驴、牛等牲口，不只是马，标题应该改成'分牲口'才对。"此语一出，引起哄堂大笑。教师进一步解释说："你说得不错，课文中确实不只有'马'这一牲口，还有其他。这篇文章节选自周立波的小说《暴风骤雨》，本来没有题目，题目是后来教科书编写者加的。标题使用的是'个体代群体'的表现手法，更能突出事件的中心。若用'分牲口'标题就显得很平淡了。"鉴于语文教育实践中人们对这一问题的深入认识，2011年课标就增加了"教科书编者"这一对话角色，使得阅读教学多元对话的理念进一步完善，更利于学生开放性思维和创新性思维能力的形成。

二、突出"读书"的重要性，提高学生的语文积累和阅读品位

传统语文教育的经验之谈，其中很重要的一点就是多读书，多积累。就语文学习而言，语感是很重要的。汉语语法规则的强制性相对较小而语言组合的灵活性较大。因此，语言的习得在很大程度上要依靠经验，依靠语感而不是语识。而语感的培养，必须通过多读。多读的含义：一是要博览群书。颜之推云："博学求之，无不利于事也……当博览机要，以济功业。"韩愈说："口不绝吟于六艺之文，手不停批于百家之篇。"只有大量阅读语言材料，才能充分了解语词的"分布"，才能学会更多的表达式，才能更好地比较和区别各种表达式的意义，才能了解不同表达式的不同语境。二是反复地读名篇佳作。通过诵读体悟作品的思想情感，体悟某些表达式的特殊意义，体悟语言运用的精髓和奥妙，只有读到"其言皆若出于吾之口，其义皆若出于吾之心"（朱熹语）的境界，才能形成良好的语感，实现"读书百遍，其义自现"的读书效果。然而，现在很多学生很少有完整的时间读书，尤其是读整本经典的图书。基于此，学生的语文阅读水平上不去就可想而知了。

印度一名工程师曾写了一篇《令人忧虑，不阅读的中国人》的文章，读

了令人深思。内容大致是这样的：

据媒体报道，中国人年均读书0.7本，与韩国的人均7本，日本的40本，俄罗斯的55本相比，中国人的阅读量少得可怜……

中国人不爱读书有四个方面的原因：一是国民文化素质偏低；二是从小没有养成阅读的良好习惯；三是"应试教育"，让孩子们没有时间和精力去读课外书；四是好书越来越少……

一个崇尚读书学习的国家，当然会得到丰厚的回报。以色列人口稀少，但人才济济。建国虽短，但诺贝尔奖获得者就有8个……而匈牙利，诺贝尔奖得主就有14位，涉及物理、化学、医学、经济、文学、和平等众多领域，若按人口比例计算，匈牙利是当之无愧的"诺贝尔奖大国"。

……

殊不知，中小学生是祖国的未来和栋梁。他们的阅读现状也正如印度人眼中的中国人一样，读的书少的可怜。2011年课标强调，要高度重视培养学生的阅读品位，"提倡少做题，多读书，好读书，读好书，读整本的书。"并在阅读量和积累量上提出了明确要求。"背诵优秀诗文240篇（段）。九年课外阅读总量应在400万字以上。" 关于背诵，规定：第一学段50篇（段），第二学段50篇（段），第三学段60篇（段），第四学段80篇（段）。关于课外阅读量。规定：第一学段不少于5万字；第二学段不少于40万字；第三学段不少于100万字；第四学段不少于260万字，且每学年阅读两三部名著。尽管与2001年的课标要求一致，但2011年课标，把优秀诗文的背诵直接在总目标中提出来，具有重要的强调意义。在附录部分，直接呈现的优秀诗文背诵篇目136篇，多于2001年的120篇，这也表明对优秀篇章积累的重视。2003年高中语文新课标在附录部分列出了背诵诗文和课外阅读书目的范围，也体现了对学生读书要求的延续性。

三、重视阅读方法和阅读指导，避免阅读误差

阅读方法是打开阅读之门的总钥匙，没有方法的引领，很多做法都将是盲目的、低效的。2011年课标阅读教学目标与内容首句为："具有独立阅读的能力，学会运用多种阅读方法……"而2001年课标阅读教学目标是这样表述

的:"具有独立阅读的能力,注重情感体验,有较丰富的积累,形成良好的语感。学会运用多种阅读方法……"显然,2011年课标更加突出阅读教学方法的重要性,重点强调了朗读、默读、诵读、精读、略读和浏览以及课外阅读的方法。课标还对阅读流程做了新的诠释:阅读教学可以从具体语言文字运用现象入手,运用多种方法通过对课文语言的品味、咀嚼,来探索文本的意蕴;也可以从整体阅读的感悟出发,运用多种手段到语言文字中找依据。从而打破了2001年新课改以来,很多语文教师在阅读教学总以整体感知为起点的模式化教学流程,从而革新了现代阅读教学方式。

2011年课标还突出强调教师在阅读指导方面的重要性,让学生逐步学会精读、略读和浏览。有些诗文应要求学生诵读,以利于丰富积累、增强体验、培养语感。加强对课外阅读的指导,开展各种课外阅读活动,创造展示与交流的机会,营造人人爱读书的良好氛围。

为避免学生出现阅读偏差,2011年课标还做出规定,比如:在阅读教学中教师的分析不可代替学生的阅读实践,不可以共性的解读代替学生的独特的体验,不可以集体讨论来代替个性化阅读,教师在整个过程中起到指导、引领和点拨的作用。尊重学生对原始文本的理解但不可偏离和曲解文本,同时,提倡多角度、有创意的、创造性和批判性阅读,提高阅读质量。有了教师的学法指导,学生的阅读才有了正确的方向,才可以准确把握对文本的客观理解。

四、树立学生是阅读过程的主体,教师是平等对话中的首席理念

要突出学生在阅读过程中的主体地位,就必须转变语文教材编写观念,语文教材不只是"教本",更应该是"读本"和"学本"。即在没有教师教的情况下,依然便于学生的自学。

德国的中小学阅读教材的编写值得借鉴。阅读材料中经常这样提示学生:

作品中谁在说话?

怎样说话?

对谁说话?

用自己的话把对作品的初步理解表达出来。

美国小学生阅读往往有这样一些设计：

让学生自己阅读，在预习、理解的过程中，善于激活以前原有的知识，在原有知识的基础上，扩充发展新的知识。善于让学生自己提出各种问题，自己释意作品，使意义具体化。

善于运用预测的方法，不断调整、修改预测，让阅读的过程充满一种阅读的期待、思索和探究，始终保持阅读的兴趣。

理解、分析、评价文本有多种不同的角度。如：

——梳理文中提供的信息，区分重要信息和不重要的信息；

——区分想象和现实；

——分析故事的要素（人物/角色、情节、场景、叙述人物/角色的观点、氛围、基调、主题、风格）；

——概述，概括；

——评价事实和观点，评价事实与非事实，评价文中表达的思想，评价作者的目的和观点；

——探究和应用性写作中表达的思想，对作品思索和做出反应，等等。

这些设计都体现了阅读过程中对阅读主体——学生的尊重。

不过，2011年课标在教学内容的编排上，有一点值得提倡，即在保持传统的连续性文本材料的编排基础上，增加了非连续性文本这一新的学习内容。所谓"非连续性文本"是相对于以句子和段落组成的"连续性文本"而言的阅读材料，多以统计图表、图画等形式出现。在今后的教材编写中，建议多增加一些非连续性文本的内容，使文本更加生动活泼，从而可以增强阅读效果。这一改革理念，影响了2011年以后的全国各大教材的编写思路，新课标版的教材显得更加图文并茂，便于学生的自学和合作学习。

教师是课堂阅读活动的组织者，学生阅读的促进者，也是阅读过程中的对话者之一。确切地说，是"平等对话中的首席"。正如李镇西所说："在'对话'与'共享'的过程中，教师当然是'教学共同体'中与学生平等的一员，然而他是'平等中的首席'。'平等中的首席'这个位置，是教育本身赋予教师的。"在课堂教学中，不论是讲解环节或者合作探究环节，所有的为突显学生的学习主体地位而教师被学生牵着鼻子走，处处处于被动的地位，且表现得异常消极和教学不作为等行为都是不妥当的，不利于学生的正面发展的。教师若能做到"平等中的首席"，可想师生关系是和谐融洽的，教学效果也自然会比较好。

五、重视学生的阅读能力，尤其是想象力和创造力的培养

2011年课标指出："阅读教学应注重培养学生感受、理解、欣赏和评价的能力。这种综合能力的培养，各学段可以有所侧重，但不应把它们机械地割裂开来。""能主动进行探究性学习，激发想象力和创造潜能，在实践中学习和运用语文。"比如，第四学段规定："对课文的内容和表达有自己的心得，能提出自己的看法，并能运用合作的方式，共同探讨、分析、解决疑难问题。"第三学段规定：阅读叙事作品"能简单描述自己印象最深的场景、人物、细节"，要"想象诗歌描述的情境，体会作品的情感"。学生的创造力和想象力不是一蹴而就的，而是要通过阅读教学过程中不断给学生提供创造和想象的情境才可以实现。

比如：有位教师在教授《乌鸦喝水》一课时，抛出了这样的问题，激起了学生的学习欲望和求知欲。过程是这样的：

教师："乌鸦是怎样喝到水的？还有什么办法吗？"

（学生的作答远远超出了教师的想象。）

学生1："乌鸦看到地上有根吸管，衔起来插到瓶里，咕咚咕咚喝到水了。"

学生2："乌鸦看到地上有石子，它想了想，石子多脏，不能用石子。当乌鸦看到树上挂着小果子，它高兴极了，立即摘下果子放到瓶里，瓶里的水升高了，乌鸦喝着水了。"

学生3："乌鸦看到地上有玉米，它把玉米一颗一颗地啄下来，放到瓶子里，水升高了，乌鸦喝着水了。晚上，乌鸦还可以煮玉米粥吃呢。"

学生4："乌鸦飞到我窗前，着急地告诉我：'小朋友，我口渴了，找点水喝，好吗？'我请乌鸦进家做客，倒了一杯水给它喝。乌鸦感动得流泪了。"

再如：有位教师在讲《想飞的乌龟》一课时，运用了激疑起疑的方式，为学生创造了一个开放的想象空间，培养了他们的创新思维能力。过程是这

样的：

　　教师：乌龟掉下来会想什么？

　　学生1："乌龟想，摔得好痛啊，我再也不想飞上天了。"

　　学生2："我不用小鸟带我了，它们带我很不安全，我去找孙悟空带我飞。"

　　学生3：乌龟对小鸟说："把我装进小口袋里，用小棍抬着飞到天上去。"

　　学生4："我不用你们帮忙，我可以自己坐着热气球去。"

　　学生5："我坐上滑翔机不也可以去吗？"

　　学生6："乌龟掉下来以后，非常后悔，不该到天上去，害得把自己漂亮、光滑的外衣摔破了，成了丑八怪，今后没脸见人了。"

　　学生7："乌龟从天上掉下来以后，虽然差点摔死了，但它想，天空太美了，还想办法到天空去玩玩。它于是向神仙爷爷借了两根羽毛，让神仙爷爷帮它把羽毛插在身上，变成翅膀。它一使劲，飞起来了……"

　　总的来说，2011年以来，语文阅读教学在阅读理念、阅读内容、阅读方式方法、阅读能力等方面都有重大的推进，对于改变阅读教学的现状，提高阅读教学质量无疑具有重要的理论价值和现实意义。但在现代阅读理念的确立方面，笔者认为2011年课标关于"阅读教学是学生、教师、教科书编者、文本之间对话的过程"。这一表述还不够全面、准确。阅读教学是一种多元对话的过程，这一过程，不只是学生、教师、教科书编者和文本之间的对话，还应该有其他一些元素，尤其重要的是文本的作者。众所周知，中小学语文课本中有不少国外的作家、我国古代的作家，近现代甚至当代的作家，他们的诗文，有的很难理解。其中有文本语言表述原因，有学生对文本不熟悉的原因，也有教科书编写者删改的原因，当然还有文本作者所处的社会环境、创作动机以及生活阅历、情感体验等多种原因。对于文本作者有关内容的了解，可能会更有助于学生对文本的准确理解。很多教师在语文教学中都意识到了这一问题。比如，有的老师在讲鲁迅的《从百草园到三味书屋》一课时，从作者的生平及世人的评价入手导入新课，激发学生的学习兴趣。"同学们，江南自古多才子。地处江南的绍兴，以其众多的著名人物，成就她历史文化名城的地位。在这众多人物中，鲁迅，算是其中佼佼者之一。鲁迅姓周，他的父辈对他寄予厚望，取'十年树木，百年树人'之意，取名树人，希望他做一个堂堂正正的人。鲁迅是他的笔名。他果然不负众望，以其正直的人品、精锐的思想、犀利的文笔，成为伟大的文学家、思想家、革命家，被誉为'民族魂'。他留给世人的文化遗产有杂文、小说、散文、诗歌和论著、论文等。他在35岁时写了一篇回忆童年生活的散文，成为少年儿童百读不厌的作品。今天，我们就一起来学习这篇文章——《从百草园到三味书屋》。"学生有了对鲁迅创作成就的了解更利于对这篇课文的理解和学习。因此，笔者认为，在以后的课标修订中，关于阅读教学多元对话的表述，应当改成："阅读教学是学生、教师、教科书编者、文本作者、文本以及其他核心元素之间多元对话的过程。"这一表述比较妥当。此外，课标还存在着阅读教学指导规定过于笼统、不具有可操作性的弊端。

第二节　阅读教学的误区、成因及实施建议

中小学语文阅读教学的对象是一群正处于心理发展重要阶段的学生，对于他们而言，如果能够在好的阅读教学中得到有针对性的学习和训练，那么，对于提高自身理解和运用祖国语言文字的能力是十分有帮助的，人生观与价值观也能获得很好的引导与确立。然而，当前的阅读教学仍然存在明显的误区，远远达不到预期设想的教学效果。课堂上盲目随性的教学跟不上新课程改革的步伐，也无法满足学生阅读的更深层次的需求，从而导致阅读教学效率低下。

一、误区的表现

（一）教学过于强调应试技巧，弱化和忽视了语言教学

学生语言能力的培养主要靠阅读教学来实现，但在实际教学过程中，普遍存在重技巧、轻语言的现象。教师都将教学的天平过多地倾斜于学生对阅读技巧和方法的掌握上，而忽视了语言本身的独特魅力。

课堂上教师讲解一篇课文时，首先是对作者、作品背景和文学常识等内容做简单介绍，之后便花费大量的课堂时间带领学生分析文章层次、概括

中心思想和总结写作特色。上述这些模式化的分析方法，都是教师为了考试而采取的技巧训练。这样，原本完整的文章被教师剖析的支离破碎，原汁原味的语言特色也被忽略的一干二净。只有少数教师在课时允许的情况下，或是在文本语言独具特色的情况下，才对文本语言进行少量的品味赏析。其实，我们在教材上读到的每一篇选文都是作者生活的体验、情感的倾诉，文字背后也凝结了作者对于社会和人生的深入思考。学生语言能力的培养，主要靠教师带领学生反复品读文中的精美语言，读懂、读透文中的奥妙，不仅要让学生明白"作者为什么要这样写？这样写的妙处在哪里？"同时，还要通过所呈现出来的语言文字来真正理解作者想要表达的心声。这样以读带品，以品带悟，久而久之，学生语言能力便在潜移默化中逐渐养成。

（二）教学中文本处理不当，忽视对文本的深入解读

文本是教师备课教学，学生学习知识的重要途径和依据，也是作者情感世界的最直接的表达。然而，在阅读教学中，有些教师在文本处理上经常出现一些问题和偏差：

一方面是对本文处理不当。有的教师在进行课堂教学时，因为没有找准文本的切入点，而使整个教学内容缺乏完整性和系统性；或者是教师针对文本的某个细节延伸开来，大讲特讲，内容偏离也全然不知。比如，有教师在讲《邓稼先》一课时，为了更好地让学生体会邓稼先的人品，深入学习他将个人生命奉献给国防事业的爱国主义情怀。这位教师先是通过板书绘制心形图来塑造邓稼先的高大形象，之后又播放歌曲《我的中国心》，让同学们一起唱响自己的"中国心"。紧接着又让每位学生根据示例给邓稼先写一段"墓志铭"，最后教师板书邓稼先临终前的遗言，激情结语结束本课的教学。这位教师在一课时的教学中花费大量时间来激发学生的爱国主义情感，课堂看似花样新颖，实则华而不实，偏离了教学主题。

另一方面，在教学过程中教师如果自己都缺乏对文本内容的深刻解读，那么在讲解文本内容时就会肤浅地停留在课文的表面。无法很好地带领学生对文章内容进行深层次的挖掘与延伸。这样也就会导致学生在学习中只可片面的收获冰山一角，那些隐藏在深处的知识学生是难以触及的。

（三）教学过于追求定式化，忽视学生阅读的个性差异

《普通高中语文课程标准（实验）》强调，在学生阅读的过程中，要充分调动他们的思维能力与情感体验，要注重学生的个性化阅读方式，让他们学会结合自己的生活经历来进行主动积极的阅读体验。其实学生每读完一篇课文，都会有自己独特的感受和个性化的理解，有时他们的生活体验还会与作者产生情感上的共鸣、心灵上的碰撞，这是培养学生个性化阅读的最好时机。但在实际教学中，许多教师为了追求定式化的教学效果，反而忽视了学生阅读中的个性差异。

关于阅读感受的判定，在应试教育的制约下，教师往往都会过度地强调统一的答案，从而忽视学生对于文本内容的个性化解读。这种现象的出现也让我们的课堂变的如同一潭死水，学生原有的生命力与活力都遭到了扼杀，那种千人同声，万人同言的局面也就长居于我们的课堂之中。其实，众所周知，语文学科的教学内容是包罗万象的，文本中包含了人类对于自然、社会和人生的诸多认识与感悟，这是语文学科的培养学生审美能力和思想情感的优势所在。如果教师只是一味地追求定式化、模式化的课堂教学，让学生局限于标准化的答案之中，全然不顾他们在阅读文本时迸发的思维火花，那么我们培养出来的学生将会成为千篇一律的知识复制品。这不仅是对语文教材资源的浪费，更是对教育资源的巨大浪费。

二、原因分析

（一）新的教学理念难以落到实处

当前很多的课堂教学仍然秉承传统老套的教学模式，教师依旧主导课堂，学生只是教学过程中的陪衬。在新课标的带领下，教师要学会改变以往的教学模式，学会扔掉一些旧的思想与观念，将学生更好地引领到教学活动当中，培养他们的自主求知意识与探究学习意识。①

就阅读教学课堂模式而言，正是由于各种新的教学模式层出不穷，也让许多语文教师无所适从。有些教师为了适应新课改的时代需要，开始盲目模

---

① 何克抗. 建构主义：革新传统教学的理论基础 [J]. 学科教育，2008，（3）：16.

仿借鉴，从效仿专家名师到学杜郎口中学、学洋思中学的改革经验，学来学去，迷失了自我，丢掉了自信。而且阅读课堂也在教师盲目效仿学习中变成了一块块"久经耕耘的试验田"。有些所谓的"新型语文课堂"，或者"丧失自我"把语文阅读课上成了政治课、访谈课、讨论课甚至是喜剧表演课；或者是忽视语文课本身的味道，阅读教学中不重语言文字的学习和语言美感的欣赏，而是打着人文主义的旗号对学生进行不折不扣的情感教育；或者是为了响应新课标中"自主、合作、探究"的学习方式，教师在阅读课中会反复组织、渲染以达到气氛热烈的课堂效果，其实看似课堂十分热闹而学生从中并没有多少收获；另外，阅读教学中滥用多媒体的情况也屡见不鲜。多媒体的作用只是为了辅助教学，但有些教师在教学中往往无限制的多次使用，时而播放音乐，时而播放视频录像，这些直观形象的画面反而会代替学生对语言文字魅力的独特体验和感受。

（二）阅读教学功利化倾向严重

在阅读教学过程中，不管是教师过于强调阅读应试的技巧，还是为了迎合应试教育的要求为考试内容做好统一性的答案，这些都是阅读教学中功利化的表现。尽管新课标在阅读教学导向上，希望学生能在对教材文本的阅读与鉴赏中不断地充实精神生活，完善自我人格，提升人生境界。但是多数教师都会受到中考、高考指挥棒的导向影响，教学被升学、考试牵着鼻子走，功利化倾向十分严重，特别是在语文阅读教学中表现明显。

学生在课堂上不论是对教材本文的学习，还是课下进行的课外扩展阅读，多数都是为了提高他们应对阅读试题的能力。教师在课堂上过多强调学生应试的技巧和方法，重技巧而轻思想，课下还会布置阅读练习题训练学生的答题技巧。大部分家长给孩子购买的课外阅读书目，也都是希望学生通过课外阅读来培养孩子的语感，提高阅读理解的能力。阅读本身是一件十分有意义的事情，但是长时间在家长和教师应试举动的要求下，学生的思想也会逐渐受到影响。他们要么因为学业压力而无心读书，失去了开阔眼界、汲取课外知识的大好机会；要么就是为了巩固考试技巧而读书，让丰富多彩的读书活动变得功利而毫无意义可言。东北师范大学学者曾对长春市高中生做了调查，调查显示只有37.5%的学生对当前阅读教学感到满意，25%的学生直接表示不满意。①其实，新学期伊始，发现学生翻看语文教材的人数往往最多，但是一个学期下来，语文教材又是学生翻看最少的教科书。产生这种现象的原因值得深思。

（三）教师缺乏细读文本的能力

细读文本，教师不仅可以深入研究教材内容，从中找到合适切入点设计新颖别致的课堂教学，而且在日积月累长期推敲字词和揣摩情感的过程中，逐渐提高自己的教学水平。但是，许多教师并不具备细读文本的能力，致使教学过程中出现教学内容偏差，教学只停留在表面的问题。

比如，有的教师拿到一篇文章进行备课时，没有认真研读文本，体悟作者写作文章的目的，体会和读懂作者的创作心声，而是一味地翻阅教参或他人对文章的评论以及作者和创作背景的介绍。由于我们教师对文本的研读不够，作者的创作背景和感情体悟不到位，教学中出现偏差就在情理之中了。再如，有的教师不懂得细读文本的技巧，根本读不出文章的感情，不懂得如何从字词、句子、关键问题等入手作为分析文章的切入点，而是对文本进行支离破碎的解析和讲解，使学生对文本没有一个整体的理解。此外，有的教师还存在着不知道如何带领学生在赏析中品读语言，不懂得如何通过文本迁移对学生进行情感、态度与价值观的教育，使学生在文本学习中丰盈和充实自己的精神世界等诸多问题。这些都是教师不知如何文本细读、缺乏文本细读能力的重要表现。

三、经验借鉴

（一）美国

美国是一个十分注重阅读的国家，长期以来始终致力于国民阅读能力的提升。美国针对阅读教育颁布的一系列政策法案，大力支持和孕育了中小学母语阅读教育的发展，并逐渐形成了坚持以实用为基本出发点，以发展为最终目的，注重学生各项综合能力发展的阅读教学。

在阅读教学中，美国母语教师并不拘泥于固定的教学方法，相反，他

---

① 张后安. 高中语文阅读教学问题与对策研究 [D]. 东北师范大学，2009：26.

们会采用多样性的方法来辅助教学。例如，发展性阅读方法，是教师围绕提前制定好的教学目标组织学生阅读，通过设计各种课堂活动来关注学生作为读者的个性反应，之后再依据学生的不同反应采取相应措施发展他们的阅读技能。批判性阅读方法，是教师让学生在教学中学会多质疑、多思考，大胆提出问题，并引导学生展开自我思考，从而拓展他们的阅读思维。策略性阅读方法，是教师通过示范一种有效的阅读策略，之后引导学生掌握和运用该策略。除以上几种方法外，美国的阅读作业室也是值得关注的。美国教师通常会利用学校阅读作业室来进行课堂教学，将其分为"个人阅读"型和"读书俱乐部"型，每天安排一个小时左右时间让学生走进阅读作业室，自由选择感兴趣的书目进行阅读。这两种教学流程大抵一致，主要包括小型课、独立阅读和交流指导阶段。其中，小型课是教师在阅读前花费10—15分钟的时间，进行阅读方法和策略上的指导。独立阅读时间一般为30分钟左右，学生可以个人阅读，也可以和选择相似书目的同伴一起讨论阅读。交流指导时间一般为20多分钟，师生和生生之间相互交流，教师还可以对他们的阅读学习做进一步的指导。[①]

（二）英国

关于阅读教学的进行以及对学生阅读方法的指导，英国一直都坚持以学习者自身为中心，关注他们的内心发展，将社会现状中的实际问题考虑到教学中，与时代的发展紧密联系。英国以国家教育和技术部门颁布的学科以及高考考纲为标准。教师、编者可在考纲下自主选择教材，不受国家限制，学生也没有固定的课本。在选择阅读材料上，各地均有自己的特色，内容多与社会生活紧密联系，时文、广告、网络文章甚至是路标都逐渐成为教师扩大学生阅读量的首选。

"阅读与反应"是英国典型的阅读教学方法。这一方法十分关注学生在阅读过程中的反应，要求学生大胆表达对人物思想、性格以及人际关系的理解等材料阅读后的独特感受和体验。这种方法的课堂流程是：教师先对阅读材料做适当讲解，学生再通过阅读消化和体会材料中的主旨大意，然后教师

---

① 李胜富.美国阅读教学：注重发展学生综合能力 [J]. 域外·国际课程与教学，2005，（7）：57.

会发放各种阅读材料，让学生在讨论和比较中做阅读分析，最后进行写作训练。[①]另外，英国也注意加强学生在阅读技巧方面的训练，尤其是对材料阅读的准确性、流畅度和趣味性等技巧的要求。课堂上教师还会给予学生一定的阅读空间，让他们自主选取感兴趣的参考资料进行辅助阅读。

（三）日本

日本阅读教学所采用的教科书，是在国家教学大纲《学校指导书》的统一目标下使用的不同教材。其中，教材内容既注重弘扬本国民族文化，又坚持以国际社会为背景，开拓学生的国际视野。选文既讲究趣味性和生动性，还十分重视实用性。例如，日本小学阅读教材就开始选用具有实用价值的说明文。这些说明文主要包括自然、社会、环境、科学等方面的文章，描写方法集议论、抒情、描写等方法于一体，大大拓宽了说明文的内涵和外延，旨在拓展学生的阅读视野，培养他们的思考力和探究精神。[②]与我国不同，日本小学国语课本中的阅读选文数量并不多，最多不会超过10篇，甚至只有4—6篇。课文数量有限就会延长课时，一般教学一篇文章都在9课时以上，每个课时教师都会制订明确的教学计划，在阅读中培养学生听、说、读、写等方面的能力。[③]

芦田惠之助独创的七段教式法、西尾实剖析文本的"直读—解释—议论"三层次法、石山修评以读统领课堂的"通读—精读—味读"三读法等都是日本的一些特色的阅读教学方法。[④]日本教师特别注重在素读指导、课题指导、段落指导、作业化指导等方面加强对学生阅读方法的指导。另外，日本语文教育界还提出了将阅读与写作相结合的"生活作文"教学特色，不仅能使阅读逐步"适应生活、形成功能"，还能解决作文教学长期脱离生活实践的弊端。

① 张良田.世界主要国家的阅读理念及其教学模式比较[J].当代教学论坛,2008,（1）:113—114.

② 沈玲蓉.日本小学说明文阅读及启示[J].阿坝师范高等专科学校学报,2006,（2）:90—92.

③ 吴忠豪.评日本高年级国语课例《跳水》[J].小学语文教学,2010,（5）:21.

④ 张良田.世界主要国家的阅读理念及其教学模式比较[J].当代教学论坛,2008,（1）:113—114.

四、实施建议

（一）深化对阅读教学本质的认识

阅读，是人们日常生活中一项有意义且受益匪浅的活动，通过阅读不仅可以积累知识、陶冶情操，而且对于树立正确的人生观和价值观也具有重要指导意义。通过阅读，我们的语言表达能力就会有明显的提高，与人交流时就可以侃侃而谈，提笔写作时就可以妙笔生花。于玲认为"语文阅读教学应返璞归真，找回语文阅读教学的本质——'多读'。'读书，读书，多读书，读好书'，这才是语文阅读教学的本质"。[①]再如汪媛认为：中小学语文阅读教学本质即是教师、学生、文本三者之间对话的有效实现。"对话"仅是有利于阅读教学实施的一种方式，怎么能用"本质"冠名呢？[②]这些错误观点都是对阅读教学本质的曲解，势必会影响到当前的阅读教学效果。

我们应清楚地认识到，阅读只是进行阅读教学最基本、最重要的环节。就阅读本身而言，它是人类通过眼部活动获取信息的一种思维活动，是阅读者大脑进行想象、联想，再到运用概念进行判断、推理、分析、综合、比较复杂的思维过程。通过阅读，我们的思维不仅仅能够最大化的发散，我们的情感也会因为文本作者的带动而更加充满生命力和色彩。[③]教师要看到阅读的益处，并将它作为辅助其进行阅读教学的一把利剑。

（二）强化学生的主体阅读意识

语文阅读教学课堂长期以来，一直以教师为主体，以教材为中心，学生只能被动地接受教师所灌输的知识，并在课堂上做好随时应对教师提问的准备。新课改以来，阅读教学要以"学生为中心"，重视学生"全面和谐的发展"、"个性化"、"差异化"的发展等一些新的教学理念并没有得到很好的落实。如果想要真正地在教学中强化学生的主体阅读意识，那么就需要教师转变主宰课堂的观念，与学生开展时空对话，且始终处于 "平等对话中的

---

① 于玲.浅谈中学阅读教学 [J].科技资讯，2008，（22）：135.

② 汪媛.我们该如何走进文本——对话是语文阅读教学的本质 [J].科教导刊，2012，（2）：132—134.

③ 张金桥.汉语阅读与习得的认知心理研究 [M].广州：暨南大学出版社，2008：6—7.

首席"位置。教师要尝试着将课堂交给学生，尤其是阅读教学更应如此，教师可以将死板的讲授课改变成生动活泼的读书交流课，教师作为一个主持者的身份在表明自己的想法后，主动将课堂和时间留给学生，给他们营造出一个轻松愉悦的课堂氛围，让学生主动交流自己的读书经历，让他们作为最佳的课堂发言人，善于同大家分享自己的学习经历，在与其他同学交流分享的过程中创造出更多的知识的火花。

（三）教师要具备文本细读的基本功

阅读教学中，教师要具备细读文本的基本能力。首先是言文心声，教师需要大量占有背景资料，还原当时作者的写作状态。当教师拿到一篇文章进行备课时，要做好的第一件事就是通读课文探索作者写这篇文章的目的何在？对作者及创作背景有明确的了解，这样才能更好地体会和读懂作者的创作心声。再者，教师还要做到带着充沛的情感来讲解文本，由点及面，带动全篇。切入点可以是字词、句子、关键问题等，把它作为分析文章的入口，使教学环节都围绕其进行。这样学生就能对文本有整体的理解，而不是支离破碎的解析。然后是披文入情，带领学生品读文中语言。作者流于笔端，跃然于纸上的语言文字是他内心情感最丰富的载体，仔细品读、赏析文本语言，学生便能从字里行间读懂作者的内心世界。最后是学文立人。学生通过语文学习提高运用祖国文字的能力，这只是语文学科工具性的要求，学文立人才是终极目标。学生更渴望的是在语文学习中汲取丰厚的文化内蕴充实自己的精神世界。这就需要教师在高于文本的基础上进行适当拓展，使学生站在一个更高的角度赏析文本，真正走进作者的内心世界，学习文化名人的人格魅力。

（四）正确处理阅读与考试的关系

在我们固有的观念中，给予学生大量的阅读时间，不仅会缩短学生的学习时间，而且也会影响他们全身心投入学习的精力。其实不然。尚且不谈阅读能丰富情感，发散思维的裨益。对于学生来说，阅读就是开阔视界，拓展知识面的最佳途径。特别是现代考试已经不再局限于书本，摒弃了以前死记硬背的知识，考试面越来越广，考题越来越活，有些考题还没有固定答案，只要言之有理即可，学生也可大胆发挥创造，这反而需要学生进行大量的扩展阅读。从功利化的角度考虑，语文试卷中阅读和写作的分值占据半壁江山还多，常言道："读书破万卷，下笔如有神"，丰厚的阅读积累也能培养学生的答题语感，提高行文写作的能力，它远比整日埋头题海，研究题海战术有价值的多。而且，我们也经常可以看到，语文成绩好的同学，多数阅读量很大，阅读使他们情感丰富、思维活跃、知识面广。由此可见，合理有效的阅读能促进学生的语文学习，也能为应试考试增加砝码。所以教师、家长都应该正确处理阅读和考试之间的关系，不要因小失大，捡了芝麻丢了西瓜。

第三节　网络环境下语文阅读的问题与对策

当今世界处在一个信息泛滥的时代，语文阅读也面临着多项选择、错综复杂的局势。网络的发展与普及为语文教育注入新的活力，网络环境下的语文阅读也呈现出新的特点。比如，网络环境下的语文阅读资源丰富、阅读更具主动性、更注重略读和快读等，但在具体阅读实践中，还存在诸多问题，需要采用有效的措施加以解决。

一、网络环境下语文阅读存在的问题

中小学生正处于世界观、人生观和价值观的形成期和发展期，他们对于周围事物以及世界的认识与理解还没有定性，而网络信息资源丰富繁杂，很难从中辨识自己需要的内容，思想意识易游离网络语文阅读和学习的最初目标。当前，网络环境下的语文阅读面临以下几个问题：

（一）网络语文阅读资源丰富芜杂，不成体系

网络是信息的海洋，以学生自身的素养，在进行网络语文阅读资源搜索时，很难从中准确把握自己所需信息，舍弃无价值信息。面对网络的诱惑，学生的自控力明显不足，易迷失，这严重影响他们网络语文阅读的效率，不利其身心发展。目前，网络语文阅读资源的开发尚处摸索阶段，不成体系，这就要求我们学生在选择语文阅读资源时要具有重新整合的能力，从中选择适合自己的内容。而很多学生在很大程度上尚不具备较强的信息整合及知识加工的能力，这就容易使他们的阅读陷入一个误区，给语文学习带来不必要

的负担。

（二）网络语文阅读资源呈现方式花哨，剥夺学生的想象力和创造力

网络环境下的语文阅读资源呈现方式集声画、图文于一体，学生在进行语文阅读时能够调动多种感官，这是好的一面。比如，对于诗歌的学习，可以在网络中搜索到关于诗歌的作者介绍、时代背景、鉴赏信息以及朗诵音视频等资料，很全面、具体。这在一定程度上可以增强学生的学习兴趣，提高理解能力，提升阅读效率。但从另一方面来讲，这种以多种形式呈现出来的语文阅读资源，被一览无余地展现在学生眼前，使他们失去了想象的空间。久而久之，思维受到拘囿，创造力也被扼杀，日久淤积，易造成思维僵化。这对于素质教育主打时代的学生的全面发展是极为不利的。

（三）网络语文阅读流于形式，难以深入

大多学生进网络语文阅读时，只是限于浏览，很难安静地坐下来，潜心阅读，更不用说做笔记，留于日后思考了。这与网络自身的性质是紧密相关的，网络的世界本就纷繁芜杂，各种信息纵横交错，随便打开一个网页就能看到自己想要的、不想要的信息。因此，很多学生很难使自己停留在一个阅读主题上，他们会不自觉地浏览着各种题外的内容，以至于游离了起初的学习目的，往往是时间耗去了一大半，才猛然想起自己原本的学习任务。

（四）网络语文阅读评价系统不健全，缺乏评价实效

课堂教学过程中，教师及时准确的评价会给学生带来很大的指导作用，它不仅可以最大化的对学生的学习进行鼓励，还能根据学生出现在课堂上的问题及时给予解决。当前网络语文阅读尚处于初级阶段，各方面的资源都没有得到整合与系统化，更没有一个完整的评价系统来反馈语文阅读的效果，提升学习质量，那么，网络语文阅读的成效就难以彰显。

现阶段的网络语文阅读是不少学生散漫、无序地进行的一个"伪学习"过程，基本处于无组织、无目标、无导向的状态，严重影响了学生的学习效率，不利于他们身心全面发展与综合素质的提升。因此，处于信息爆炸的洪流中，网络语文阅读应该拥有一个相对完善的评价体系，这样才能对学生的阅读起到一个良性指引作用，实现品质学习，效率学习的目标。

二、网络环境下语文阅读的具体策略

一个正确的阅读策略可以在指导学生学习阅读的过程中，获得良好的收益，保证阅读任务的完成和阅读效率的提高。网络环境下的语文阅读更要注重对阅读策略的把握，高效的阅读有助于提高学生的语文学习效率。

（一）全面把握和整体理解语文阅读资源，提炼与再现语文阅读信息

全面把握是指依据自己的阅读目标对网络信息中的阅读资源进行整合，使之系统化；是在阅读目标确定的前提下对阅读资源的网罗，然后进行阅读，分析，咀嚼，消化。整体理解指的是对已经整合的系统化网络阅读资源进行语言感悟，实现对阅读文本的宏观性把握；是自然状态下阅读的基本思维模式，它以突出阅读目标的达成度为特征。只有强调整体性理解的训练，才能使学生通过博览、精读的方式有效地利用信息。网络文本数量大，往往以多媒体文本形式出现，整体性理解有利于快速、准确把握有效信息，满足网上快速阅读的需要。

信息的提炼是指对高密度的信息进行筛选，从中提取有效信息及适合自己的有益于身心发展的信息；信息的再现则是将隐性信息外显化，更有利于学生去掌握，吸收，并内化为自己的知识。网络语文阅读中，学生可借助网络媒介，将阅读目标中所规定的知识点从繁杂的信息中剥离出来，然后对其做提炼，形成一个完整知识体系的大框架，之后再根据其对文本的理解，将知识框架中的阅读目标点进行再现。信息的提炼与再现是学生筛选有效信息，个性化地解读文本的重要学习策略。

（二）实现对网络语文阅读信息的选择性注意及批判性阅读

伴随着网络信息时代的飞速发展与信息的快速普及，信息的多元化也使我们语文阅读的大环境发生了很大改变。我们在过度强调学生对作品感受能力培养的同时，还应注意到如何提高学生对信息筛选能力的训练问题。因为在这样一个如此庞大的信息面前，并不是所有的都是可取的，值得一看的，教师要学会培养学生对读物内容的筛选能力，只有如此才能收到令人满意的阅读效果。就像维特罗克在他的"生成学习模式"中提出学习者必须将注意力集中在与学习有关的信息或重要信息上。只有这样，才能提高阅读效率，

提升自身的阅读水平与素质。

随着语文课程改革的逐步推进，批判性阅读越来越受到人们的接纳和重视。"批判性阅读作为教育的一部分，它是在阅读教学过程中，对文本及其所蕴含的主流价值观及文化采取理性的审视和评判的态度，从而独立建构自己的思考和学习方式的过程。"[①]在这个过程中，学生必须学会思考，学会将阅读得来的知识内化为自己的知识，从而重新建构，形成自己新的知识体系，即内化整合吸收。

在网络信息化社会，信息日益剧增是我们面临的严峻形势。因此，批判性阅读的价值日趋凸显出来。我们生活的世界被各种媒体所包围，尤其是宣传、广告和娱乐信息扑面而来，如何在其中选择和吸收有价值的信息，丰富自己，提升品质，是亟待考虑的问题。而批判性阅读能力符合了这种发展趋势，所以当今网络环境下的语文阅读教学必须重视选择性注意，批判性阅读的策略。

（三）实现对网络语文阅读信息的主动性学习及探究性阅读

新课标突出强调语文教学中要重视学生自主、合作、探究学习能力的培养，然而在实施中还会遇到不少问题。就学生学习的现状而言，学生对于网络平台上提供的信息与知识是完全处于自主索取的形态，简单来看，教师会觉得这是一种很好的现象，却忽略了一个重要的问题，即由于网络媒介的开放性，它所提供给的信息量是庞大且繁杂的，对于这些信息量的质量，哪些是精华哪些是糟粕，是需要教师明确辨别的。对于教师，或许会有一个正确的辨别度，但对于学生，事实就不是这么简单了。由于学生在面对这些信息时缺乏一定的辨识度，因而就要求教师在教学生利用网络的同时，还要教会他们如何去辨认、挑选，以便于他们在轻松愉悦的网络学习过程中获得正能量。同样，部分教师一味地追求学生的阅读量而过度培养了学生略读与快读的能力，进而不自觉地忽视了学生的探究能力。针对这一现象，我们要采取一定的措施，让学生懂得阅读的根本内涵，学会将网络信息便利化、最大化的运用到探究活动中。

---

① 刘正伟.国际语文课程与教学比较[M].杭州：浙江大学出版社，2008：68.

（四）建立一套良好的网络语文阅读评价体系

目前，亟待需要建立包括网络环境下的阅读教学目标、内容、方法、考试及网络学习效果检测等在内的完整的语文课程评价体系，充分发挥其检查、诊断、反馈、甄别、选拔、激励和发展等多种功能，与现实的语文课程评价紧密配合，激励学生养成良好的学习习惯与思维规律，使其学习的过程与方法得以良性循环，从而达到促进学生学业有成和终身发展的目的。

当然，网络环境下的语文阅读是对传统语文阅读的一种探索与改革，是一种有益的补充。对于网络中蕴藏着巨大信息资源的整合，使之形成体系，成为网络语文阅读的一个重要任务。在当今网络阅读资源不成体系，规模不整的情况下，掌握合适的阅读策略对于学生主动性学习、批判性思维和创新能力的发展是一种超前的指导。

第四节 案例分析

一、案例呈现

《珍奇的稀有动物——针鼹》①

（语文版七年级下册 执教：方今梅）

（一）导入

奥运会上针鼹被选为吉祥物。它只有澳洲才有，是珍奇而稀有的。（显示幻灯片）你看，它可爱吗？如果你有幸得到它，你会不会把它当作宠物来养？

（学生中回答"会"的，有回答"不会"的。）

（二）感知文本

师：请同学们从课文中找出依据，围绕这个话题来回答：我觉得针鼹（不）适合做宠物，

因为它_____。

---

① 方今梅：珍奇的稀有动物——针鼹 [DB\OL]. http: //9512. net/read/af00eaaa2250dc 692260e205. html。

生：背上有很多刺，不容易去抱它，不适合做宠物。

师：哦，背上有刺，难以亲近。

生：我认为适合当宠物，因为有次才不容易被抱走。

师：都有道理。

生：我也认为针鼹不适合做宠物，针鼹有锐利的爪子，我们很温馨的家就会被损坏。

师：有道理，鼓掌奖励。（引导学生拼读这段话。）

生：针鼹被选为吉祥物，说明它是非常可爱的小动物，我们可以创造条件让它生活，也可以对它加以驯化。

师：很好，我们也有这样的先例。

生：刚才这位同学说可以把针鼹驯化，这是不对的，如果这样，那还是针鼹吗？

师：不错，有自己的见解。虽然各有看法，但至少针鼹"可爱"的特点是得到大家肯定的。课文中如何写到它的可爱？

生：针鼹游泳的样子很可爱。

师：能游泳也是它的特点。它还有哪些特点适合或不适合当宠物养？

生：针鼹每天要吃很多脏土，且这些脏土能帮助消化，我们城市中没有这么多的脏土，所以不适合。

师：这位同学又找出来针鼹的另一个特点。（引导同学概括出卵生、哺乳。）至于护理窠穴，我们要不要帮针鼹挖呢？

生：（齐声）不用，它自己会解决。

师：对，书上就是这么写的。

生：针鼹有管状长嘴，舌尖上有很稠的黏液，一天能吃上万只白蚁，我们家里如果有很多蚁虫的话，就很容易消除，不需要用药物，很方便。而且，针鼹做宠物，我们可以很好地保护它。

师：这位同学概括的很全面、具体。这让我想起了动画片《樱桃小丸子》，小丸子家发现了白蚁，她很害怕，为什么？

生：白蚁多会让房子倒塌。

师：那小丸子家是怎么处理的？

生：请灭蚁专家。

师：对，而且用仪器找了很久才找到蚁穴，用药灭蚁后，还要把墙砌起来，再粉刷，多麻烦呀！如果她们家里有一只针鼹的话，就方便多了。

生：我觉得针鼹适合做宠物，因为它体形小，长只有300—500毫米，宽70毫米。

师：（让学生比划出它的大小）：个体这么小，很适合我们亲近。

······

（三）归纳总结

师：针鼹是珍奇而稀有的，不管适合不适合做宠物，我们都难以得到它。但是，我们今天收获很大，同学们找出了针鼹这么多的特点，可见同学们能够找出关键句，并串联起来加以概括，学会了提取信息。现在，我们把同学们刚找出的针鼹的特点进行归纳，了解作者分别从哪些方面介绍针鼹的特点。

（先让学生们对针眼的一些特点进行归类——外形特征、生活习性、珍奇的本领、奇特的繁殖，然后加以概括——奇形、奇技、奇性、奇殖，接着引导学生理清课文的说明顺序——由表及里、由外到内的逻辑顺序。）

师：作者采用逻辑顺序，条理清晰地把针鼹的特点展现在我们面前。

（四）拓展延伸

师：同学们很聪明，我们人类是最聪明的，如根据鸟的翅膀的特点发明了飞机，让人类飞上了天。我们也动动脑筋，想想可以了利用针鼹的什么特点应用于我们的生活和工作中呢？

（幻灯片显示："根据针鼹的_____特点，制造（发明）出_____。"）

生：根据它有锐利的爪子制造更先进的挖土工具。

生：根据它食蚁的特点制造先进的灭蚁工具。

生：根据它有很稠的黏液粘食蚁虫，我们可以制造出药物来杀白蚁、蟑螂、老鼠。根据它能发现、感知生物电子信号来制造生命探测仪。像汶川大地震，我们就可以利用生命探测仪救出更多的生命了。

生：根据它胃表里粗糙来制造胃药、人造胃。

师：胃病患者有希望了。

生：根据它母乳的成分特点制造出更好的奶制品。

师：那就不必担心三聚氰胺了。

生：根据它会游泳的特点，制造出时尚的游泳衣。

……

师：同学们，带着你们的奇思妙想，发挥你们的聪明才智，我期待不久的未来，你们中的某位同学能将今天的设想变成现实。

二、案例评析

在这堂课上，方今梅老师的教学设计体现了新课标的诸多地方。

课堂设计较为"生活化"，先是创设一个生活化的情景："如果你有幸得到针鼹，那你会不会把他当宠物养？"目的是调动学生探索课文内容，快速提取主要信息的积极性，从而快速了解针鼹的特征。而在学生回答问题的过程中，不仅能体现生活化的交流形式，而且也体现了关注学生的个体差异，尊重学生的情感体验，这一设计符合新课标中"阅读是学生的个性化行为"、"教师应加强对学生的阅读指导、引领和点拨"和"阅读教学应注重培养学生感受、理解、欣赏和评价的能力"。因为方老师设计的"针鼹适合还是不适合当宠物"这个问题仁者见仁、智者见智，学生可根据自己阅读体验和生活经验自由回答。其次，在教学过程中，教师也注意联系生活，为学生的思维导航。比如，联系动画片《樱桃小丸子》中的情节，让学生进一步了解针鼹"食白蚁"的特点，进一步拓展了学生的思维空间。第三，设置"根据针鼹的＿＿＿＿＿特点，可以研制出＿＿＿＿＿"这么一个环节，实际上是把课文内容向生活进行拓展和延伸，内容上无须作深挖和拓展其内涵。可以说，新课标对说明性文章目标定得比较低，"阅读新闻和说明性文章，能把握文章的基本观点，获取主要信息。"

方老师的课堂教学兼顾了学生主体地位和教师的引导作用，教学内容"生活化"更易于激发学生的课堂学习兴趣，思维处于活跃状态，但是"教学内容生活化"一不留神就会脱离文本，变成生物、历史等其他学科的课堂。更何况这一课有其特定的目的——尽量多方面的展现课例研究内容，因此，尽管方老师在引导学生提取文本信息、归纳针鼹特征、理清文章的说明顺序等环节中有意识地把学生的"目光"往文本上"牵引"，还是显得有些力不从心，语言的分析品味被冲淡了。

在新课程理念的指引下，语文阅读教学激发学生阅读兴趣的同时，更要注重学生思维能力的发展，"在理解课文的基础上，提倡多角度、有创意的阅读，利用阅读期待、阅读反思和批判等环节，拓展思维空间，提高阅读质量。"相信我们广大教师的阅读教学水平在不远的将来，会更上一层楼。

第五章　写作教学

语文课程标准加大了写作教学的改革力度，尤其是义务教育阶段的课程标准，在学生学习的兴趣方面，降低了要求，提倡低年级学生写话，写自己想说的话；中高年级学生习作，不要受严格的文体约束，大胆的写作；初中阶段的学生则是学习写作，遵照不同文体的写作。这一写作教学的改革路向，继承并发展了传统语文教育所倡导的先写"大胆文"再写"小心文"的理念。并且在写作素材积累、想象能力和创作能力培养以及写作指导方面都有了很大的进步，对于促进和提高中小学生的书面语言运用能力具有重要的导向作用。但在实际的作文教学中，学生的写作状况不容乐观，应当引起学界的重视。

第一节　写作教学改革新动向

写作教学是语文教学的重要组成部分，自古以来都备受重视。2011年《义务教育语文课程标准》与2001年《标准（实验稿）》相比，在写作教学的各个环节都发生了重大的变化，呈现出一些新的改革动向。主要体现在以下几个方面：

一、重视学生想象力与创造力的培养

《标准（2011年版）》在写作教学的"教学建议"中开宗明义地指出："应注重培养学生观察、思考、表达和创造的能力"，以及"在发展语言能

力的同时，发展思维能力"①"创造"一词是实验稿所未提及的，从而进一步突出课程标准对培养学生语言文字运用能力和创新能力的要求。那么，在写作教学中如何培养学生的思维能力呢？笔者认为，可以在写作时训练学生的多样性思维。要写出好文章，就要敢于突破，想前人之未想，发前人之未发。例如，一位教师设计的一道作文题：

有趣的图形作文②

活动内容

用以下四个图形"△△—○"（两个三角形、一条直线、一个圆），发挥你的想象力和创造力，每个图形都用上，并且只用一次，图形的大小、方向、顺序不限，把它们组合成一幅图画，并给这幅画起一个充满诗情画意的名字。

写作建议

可以从以下几个方面中任选其一来写：

1. 以活动过程为内容来写，行文过程中写清活动的环节，注重同学的表现和自己的感受，重点写你印象深刻的几幅画，做到详略得当。

2. 以自己创作的画为话题发表看法，写出自己由这幅画想到的道理、含义等。

3. 根据自己创作的画编一个小故事，展开丰富的想象，可以采取画中事物自述的形式。

例文：

诗情画意③

望着我自己创作的那幅《舞者》，我仿佛置身于幽静的林子里。那里，有一位孤傲的舞者在独舞。她的舞姿体现出她对生活艺术的追求，同时，又有一种勇气在高傲的舞步中飞扬。她在舞台上的辉煌，也不知是用多少艰辛换来的。正是"台上一分钟，台下十年功"啊！她优雅的步子，也仿佛在时

---

① 中华人民共和国教育部. 义务教育语文课程标准（2011 年版）[S]. 北京：北京师范大学出版社，2012：23.

② 王鹏伟. 和名师一起读语文新课标 [M]. 北京：教育科学出版社，2013：99—100.

③ 王鹏伟. 和名师一起读语文新课标 [M]. 北京：教育科学出版社，2013：99—100.

时提醒我们：面对生活中的事，都要用平和的心态去对待。

这是一堂语文课，我岂能在课上画画呢？

原来，这一课老师请我们用两个三角形、一个圆形和一条直线画一幅画。听到要求，我心里不由得激动起来，但，我又有些疑惑：这要怎么画？正在我疑惑不解时，一个念头蹦了出来，何不画一位舞者呢？说干就干，不一会儿工夫，《舞者》就出世了。

这时，我环顾四周，只见有人在奋笔疾书，有人好像已经有了头绪，有的还在苦想。不过，"才子"还是有很多的。比如，单文博的《展翅飞翔》，大气磅礴；锦博的《愿者上钩》，意味深长；而张贺禹的《时光流逝》更是别有一番韵味；图画上图形的时钟，滴滴答答的指针……无一不在提醒我们：一寸光阴一寸金，寸金难买寸光阴……

快要下课了，我再一次凝望那位"舞者"，一支舞已结束，另一支舞又将开始；一堂语文课结束，但简洁的美却萦绕心中。（张昕然）

通过这样的多样性思维的训练，希望学生能够明白：在生活中，每一个人都是不一样的，学会让自己的思想和身体展翅飞翔，发现没有框架的天空，到处都是自由的美丽。如果，他们曾经为思维的惯性束缚了翅膀，希望从今天开始，他们能有破茧而出的美丽。

二、突出教师的写作指导

《标准（2011年版）》在"实施建议"中指出："指导学生在写作实践中学会写作。""加强平时练笔指导。"[①]"指导学生"这四个字取代了《标准（实验稿）》中的"让学生"三个字，给语文教师提出了明确的工作任务。那么，教师该如何指导学生在写作实践中学会写作呢？一言以蔽之："善导"。

"善导"要知道导什么？作文写得妙，细节不可少；作文写得好，描写很重要。笔者认为，作文的关键就是要指导学生学会细节描写。真正好的

---

① 中华人民共和国教育部. 义务教育语文课程标准（2011年版）[S]. 北京：北京师范大学出版社，2012：24.

语言是通过描写，如果要提高学生写作水平，必须多进行描写训练，先学会将文章内容写具体，再学会写生动。一句话，从学会描写开始。如："教室里很乱。"通常写作能力偏弱的同学会这样写。这样写很概括，但肯定是最不具体、生动、形象的。之前教师在指导学生写作时，一般采用积累"好词好句"的方法教会学生写作，看起来效果也不错。"教室里一片狼藉或教室里鸡犬不宁。"当我们用"好词好句"时，效果会好很多，两句都能突出教室里的"乱"。而如果使用描写会是怎样的呢？这段话虽然没有用"一片狼藉"这样的好词，但是却有着更好更为突出的表达效果，更容易让人感受到当时教室里的"乱"。因此，教师要善于指导学生在写作中进行细节描写的训练。

三、注重发展学生的书面语言运用能力

《标准（2011年版）》在关于"写作教学"总体目标中把"表述自己的意思"改为"表达自己的见闻、体验和想法"，并且提出"发展书面语言运用能力"。①从两者的比较中可见：《标准（2011年版）》与《标准（实验稿）》在关于写作教学总目标上，课标的表述发生了较大的改变。《标准（2011年版）》对于写作教学写什么的要求做了明确的表述，即写"自己的见闻、体验和想法"，较之于《标准（实验稿）》中写"自己的意思"有明显的进步，而这三大内容恰恰都是实实在在的东西，不需要去绞尽脑汁另编一套。作文就写这些，写身边的事，抒发真情实感，而不是故作高深，无病呻吟。而"发展书面语言能力"是一项相对比较陌生的任务，也是语文课程标准的诉求。那么，在写作教学中，教师该如何发展学生的书面语言能力呢？笔者认为，最行之有效的一个办法就是积累。要想发展书面语言能力，要想下笔成文，其实都是要通过真正的阅读积累有用的书面语言，再内化吸收成为自己的，写作才可能会有质的飞跃。比如，在平时的学习中，教师就可以有意识地为学生的写作做好一个铺垫，让学生坚持背诵并积累每日一语，有了这些每日一语，学生就能在写作时灵活运用在作文的开头结尾甚至

---

① 中华人民共和国教育部. 义务教育语文课程标准（2011年版）[S]. 北京：北京师范大学出版社，2012：7.

是小标题中，为自己的文章锦上添花。

四、强化作文修改中语言文字的训练

《标准（2011年版）》在关于写作的"评价建议"中明确提出："文字表达的修改。"①而这一项则是实验稿所没有的内容，也是语文课程标准在作文修改中新增加的强化语言文字训练的关键所在。因此，在作文教学中要更注重让学生自己学会修改，在字斟句酌中加强语言文字的训练。

如以"小小的_____"为题，写一篇文章。这样的半命题牵扯如何选主题、如何选材的关键问题，事关成败的大事。在指导作文评改中就可以通过拟定题目、拟小标题的形式来强化学生语言文字的训练。

（一）拟定题目

题目1		题目2	
小小的蚂蚁	小小的饺子	小小的拥抱	小小的感动
小小的人物	小小的杜果	小小的爱	小小的微笑
小小的动作	小小的鸡蛋	小小的眼神	小小的温暖
小小的一道题			

通过让学生比较以上左右两组的题目，辨别左右两组哪个好？应该怎么选材？通过比较，学生就能明白选题时应该避生就熟，这样利于虚实结合，容易以小见大，贴合平时生活、积累和写作训练，同时，也有效地达成了语言文字训练的目标。

（二）拟小标题

学生通过拟定小标题使自己文章结构清晰，但是好多学生虽有小标题、美语导航形式，但是内容不能为主题服务。在作文评改时，就可以结合学生所拟定的小标题来强化学生的语言文字训练。在实例中让学生比较同用小标题，对比精心斟酌的效果有何不同。如以"小小的_____"为题，写一篇文章。

---

① 中华人民共和国教育部. 义务教育语文课程标准（2011年版）[S]. 北京：北京师范大学出版社，2012：30.

题目：小小的岁月	题目：小小的力量
小标：	小标：
岁月·多情·怎堪离别	小小的力量
岁月·风雨·策马扬鞭	小小的志向

在实例中让学生比较选同一主题，对比精心斟酌的效果有何不同。如以"小小的_____"为题，写一篇文章。

题目：小小的时光	题目：小小的时间
小标：	小标：
时光·匆匆	小小的早读
时光·飞逝	小小的课前
	小小的课后

通过让学生比较选用同一主题与同用小标题，对比精心雕琢的效果有何不同。学生一比较就会发现，当然是左边的小组比右边的小组小标题运用得好，精练、概括而又富有文采，这就是对强化语言文字训练的好处。希望通过这样的比较，能帮助学生强化语言文字的训练。实践证明，在作文教学的过程中，不能只为教学而教学，也不能只为作文而作文。只有充分训练学生字斟句酌、咬文嚼字的炼字炼句能力，才能快速提高作文能力和对语言文字的驾驭能力，才能切实为他们的写作添砖加瓦，最终真正地提高学生的作文素养。

总的来说，2011年以来，写作教学在写作理念、写作内容、写作方式方法、写作能力培养等方面都有重大的推进，对于改变当前的写作教学现状，提高写作教学质量无疑具有重要的理论价值和现实意义。同时，课标"鼓励自由表达和有创意的表达"对写作教学而言无疑是一个飞跃性的进步。但在现代写作理念的确立方面，笔者认为2011年课标关于"鼓励自由表达和有创意的表达，鼓励写想象中的事物"这一表述还不够全面、准确。"自由表达"包括写作主题和文体形式的自由选择，写作文体如寓言、童话、故事、科幻等，这些文体形式有利于发挥儿童丰富的想象力并保持纯真的心。课标建议"写想象中的事物"，也正是考虑到学生的心理特点。"有创意的表达"与

"自由表达"是相关的，长期的自由表达会保持和发展想象力与联想力，确立独立的思考意识。语言和思维同步发展，有创意的表达需要转变思维方式，突破惯性思维定式。但是，在指导建议里面却没有明确的指导意见，因此，学生在写作文的时候，教师在指导学生作文的时候，就会抓耳挠腮，这些理念太大、太空洞，有一种"老虎吃天，无从下口"的感觉。因此，笔者认为，在以后的课标修订中，关于写作教学的表述应改为"鼓励学生进行文学创作，通过寓言、童话、故事、科幻、小说、散文、诗歌等文体形式创造性地表达自己的见闻、感受和想象"。这一表述比较妥当。唯有此，才能更好地推动当前写作教学的改革与发展。

第二节　写作教学的问题与改进建议

目前，写作教学仍是中小学语文教学中令师生最头疼、出现问题最多的一个版块。正是因为作文水平的提高需要一个系统的过程以及作文水平本身的长期性和综合性，所以很容易导致应试制度下对语文教育的不重视，进而转移到对写作教学的不重视。受应试教育的影响，写作教学在中小学语文教学里变得越来越功利化和死板化。学生不善于表达自己真挚的感情，写出来的作文总是用"假大空"的语句无奈拼凑。这样持续下去，教师和学生都无法享受写作的快乐，有时候因为不会写作而懊恼。有不少研究者已经看到了这个严峻的问题，着手写作教学实验与改革。然而，改革的成效还有待在实践中做进一步的检验。

一、"写作教学"的命名、内涵及意义

在中小学语文教学中，"作文教学"和"写作教学"这两个概念通常被忽略和混用。但仔细分析一下，两者是有着不同之处的。《现代汉语词典》（2002年增补本）中对"作文"有两种理解：一种是指作为动词时表示写文章，强调的是写的动作。二种是作为名词时表示所写出的文章，强调的是文章。"写作"，指写文章（有时专指文学创作）。从字面意思来看，给人的感觉是作文教学的针对性更强。然而，通过进一步的分析不难发现：作文可以

分为口头作文和书面作文，我们通常所说的作文教学多是指书面作文，具有一定的狭隘性。从新课标规定可以看出写作教学与书面作文相对应，口语交际教学与口头作文相对应。所以在中小学语文教学里使用写作教学可能更为合理一些。

新课标提出了写作是运用语言文字进行书面表达与交流的重要方式，是认识世界、认识自我、进行创造性表述的过程。正是因为作文在我们的实际生活中有重要的地位，所以写作和写作教学也就应运而生，也越来越重要。中国古代除了强调学生的识字和读经外，还进行大量与写作有关的训练。现在写作教学作为一个独立的板块成为语文教学的重要内容。学界大都认为写作最能考查一个学生的语文水平，在中高考语文试卷中，作文占总成绩的40%，部分省份改革后所占比例甚至更高，这无不说明了写作的重要性。

二、中小学生写作和应用写作、文学创作的不同

首先，区别于应用写作。应用写作是指根据日常生活或工作需要而写的实用性文体，是人们传递信息、交流感情以及处理事务的工具，具备实用的价值。要求中小学生写各种体裁的文章，不是要求这些文章马上要投入社会实现它的实用价值，而重点是要训练他们能够掌握各种体裁文章的能力。因此，写作教学的序列不能完全依据现实的生活进程来安排，而应根据写作能力的发展水平来安排。评价学生所写的作文，不能仅仅按它的实用价值来评判，还应考虑学生的能力水平，分阶段、分层次评价，给予学生更多的鼓励。锻炼各种体裁文章的写作能力最终目的是为了满足现实生活中的应用需要。练习这些写作能力是应用的准备，但还不是应用。

其次，区别于文学创作。文学创作是一种特殊的复杂的精神生产，是作家对生命的审美体验，通过艺术加工创作出可供读者欣赏的文学作品的创造性活动。语文教学中，往往有人把学生的写作与文学创作等同起来。其实二者是不同的。学生作文是社会生活中对语言文字运用能力的综合体现，要写"文"，更多需要写一些应对生活需要的文章，比如记叙文、说明文、议论

文等。"但'文章'不等于'文学作品'，在作文训练中不能不加区别。"①

总之，中小学生的写作是培养学生掌握书面语言规范能力的，是写作的练习。如果写作能够直接具有应用价值和文学价值，当然应当鼓励和赞赏，但是不能作为学生的硬性要求，毕竟写作水平的提高不是一蹴而就的。

三、中小学生写作的现状

写作是阅读的深化和延伸，是语文水平的综合体现。它也是实现语文素质教育的重要途径，在整个语文学习中具有举足轻重的地位。现在大多数学生对写作都产生了畏惧的心理，不知如何起笔，语言贫乏，脑中空无一物；许多学生对写作存在厌恶心理，每逢写作，寥寥数笔一带而过，应付了事……原因何在？笔者认为，主要有以下几种原因：

（一）无内容可写

许多学生面对写作无话可说，无内容可写，原因在于学生阅读量较少，积累的各类素材有限，一旦需要运用发挥，无材可取，只能望洋兴叹。古人云"读书破万卷，下笔如有神"，现代写作学认为，读和写的关系密不可分：读不仅是写的基础，而且还可以促进写的发挥。②然而，由于繁重的学业负担，学生每日都围困在各类学科围积起来的题海战术中，浴血奋战，无暇抽出专门的阅读时间来积累素材。即使有时间，身心疲惫的学生也不愿意阅读枯燥无味的文章，只是对自己感兴趣的文学作品略沾一二，造成了阅读素材的畸形堆积。这样一来，学生在写作时即使想抒发真实的感受，但由于知识面太窄、语言功底不厚，导致内心的真实感受也只能是只可意会了。

（二）无指导可教

许多学生或多或少都会面临写作难的问题，比如拟题、选材、构思等，甚至连最基本的标点符号也没有掌握好，经常出现一"逗"到底的现象。但是，由于许多语文教师本身就缺乏相应的写作能力，因此在指导学生写作时

---

① 钱梦龙. 学生作文不是文学创作 [DB/OL]. http：//blog. cersp. com/20000/525401. aspx. 2008—4—10.

② 王鹏. 谈如何提高中学生的写作水平 [J]. 伊犁师范学院学报（社会科学版），2012，（1）：109.

往往是力不从心，应变和反应能力差，缺乏个性化的思想，遇到个人发挥的情境往往表达不出所以然，语言贫乏，思维较窄，难以使学生信服。每逢写作，语文教师要么简要地叙述一下相应的写作要求，要么朗读几篇优秀的作文范例供学生参考，很少针对某种文体或者某个写作问题进行讲解，更不用提对存在写作困难的学生进行个别辅导了。学生存在写作问题却又得不到有效的指导与练习，写作水平难以提高就可想而知了。

（三）无兴趣可言

不少学生对写作是缺乏信心，更无兴趣可言。学生的学习科目多，压力较大，校园生活也比较枯燥乏味，很容易产生厌学情绪，这种厌学情绪一旦形成，将会对他们的学习生活造成不良的影响，在这种不良影响的作用下，学生要么为考试而写作，胡编乱造，敷衍了事；要么凭借脑海中仅有的素材痕迹，重复温习，机械模仿，生搬硬套，写出来的文章毫无新意可言，画虎不成反类犬，结果只能是落下一个"东施效颦"的笑谈。

四、提高中小学生写作水平的建议

要想改变现状，提高学生的写作水平，需要采取以下措施加以解决。

（一）鼓励学生用心积累素材

中小学生要养成积累的良好习惯，在生活和阅读中学会积累大量的写作素材。作文强调从学习范文开始，做到熟能生巧，即达到使其言皆若出于吾之口。优秀的素材不仅可以为写作打下厚实的语言基础，也可以为学生的写作提供思路和结构的范式。另外，学生必须转变原有的观念，学会从各类题型的包围中挣脱出去，从提高自身写作水平的根源入手，每日分配合理的时间去阅读相应的文体，注重积累相关的素材，学会思考，学会转化，学会将别人的东西转化为自己的东西。[1]语文教师每周还可以选出一节课让学生分享自己的学习成果，以及他们遇到困惑。这样一来，学生的写作水平得到了提升，他们整个的语文素养也得到较好的发展。

除了阅读这一积累素材的渠道外，学生也要深入生活，留心观察，学会

---

① 赵亚琼. 浅谈如何提高高中生的作文写作水平 [J]. 学周刊，2014，（2）：127.

从生活中积累素材。凡是能够深深触碰人们心灵的文章大都取材于最为真实而又经典的生活细节，比如，朱自清《背影》中的细节描写，感动了无数的读者。所以学生可以通过实践直接感知现实生活或者通过读书、观看、想象等间接感知生活，让自己的写作充满生命活力。

（二）提高学生的写作兴趣

中小学生课业负担较重，极易产生厌学情绪。加上平日作文练习形式呆板，一些教师又为了求分求稳，不鼓励学生在文体写作方面进行创新，导致学生对写作反应冷淡。因此，要改变这一现象，提高学生的写作兴趣，必须提高写作及写作过程的新意。教师只有为学生提供新鲜、活泼、带有趣味性的写作练习，学生才会保持较佳的写作状态。因此，语文教师在指导学生进行写作练习之前，可以营造一个相应的写作情境，使学生置身其中，切实感受这个情境中存在的事物。比如，教师在对学生进行景物写作训练之前，可以事先组织学生对所要描写的景物进行深入地观察，然后要求学生将观察到的事物用书面语言表达出来，学生有所观、有所思、有所想、就必定会有所写。另外，就中学生而言，正处在青春期，好奇心较强，教师可以利用这一心理特点来指导他们进行写作：提出一个具有争议性的话题，鼓励学生各抒己见，并允许持不同见解的学生进行反驳，开展一个别开生面的辩论会，最后由语文教师在价值中立的前提下进行总结，然后要求学生把自己的观点用文字陈述下来，鼓励他们进行大胆创作。

学生要想写出优秀的文章，除了要有深厚的文化积淀，还要具有丰富的想象力。写作教学要让学生用真情实感表达出对社会、人生的独特感受和真切体验，重视培养学生的创造性思维，鼓励有创意的表述。中小学生思维活跃，想象力丰富，各种新奇的想法层出不穷，语文教师在指导学生写作时要注意保护他们这一宝贵的财富，大胆放手，解除各种文体的束缚和要求，鼓励学生自由创作，鼓励他们发挥想象力的翅膀，在文章的海洋中自由翱翔！

（三）提高教师的写作素养

语文教师不仅要具备扎实的专业学科知识和科学的教育方法，还要及时汲取写作方面的理论，并将用于实践，多写下水文，从而更好地指导学生学习写作。语文教师不是学科专家，我们并不期望他们能总结出一套套占据学术领域制高点的学术理论，但是，能对各类文体有一个全面的把握，能够掌握一定的写作技巧，这是对一线语文教育工作者的基本要求。只有语文教师自身对各类文体的写作了然于胸，这样在学生写作的过程中才能给他们提供有针对性的建议和方法。除外，学校也应加强对语文教师的培训力度，定期对语文教师进行培训，如邀请著名学者来校讲坛，组织语文教师去名校听课，在校内开展语文教师写作争霸大赛等，提高他们的教育教学水平，从而保证教学任务的顺利完成。

（四）加强写作指导、练习

学生写作水平得不到有效地提高既有自我积淀不足的原因，也与得不到相应的指导与练习有关。

明清时期写作遵从"属对"——"做诗"——"作文"的一般程序。这也体现了从简单到复杂循序渐进的一种教学方法。所以要想提高学生的写作兴趣，首先要树立其写作自信心，从最基础的写作技能学起。教师不仅要鼓励坚持学生写作，还要有意识地指导学生去寻求写作的规律和思路。这样学生在写作中才能保持思路清晰，写出内容具体、感情真挚的文章。每天坚持写作并不是要求每天都要写出一篇像样的文章，可以是一些随笔、感想和日记，甚至可以是寥寥几语。总之，每天都要有所思、有所写，把写作当成一种生活习惯，一种人生不可或缺的东西。其次，教师在指导学生进行写作时，也应自觉参与学生的写作过程，不仅可以带动学生的积极性，也能更深入地体会学生在写作当中独有的情感，消除语文教师与学生的心理隔阂，提高指导的效率。[①]其三，教师还应指导学生作文评改的能力。作文的修改过程是语言锤炼和梳理思路的过程，对写作能力的提高十分有益。学生只有认真地对待作文的修改，及时发现作文中的问题，写作水平才能得到切实提高。当然由于学生的能力有限，还不能很好地掌握修改文章的技能。所以，最初的修改任务可以由教师代劳。在修改的过程中，教师要有意识的对学生进行引导，标出文章中错字、错词、病句，采用特殊符号标出文章中的优美句子等，逐步将修改任务转交到学生手中。当学生掌握修改文章的基本技巧时，

① 李甘泉. 提高中学生语文写作能力探源 [J]. 语文学刊 . 2013，（2）：145—146.

教师可以鼓励学生相互修改，以此来提高他们的修改技能，而学生在修改过程中，也会发现自己在写作方面的不足点，做到扬长避短。[①]

第三节　网络环境下写作教学指导策略

"网络写作"是指在网络环境之下，以电脑和网络为写作的工具、载体和资源的一种颇为流行的写作方式。这种方式与传统的写作方式相比，有优势也有弊端，影响着学生的写作观念，需要教师在写作教学中采取适当的策略加以正确引导。

一、网络写作的优势和弊端

网络环境在一定程度上提高了学生写作的积极性，为变"要我写"为"我要写"创造了便利条件。一方面网络写作打破了传统的写作法规，同时为学生提供了更广阔的写作空间。网络写作与传统写作相比，在写作方式上发生了很大变化：第一，写作使用工具的差异。键盘代替了钢笔，网页文本代替了纸质文本，网络和键盘是写作的环境和平台，和传统的文本和纸笔有所不同；第二，写作过程的差异。网络写作除了可以运用写作者所拥有的写作材料外，还可以通过搜索、筛选以及运用网上的丰富材料，传统写作过程中的构思、行文、修改等步骤，在网络写作中变成了搜集、整理和加工；第三，文章体裁的差异。由过去的手稿或印刷品变成了网页或电子稿，文章形式有E-mail、BBS、QQ、Blog等；第四，传播方式的差异。传统的写作作品传播的圈子比较小，写得比较优秀的作文可能会被人拿来欣赏，如果作文写的不是很好的话，那么读者就可能局限于自己和自己的语文教师了。在Internet网上传播，让评价更加开放、多元和动态。

网络写作相对于传统的写作，还有一定的优势：首先，网络技术的服务为写作学习者提供了方便的服务。网络资源有很大一部分是通过声音和文字以及图形的方式呈现给读者的，这种方式既拓宽了学生的阅读面，又锻炼了

---

① 李金玉. 浅谈怎样提高中学生写作水平 [J]. 教育探索，2000，（1）：36.

学生对"超文本"阅读的能力。其次，网络的这种超时空的特点为学生学习写作，提高写作水平提供了很大的便利。最后，网络写作更易于贴近生活和发挥其实用的价值。

就像网络对青少年发展的影响一样，网络写作同样是一把双刃剑，在带来便利的同时，也存在着很大的弊端：一是写作的版面问题，"窗口"容易把内容机械的分割开来，这样就会有意无意地打断学生写作的整体思路。二是使用语言文字的规范性问题，"匿名发表"很容易让发表者滥用语言文字。三是文章的粗制滥造问题，网络写作便捷、快速，缺乏对词句的斟酌和推敲，很容易造成大量低劣文章的出现。这种自由写作有时有助于捕捉作者思想的火花，帮助其梳理或发现写作的目的和思路，偶尔能也能记录一些精彩的句子，但是实践证明，很难产生大家公认的佳作。①

二、网络写作指导的基本原则

（一）培养学生良好的网络写作习惯

教师需要对学生在网络环境下写作进行指导和引导，培养学生良好的写作习惯。建议如下：1. 就算在网络上也要对自己和他人最起码的尊重，这是人的基本素养的表现；2. 引导学生学会分清"网络暗语"，以免时间一长产生"失写症"；3. 重视主动创造，不要盲目复制、粘贴网上的文字材料，等等。②

（二）规范学生的网络语言

由于网络的自由隐匿性，很容易出现用数字代语言、乱用外语、汉语拼音代文字等网络交际语言不规范的现象。比如GG（哥哥）、PMP（拍马屁）TMD（他妈的），是汉语拼音的第一个字母；7456是"气死我了"的数字化；"动物园"的英语缩写是ZOO，网络中变成了200等。这种现象不仅很搞笑，而且还带有一定的俗气，如果不注明的话，一般人不知道到底说的什么

---

① 叶丽新．"网络写作"研究："网络写作教学"研究与实践的起点 [EB\OL]. http：// www. ewen. cc/jiaoyu/bkview.asp?bkid=62844&cid=141728.

② 赖光明、蒋莉霞. 研究性网络写作教学模式的构建网络写作教学指导刍议 [J]. 语文学刊，2004，（4）：108.

意思，这样就会造成人们交际中的误解和障碍，破坏汉语言文字的规范性和纯洁性。

（三）激发学生的自主意识

传统的写作用笔和纸来记录，总是会让人感到有些束缚。现在网络写作有各种不同的方式。比如，可以运用手机网络博客随时随地记录自己的心情和感想，也是为写作积累素材和灵感。更何况，网络写作比传统纸质写作更加安全，不用担心自己的作文或者心情日记被他人看见。同时，如果想把自己的文章分享给大家去品评很方便，而且效率也比传统的高。由于网络写作带来的极大方便，也符合现代人的心理，所以就自然而然地激发了学生的写作热情，激发了学生的自主写作意识。

（四）唤醒学生的读者意识

过去学生所写文章的读者多是停留在教师和自己两个角色之间，现在的网络写作拓宽了读者的范围，家长、兴趣爱好者、学生、教师、网络管理员、陌生人等都可以成为文章的读者。这样学生感觉自己有了更多的"读者"，就会更加认真地写作来获取更多的夸赞，从而全身心地投入到学习写作和尝试写作当中去。

（五）提高学生搜集、筛选和处理、运用信息的能力

在网络技术的支持下，学生可以根据自己写作的需要，利用搜索引擎以及其他方式搜集、筛选相关信息。经过对相关信息处理之后，再有选择的运用到文章中去。然而网络信息庞大而杂乱无章，为了提高学习效率，必须学会快速浏览信息，科学筛选、分类下载并进行合理的加工和整合。为此，教师要引导学生高效查询，调用网络中自己想要的图片、文本、动画、音频、视频等网络资源。如果学生在写作前搜集、筛选的有效信息越多，搜集信息的途径和方法越多，说明他们的搜集、筛选及处理信息的能力也就越强。

（六）加强学生的网络写作道德教育

在网络环境里也应提倡展示真实的情感和自我，做到诚信待人。传到网页上的文章，会有不同的读者、不同的评价，学生自己的文章在一定程度上也会感染到那些读者。教师应该向学生敲响警钟，不要玩低俗的网络游戏，不要看黄色的网页，不要轻信网络上的假话，提高他们的网络防范意识，做

一个有道德、有品位的网络小市民。

三、网络写作教学指导的具体形式

（一）主题性写作

由师生共同确定写作的主题，然后教师指导学生通过各种方式来搜集与主题相关的资料。最后，根据主题的需要对资料进行整合，从而创作出好的文章。这种写作形式体现了学生的主体地位和个性表达的自由，脑、眼、耳、口等多种器官同时发挥作用，激发了他们的思维活动和创新意识。

（二）研究性写作

语文教师可以选取语文课本当中一部分重要又不容易理解掌握的内容，让学生自己拟定或师生共同拟定要研究的题目，指导学生在网络上搜集相关有用的资料并让学生自己独立完成作文题目，之后可以利用网络进行同学交流、师生对话、作文评改等一系列的写作学习活动。这种写作学习的形式为学生创造了一个生生合作、师生交流、共同探究的写作平台。具体流程如下：

1. 创设情境、确定课题

充分的利用网络平台的优势，采用多媒体课件，为学生创造一个丰富且真实生动的问题情景和背景，师生共同确立研究的课题。

2. 设定方案、搜集资料

学生可以选择自己想研究的课题，然后寻找组员编成小组。小组可以围绕课题设定研究的方案，之后小组成员分工合作最后再深入探究。另外，教师要科学指导学生上网，高效地查阅、筛选、搜集相关的学习资料。

3. 交流资料、明确思路

教师指导学生的研究小组有序地把搜集到的资料发到指定的网页上，通过E-mail、博客、空间、QQ等多种形式进行交流、讨论。

4. 自主写作、协作学习

小组成员对作文相关资料的整合并确定作文走向和大体内容，然后在电脑上开始逐步写作。在写作中，学生遇到困难可以采用小组协作或在系统管理人员指导下完成。

5. 展示成果、交流评价

要求学生把研究的成果发送到网页的"成果展示"一栏中，之后各小组在网页上自由交流和评比。教师充分利用网络教学平台来组织学生对研究成果进行交流讨论，以达到互相评价、教学相长的目的。

6. 修改整理、反思成长

教师引导学生进一步修改各自的习作，写学习反思，并把最终成果保存到指定的收藏夹中，以便随时翻阅。[①]必要时，教师负责向有关网站推荐发表。

（三）情境性写作

又叫互动性写作，类似于传统写作的材料或话题作文。教师可以根据学生现实的需要来创设一个情境，激发他们写作的动力。网络上提供的视角比较多，可以拿来讨论的紧跟时事、贴近生活的"话题"也比较多。语文教师可以充分运用网络上的资源，对话题进行精心的设计，营造特定的虚拟情境来激发学生写作的热情，从"逼我写"转变到"我想写"。

（四）自由式写作

又称传递性或交际性写作。自由式写作没有时空的限制，在课堂内外都可进行。学生可以根据自己的实际需要，通过发E-mail传递信息、发帖子参加BBS论坛讨论、网络投稿、网络博客、QQ等聊天工具进行交流，发展适应信息社会的生活、学习、工作、科研的必要能力，养成必备的信息素养。

总之，教师应当充分发挥学生写作的积极性和主动性。无论哪种形式的网络写作指导方式都不能忽视学生的主体地位，教师仅仅是指引者、协助者、参与者、评价者的角色。另外，不容忽视的是，在利用网络写作练习的同时，同样不能完全抛弃传统的写作教学。因为在今后相当长的一个时期内，传统的写作方式依然是青少年学生写作的主体形式，电脑将与人脑共存，键盘与钢笔齐飞，敲击与书写共舞。

---

① 申屠立平. 研究性网络写作教学模式的构建 [J]. 牡丹江教育学院学报, 2008, （3）: 119.

第四节　案例分析

一、案例呈现

《说真话　抒真情》——情境作文教学实录①

（人教版七年级上册　执教：谢称发）

（课前交流）

师：同学们，还没上课，我们一起来做个游戏好吗？

师：请大家跟老师一起拿出红色圆珠笔把中指涂红，再把它摁在额头中间。

（学生做完后，面面相觑，笑声一片）

师：同学们有什么要说吗？

生：老师，为什么我们和老师一起做，老师的额上就没有红点呢？

师：老师请一位同学帮我回答（指一个额上没有红点的学生）。

生：因为我发现老师是在中指涂的色而用食指摁的。

师：你真细心，示范一遍。（学生示范）

（学生恍然大悟）

师：所以我们无论做什么事情都应多长个心眼。

师：再问大家三个问题：①想笑敢不敢笑？

生：敢。（笑一笑）

师：②想说敢不敢说。

生：敢。（上台说）老师们，大家好，欢迎你们来我们班做客。

师：③想写敢不敢写。

（生到黑板上写欢迎词）

师：现在老师就放心了。

（正式上课）

师：今天老师给大家带来一位朋友，它说："如果同学们愿意，它就待在

① 方香华.《说真话 抒真情》——情境作文课堂教学实录与评析 [DB\OL]. http: //
www. jxteacher. com/xyl/column36561/e6e2183b-4303-485c-8f27-25992316ff49. html.

我们教室里。"同学们有什么要向老师说的吗？

生：它是谁呀！

生：它长什么模样？

师：大家猜猜？

生：是书籍？

生：是作文吗？

生：是不是春天呀！

生：不会是笑容吧！

……

师：想不想让它闪亮登场？

（师出示金鱼上台和学生交流）

师：刚才开开心心见了面，还不知道它叫什么名字呢？为了方便交流我们给它取个名字，再说一句欢迎词，说得金鱼摇头摆尾欢迎你，就可以来次非常接触把手伸进来与它握握手。

生：遍身红，你好，你给大家带来了欢乐……

师：请你把它写在黑板上。

生：大眼博士，你真帅。

生：小红帽，你好，欢迎你来到我们中间。

生：嗨，圆圆脸，水里好玩吗？

生：小红缨，你酷呆了。

师：取好名字的同学一齐上，快点对它说，还可以和它握握手。

（学生兴趣盎然，争相上台伸手触摸金鱼，在一片混乱中"啪"的一声，鱼缸摔碎了，金鱼无奈地躺在地上……）

师：怎么办？完了。

生：救它、救它……

生：（从座位上站起来挥手）快装水。

（教室一派紧张，有的忙着装水，有的忙着从地上捧起金鱼，有的捡碎片，还有六位同学匆匆离去。）

生：（急）水来没有？

生：来了、来了。

生：快点儿、快点儿。

（经过一阵紧张的忙碌之后，金鱼又回到了水里，得救了，在场的人都松了口气。）

师：（看着金鱼在鱼缸里游来游去，长"嘘"一口气）。幸亏没事，虚惊一场。但刚才在大家最忙碌时看到几位同学三十六计，走为上计，匆匆离去。你说说为什么离去好吗？

生：因为上去救金鱼的人太多，我挤不进去，只好走开了。

生：我担心老师批评我。

师：可那时是金鱼最需要帮助的时候呀，你怎么就走了呢？我记得初中学过一句英语（板书）。

A friend in need is a friend in deed.（患难之间见真情。）

（师讲述故事《两个好朋友》）

师：听完故事，大家有什么要说的吗？

生：老师听了你的故事我很惭愧，出了事不该一走了之。

师：所以有困难时我们第一个应想到互相帮助，想到解决问题的办法。

生：老师，都是我不好，不该把鱼缸碰翻。

师：不怪你，怪老师，险些让金鱼丧命，差点儿成了千古罪人。

生：……

师：这节课是节不平静的课，一场变故，让每个人的心里变得很复杂，有很多话想要说，请大家先在小组里说一说。

（学生小组练习说）

师：现在请几位同学上台来说说。

生：小金鱼，对不起。经过大家的抢救，你现在身体还好吗？

生：小金鱼，你第一次来这里做客就让你受惊了，希望你能原谅我们。

生：你掉在地上的那一刹那，我心急如焚，真希望马上有水救你……

生：对不起，我们怀着激动的心情与你接触……

师：许多人都想一吐为快，请同学们把刚才想的、说的、还没说的梳理一番，同时取个题目写下来。还不知怎么写的，可以看提示：

（课件播放习作提示）

《日记一则》：按故事发展的顺序，简要记录课堂上发生的事件。

《×××，你好吗？》：根据课内发生的事情，给小金鱼写封信表达对小金鱼的思念、关心和祝福，也可以写封信给它们的爸妈，告诉他们这里发生的事。

《一件意想不到的事》：按事情发展的顺序写刚才发生的事情，重点要写鱼缸打碎时自己的心理感受和全班同学的神态表情。

《×××历险记》：假设自己是小金鱼，来到这个陌生的环境，经历了一番生死考验。

《我爱你，可爱的小金鱼》：抓住小金鱼美丽外貌和活泼模样，重点写出对小金鱼的喜爱。

《假如我是小金鱼》：结合小金鱼的生活方式和自己的感受，自由抒发自己的想象。

《小金鱼"游"进了作文课堂》：简明精要地报道课堂上发生的新鲜事。

《祝福你，我的×××》：突出写自己对小金鱼的思念和担忧。

学生构思、写作、展示……

二、案例评析

谢称发老师的这节作文课一改以往"你教我写"的呆板的课堂教学模式，尝试了新型的写作教学指导方法，有很多可圈可点之处。比如，简短有趣的课前游戏，既教育了学生应细致观察，又消除了学生的紧张情绪，帮助学生树立了自信心。师生的情感得以交流，课堂气氛得以宽松、和谐。

新课标强调，作文教学要为学生自主写作提供有利的条件和广阔的空间。众所周知，写作教学长期以来处于"教师不愿意上，学生不愿意学"的尴尬状况之中。但是，在案例中，谢教师主动挖掘资源为学生提供写作素材，巧妙点拨，激活他们的表达欲望，让他们有话可写，乐于动笔。零距离的观察、接触为学生提供了第一手的感性材料，谢老师通过情境的创设，把课堂活动推向了高潮，通过触摸、装水救金鱼，解放了学生的双手。学生在全身心抢救金鱼的行动中，为金鱼的命运捏了一把汗，获得了真切的情感体验。利用金鱼，创设"抢救金鱼"的情境意在为学生写作提供素材，使学生有内容可写，在学生都想"一吐为快"时，引导学生把自己最想说的最想写的写下来，解决了他们"写什么"的问题。

叶圣陶说过："世界如果有所谓作文写法，也不过顺着说话想心思的自然规律加以说明而已。"说自己的话，抒自己的情，写自己独特的见解也是创新作文的一个制胜法宝。"没有真实激动的感情，就写不成好的文章。"写作教学要求学生说真话、实话、心里话，不说假话、空话、套话。教师指导学生作文时应引导学生说自己的话、抒自己的情。本案例中，谢教师通过创设情境、饱含激情的故事演讲，使学生获得了真切的情感体验。之后教师适时地引导、启发要求学生说出心里话和感受，解放了学生的嘴，在学生心里复杂、"悱愤"状态时个个有话说，小组活动让每个学生畅所欲言，得到展示和锻炼，学生真正成了学习的主人，继而鼓励学生想怎么写就怎么写，使学生诚实地抒发了自己的真情实感。

作文是十分有个性的活动，只有自由，才能写出个性，才能抒发真情。教师在教学中淡化形式，对作文的内容、形式、字数不做任何限制，放开手脚，让学生充分享受表达的自由，学生没有束缚、没有禁锢，表达空间得以舒展。同样的素材可以从不同的角度去想，从而写出不同的文章。本案例中，谢教师巧妙设计八个不同体裁的习作提示，激活了学生的思维。这样的引导能打开学生的思路，学生可以思接千载，浮想联翩，想写什么就写什么，畅快淋漓地抒写自己的真情实感。这种形式的作文训练，不仅为学生解决了"怎样写"的问题，而且还可以增强和丰富学生的想象力，促进学生创造性思维的发展。

谢老师的作文课堂，学生乐于说、乐于写，不千篇一律，说的都是自己想说的话，富有个性、富有创意，还充满了人文关怀。但是，谢老师虽然能较好地打开学生的写作思路，可是若能在创设情境之前，提示学生注意观察，可随时记录课堂上发生的事情，更有利于写作时对人物语言进行描写，能够准确写出人物上课时所说的具体内容，否则，作文的生动性就会大打了折扣。总的来说，谢老师的许多设计都符合新课程标准的要求及儿童心理发展的特点。学生能够学得主动、轻松，想象力、创造力也都被激发出来，语言表达能力也能得到很好的发展。

第六章　口语交际教学

西周至秦统一六国之前，随着"官学失修，学在四夷"之风的兴起，听说教学在诸子百家中特别盛行。到了秦汉时期，随着学习先秦文言型典籍的确立，听说教学基本淡出了官方语文教学的历史舞台，直到近现代语文独立设科以后，才又逐步受到语文教育界的重视。第八轮新课程改革，用"口语交际教学"代替了"听说教学"，突出了学生听说交流的互动性、场景性和交际性。新课标下的口语交际教学突出强调了学生在学校乃至社会生活中锻炼和提高自我表达、应对和交流能力的重要性，但在实际教学中，由于受多种现实因素的影响，效果不佳，亟待引起学界的关注。

第一节　口语交际教学改革新动向

面对信息时代的到来，口语交际是衡量人的综合能力和素质的关键性指标之一，也是人们社会生活中最直接、最常用的交际形式之一。《义务教育语文课程标准（2011年版）》〔以下简称《课标（2011年版）》〕呈现出一些新的教学改革理念和动向。主要体现在以下几点：

一、增强学生的自信心，提高勇于发表意见的能力

《课标（2011年版）》口语交际教学目标与内容中提出："具有日常口语交际的基本能力，学会倾听、表达与交流，初步学会运用口头语言文明地进

行人际沟通和社会交往。"①可见，课标对学生人际沟通和交流能力的重视。同时，课标还十分关注和培养学生在台上发表自己的见解的勇气，帮助学生树立乐观自信的信念。在口语交际中，交际者的自身状况以及外部环境等因素会直接影响到交际的质量，因为口语交际不是一个单向的言语传输，而是一个互动的过程。在自身状况中，最重要的就是心理因素，而影响口语交际的心理因素主要来自表达者对自我形象的追求。比如，担心自己的表达不能为别人所肯定，害怕自己的表现与预想的相反，等等，这些心理因素都会导致学生在口语交际过程中出现身体拘谨、语无伦次，甚至面红耳赤、手足无措、抓头搔耳等现象。所以，教师要多寻找一些令学生好奇的话题来实施口语交际教学，多鼓励学生，增加学生的交际交流的勇气，帮助他们克服生理、心理以及环境等因素造成的负面影响，使其能够主动、勇敢的发表自己的观点和见解。

二、突出"灵活"性，提高学生应对社会生活的能力

《标准（2011年版）》在口语交际教学的"教学建议"中开门见山地指出："不宜采用大量讲授口语交际原则、要领的方式，应努力选择贴近生活的话题，采用灵活的形式组织教学"，②强调在贴近生活的情境下进行口语交际教学，可以让学生面对实际情况活学活用，把课堂知识转化为自己的知识，也有利于锻炼他们的口语表达和处理问题的能力。例如，学生可以分组进行角色扮演来模拟问路，一人向路边的小摊阿姨或行人又或是报刊亭的叔叔等问路，这样学生就可以得到问路的经验，也在教学中提高了自己的口语交际能力。当然，现实生活是丰富多样的，教师在教学中不能仅仅局限于自己选定的话题，也要培养学生发现问题、主动交际的能力，同时还要照顾学生的兴趣爱好。因为在实际的生活中，人们往往只对自己感兴趣的话题开口，所以口语交际内容的选定是很重要的。口语交际过程中言语的表现形式不是单

---

① 中华人民共和国教育部. 义务教育语文课程标准（2011年版）[S]. 北京：北京师范大学出版社，2012：7.

② 中华人民共和国教育部. 义务教育语文课程标准（2011年版）[S]. 北京：北京师范大学出版社，2012：24.

一的，而是多样的，并且不同的人有不同的言语风格。在现实的口语交际场合中，学生多多少少都会碰到一些意外的事情。比如，自己因紧张而失态，或对方的反馈不如自己预想的好，或者在交流的过程中出现了没有考虑周全的因素等，这些意想不到的情况，经常让人捧腹大笑，陷入尴尬的境地。当遇到以上情况时，良好的、灵活的口语交际应变能力能够帮学生化解难堪，摆脱困境。

三、突出口语交际评价的具体性和阶段性

2001年课标对口语交际的评价没有具体确定，只是粗略地说明评价学生的口语交际能力，要体现出学生真正的口语交际水平，要考查学生的参与程度，而评价时要在模拟真实的场景中进行，以便得到更加可靠的评价结果。在教学操作环节，教师依然不知在不同学段如何侧重。《标准（2011年版）》在口语交际评价方面就更加具体化了，相比2001年课标只在大体上规定了评价内容，《标准（2011年版）》则更加详细，还在评价水平的基本项目上做出了明确规定，使口语交际教学更有针对性和可操作性。规定评价口语交际能力要分学段考查，以便随时了解学生的情况。"第一学段主要评价学生口语交际的态度和习惯，重在鼓励学生自信的表达。""第二、第三学段主要评价学生日常口语交际的基本能力，学会倾听、表达和交流。""第四学段通过多种评价方式，促进学生根据不同的对象和内容，文明的进行人际沟通和社会交往……"[①]可以看出，上述规定明确了教师在口语交际教学中的目的和教学方向，三年级以下的学生要培养其参与口语交际的兴趣，三年级到六年级则培养学生的口语交际基本能力，初中则是通过多种多样的评价方式，并结合学生在日常生活和学习活动中的表现进行评价，否则都是违背教育教学规律的。

四、国外口语交际教学的取向

如今听说教学是教育的重要方面，国际上大多数国家都很重视学生口语

---

① 中华人民共和国教育部. 义务教育语文课程标准（2011年版）[S]. 北京：北京师范大学出版社，2012：31.

交际能力的培养。有些欧美国家已经把语言教学分为听、说、读、写四个方面，并且重点是培养学生的口语交际能力，以便学生将来适应时代的发展。在口语交际教学中，他们不仅仅传授给学生交际的相关技巧和基本知识，还鼓励学生多发表自己的意见，甚至还会利用科技手段帮助学生提高自己的口语交际能力，以达到预期的交际效果。在日本的口语交际培养中，说和听是两个重点，其中又特别强调培养学生的交际能力，还在语言的选择和文体的运用上有具体的要求。韩国的课程标准要求学生重视沟通的能力，在实际的口语交际中不要固执已见，要相互理解和包容，以达到有效沟通的目的。

有目共睹，我国的口语交际教学取得了一定的成绩，在口语交际的内容、理念、方式方法和评价标准等方面都有了明显的进步。但是各方面还处于起步阶段。"教什么"、"怎么教"、"怎样评价效果的达成"这一直是当前口语交际教学最大的瓶颈，因此要善于借鉴国外在口语交际教学方面的先进经验和优秀做法，不断扩展和丰富口语交际教学的资源，探索和研究各式各样的教学方式，客观准确地对个体的口语交际做出评价，提升学生的口语交际能力。

第二节 口语交际教学的现状与对策

口语交际是社会生活中最常用的交流手段，其地位在信息高速传播、分工日益精细、竭力追求成效的现代社会，也显得越来越重要，因此人们对口语交际的能力更加重视，努力使自己具有准确、敏捷、有效的口语交际能力。当前的中小学语文教学突出了口语交际教学的地位，明确规定要在课堂教学中提升学生的口语交际能力，以便学生将来适应社会的发展。

一、口语交际教学的现状

纵观我们的语文教材发现，口语交际教学并没有单独成章，没有把口语交际与阅读、写作等并重。例如，人教版高中语文教科书，"阅读鉴赏"是这套教科书的重中之重，占据着大部分篇幅，可是"口语交际"教学在整套书中仅仅安排几次活动，并无实质性的内容。此外，这套实验教科书还有15册选修课本，但是只有《演讲与辩论》这本书中有口语交际教学的内容，但是不涉及正常的口语交际，而其他选修课本主要是关于小说、散文、电影等阅读性课本。教科书上的不重视，就使得教师把口语交际当作在综合性学习中的某个部分而已，慢慢忽略它，从而使其在教学领域的地位逐步落后于其他领域了。当然，口语交际教学内容的安排在小学和初中语文教材中的安排也不多，实际教学中也没有得到有效落实。

另外，在中国的应试教育中，在考试中一决高下的还是笔试。因此，教师、学生更多关注的还是分数而非其他，只要求学生会读、会写就行。这样做只会让课堂变成教师的一言堂，学生在课堂上不与老师交流，老师也只是程式性地提出一些简单的问题，这对提高学生的口语交际水平无太大作用。同时，还会使学生留下口语交际不重要的印象，只会关注读写能力的提升，而不去在意自己的口语表达与交流。

再者，在教师看来，随着互联网的普及，社交软件的灵活使用，他们大都习惯地认为现在的学生，特别是城市的学生接受能力强，"说话"能力自然也很强。有时候教师还说不过学生，这时有的教师就觉得现在学生的口语比老师还好，利用网络等工具学生就可自己学习，而不必利用课堂时间，也不用专门教他们口语交际的技巧和策略了。这些观念最终导致口语交际教学可有可无的局面出现了，又谈何教学效果呢？

二、口语交际教学的具体策略

目前，口语交际教学的效果不理想，笔者认为要想发挥其在语文教学中的独特魅力，应采取以下策略予以解决。

（一）提高口语交际教材的独立性地位

最新教材中关于口语交际的内容增加了对话和模拟情境。这样的教材能教会学生在不同的场合进行合适的口语交际，锻炼他们的应变能力，从而达到最终提升口语交际水平的目的。这无疑是口语交际教学教材编排的一大进步。但是，不可否认的是，在教材的安排上，口语交际的安排不甚合理，没有按照新课标的规定来编排，没有凸显出口语交际的独立性地位，还是和以往一样只重视识字、阅读和写作。还有在"梳理探究"活动中也涉及了口语交际的内容，但是这只是稍微提及了口语交际，其并不是主要内容，起的只是辅助作用。

强调口语交际的独立性并不是一味地推崇口语交际，毕竟学生要全面发展，但是，在教材编排上，我们应该大大增加口语交际教学的比重，以便引起师生的高度重视。如果在教材中口语交际教学和阅读的内容量一样大，教师、学生自然而然就对此宠爱有加了。

（二）树立口语交际新观念

首先要重视口语交际的作用和功效。现代社会的高社交化，要求人们学会文明社会的交际用语，把话说得使人愿听、使人爱听；现代社会的高效率化，要求人们讲话清晰、简捷、易懂；现代社会高信息化，要求人们无论说话和听话都要思维敏捷、针对性强、语脉清晰、语言鲜明。[①] 现代人才的概念认为口才是一个人成功的重要因素。正如戴尔·卡耐基所言：成功的主要因素在于人际关系和处世技巧，在这其中"口语交际"又是主要因素。所以，今后教育的发展一定要把口语交际教学作为重点，用长远的眼光来规划教育，从而达到培养人才的目的。

其次，要意识到"会说话"不是口语交际教学的唯一目的。要分清楚"口语交际"与"说话"两者之间的不同，"口语交际"更加讲究艺术和技巧，而"说话"则更加具有随意性并侧重日常生活。而事实表明，交际并不只是能说会道就成，这只能说明能交际，而不代表成功。当下学生的交际素养不高，问题很多，例如，交际中态度不端、没有礼貌、交际话题粗俗鄙陋、网络用语无节制等，教师应予以重视，将新课标中的"培养学生倾听、表达和应对的能力，使学生具有文明和谐地进行人际交流的素养"作为教学的目标，高效开展口语交际课，提高学生的交流、表达与应对的能力。

（三）提高教师口语交际教学的理论素养

教师没有丰富的理论基础是不可能正确有效地指导学生的，所以在口语交际教学中才会出现诸多问题。正如李子华所说："基于现代社会的口语交际

---

① 李子华. 现代化视阈中口语交际教学的理论依托 [J]. 中学语文（教学大参考），2007，（7—8）：7.

教学指导理论的缺乏，导致口语交际教学一直处于无序和低效的状态。"[①]从理论上说，口语交际是一个包罗万象的学科，这不是我们日常所说的聊天说话，而是有着内在的逻辑。例如，如何把话说得得体、适中，让人感觉到舒服，也让人觉得说话人有素养，这就需要口语交际的技巧和策略，当然也要平时积累生活常识和礼仪方面的知识；想要把话说得妙趣横生，就要有比较深厚的文化底蕴和幽默情怀；同时，口语交际教学不是一个单一的学科，本身就和教育学、心理学等学科有着密不可分的联系，因此丰富和发展口语交际的基础理念也是任重道远的。目前，在口语交际教学理论缺失的情况下，教师很难做好口语交际教学的工作，这是客观条件所决定的，即使有些教师主观上很积极地开展此项工作，但是如果没有有效的理论和方法做指导，起到的作用也是有限的，这也使得学生很难很真正地提高口语交际的水平。在上述情况下，我们的教师只有提高了口语交际的理论素养，才能使教学实践收到预期的成果。

口语交际教学是一门沟通的艺术，为的是让学生能够与他人进行正常的交流，在此基础上再让学生学到说话的艺术。为达到此目的，师生双方都要有效的参与，教师要有良好的理论修养和持久的耐心，而学生则要努力参与活动，并保持积极乐观的心态，两者配合才能教学相长。

笔者认为，要想彻底解决教师口语交际理论素养缺失的问题，首先应该加强师范生及准教师有关口语交际理论的培养，从源头上提升他们的口语交际素养。高师院校应该重视口语交际课程的开设，将口语交际课程拓展为必修课和公共必修课。其次，还应加强在职教师的口语交际理论与实践的培训。例如，可以通过参加国培计划、磨课、慕课等多种途径来学习提升。

（四）注重口语测评，建立一套科学的评价制度

科学有效的测验机制是可以在一定程度上反映出学生的学习成果的，也能帮助他们发现不足，提高自己。基于此，笔者认为在口语交际教学中也要有一个科学合理的考察机制来检验学生的学习成果，这样做的原因有两点：第一，教师在教学过程中能够掌握学生的话语流畅程度以及条理清晰、

---

① 李子华. 现代化视阈中口语交际教学的理论依托 [J]. 中学语文（教学大参考），2007，（7—8）：7.

反应敏捷等方面的能力，从而更好地有针对性地指导学生，真正提高他们的口语交际水平；另外，通过测试还能够在一定程度上锻炼学生的心理素质。第二，受应试教育的影响，学生认为不考的东西就不重要或者认为可以先放放，以后再学，这样有意无意地忽视了口语交际教学。所以如果口语交际教学也有一套测评机制，那么就会引起学生的重视，也会引起学校和家长的关注，从而使口语交际教学不再边缘化。当然，这样的方法不是根本之法，考试只是一个检测学生的手段，最为重要的还是要引发学生的兴趣，让口语交际成为一门受学生欢迎的领域或课程，唯有此，才能更好地提高学生的口语交际能力。

第三节　网络环境下口语交际教学指导策略

在信息化社会中，网络环境下的口语交际教学是指师生借助和利用如多媒体、网络等现代信息技术来进行口语交际教学，以达到教学的最终目的。但是，网络环境下口语交际教学还比较混乱，存在不少问题，我们要有条有理地规划好，加强指导，引导学生合理利用网络来提高自己的口语交际水平。

一、网络口语交际教学的优势和弊端

从实施的情况来看，网络技术为口语交际教学提供了丰富的知识储备和话题视角，使得教学形式更加丰富多彩、更具互动性、具有更开放的发展前景。

（一）网络为口语交际教学提供海量的教育教学资源

在网络环境下，只要学生按要求连上指定的网络，那么他们就能在网络数据库中按自己的需求筛选查找资料。互联网技术是利用网络把各个区域或世界的计算机联系起来，在开放的网络环境下，实现最大范围的资源共享，这也为我们开展口语交际教学提供了很大的方便。

（二）网络环境下的口语交际教学更利于互动和交流

开放性和互动性是互联网的两大特性，它革新了人们传统的人际交往方

式。同时在这个紧密联系的网络中，信息资源的传递和处理非常迅速，随意的两个终端都可以联系，这一点是口语交际教学所需要的。与其他教学方式相比，在网络上进行口语交际教学更加方便，信息传播更加快捷，更有利于口语交际教学的顺利实施。学生可以借助互联网，在网络的世界里和来自远方的甚至是全球各地的人进行沟通交流，在如此真实的人际交往活动中训练和提高自己的口语交际能力。

（三）网络口语交际的渠道和方法多样化

现今，网络口语交际教学实施的平台有很多，它的出现有利于口语交际教学的开展，也是传统教学方式的补充。传统口语交际教学的方式很有限。古代时期，教师和学生仅仅采用最简单、最古老的形式在课堂上进行口语交际训练，通常是师问生答或者是把学生编成小组进行讨论等；近现代以来，除了采用讨论和提问等形式，语文教师仅仅是简单地增添了录音和播放广播等教学形式。口语交际教学通过多媒体技术增添了图片和视频等，然而这些方式也没有从根本上打破口语交际教学方式的时空局限。互联网技术的快速发展，尤其是即时通信方式的出现，拓宽了口语交际教学渠道和方法，为学生实践口语交际提供了良好的平台。比如，在各式各样的网络论坛里，学生可以通过留言和发帖加入讨论中，学会如何理解他人的话语、学会如何组织自己的语言；在视频或者语音通话中，学生可以更好地训练自己在陌生人面前的语言表达能力等。而这些方法是传统教学手段所不具备的，它为口语交际教学提供了极其广阔的平台。

当然，在网络口语交际教学过程中，还出现了网络交际语言的粗俗、教学目标的游离、教学内容的散漫、教学方法的随意、教学评价和检测措施的不力等诸多弊端，这些也无形中影响了学生口语交际交流的效果。

二、网络口语交际教学指导的基本原则

（一）明确教师的指导任务

教师在口语交际教学中是为学生服务的，所以必须有较为专业的基本理论知识，从而正确指导学生进行口语交际。海姆斯在乔姆斯基的"语言能力"基础上提出了交际能力理论，主要包括分析某个语言形式是否正确，分

析某个语言形式在特定场合是否合适，分析某个语言形式是否可行，分析某个语言形式是否正在使用等四个方面。海姆斯认为交际能力就是要准确地使用语言，比如，说与不说、在特定场合使用得体的语言等。实施口语交际教学的重要方面就是口语交际教学课程的安排。书面语和口语都属于语言的范畴，都是人们交流的工具，但是口语比书面语更随意，所以在口语交际的课程安排上要更加注意。随着社会生活的快速发展，信息传递的速度日益加快，我们的口语交际不仅需要效率，更需要精准。车尔尼雪夫斯基说："思绪不清，则言语不清。表达上的不确切和含糊，只说明思维的混乱。"因此缜密严谨的思维训练有利于口语交际水平的提高，有利于提升学生的思考判断能力，我们要以此为目标来对口语交际教学实施有效的指导。

（二）以培养学生口语交际学习的兴趣为出发点

兴趣是最好的老师。心理学研究证明，新奇的事物能够极大地引发人们的兴趣，在兴趣的推动下，人们的行动常常可以收到更好的效果。例如，教师可以在网上就某一问题进行即时讨论，把不同地区甚至不同国家的学生拉到一起来发表意见；再有网络资源的形式，学生在教师的组织下，可以搜索自己感兴趣的人物的相关视频，看过之后实时发表自己的感受，等等。通过这些形式，使学生愿意参与到口语交际课堂中，从而锻炼和提升学生的口语交际能力。

（三）构建多种模式的课堂环境

网络环境下的口语交际教学受到硬件设施和外界因素等的影响，学生无法完全依靠口语交际教学的优势来充分锻炼自己的口语交际能力。因此很有必要构建网络环境下多种模式的课堂环境。须考虑以下问题：第一，硬件设备的影响。网络口语交际教学，一些辅助性工作如查资料、传输视频等都需要通过网络来进行。而且网上师生面对面教学，这在视听上都会给学生带来全新体验，从而使学生获得学习的快乐和动力。第二，教室座位的安排。在教学口语交际时，学生在传统的座位形式环境下身体不能自由舒展，这样会阻碍学生借助身体来表达自己，也就会导致语言在某种时候是无法完成自我表达的。网络环境下，如果把座椅摆放成"U"字形，再以此让学生分组讨论，这样能有效地减少座椅对教学的影响，从而提高口语交际教学的效率。

（四）锻炼学生口语交际过程中的思维能力

思维能力是人类智力的核心，而良好的思维能力是口语交际修养的前提。口语交际作为一种交际活动，对参与者的心理素质有着较高的要求。我们会在真实的交际活动中发现，有些人与其他人交流时很平静，有些人却会出现或多或少的恐慌。这样的情况，在很大程度上，不是知识与智力的区别，而是思维能力的差异。在网络环境下，由于信息传播速度快，传播内容多，学生有了更高的思维能力才能使他们快速准确地理解他人的意思，更好地表达自己的看法、表达自己的感情。

（五）注重口语交际教学评价体系的构建

在现代社会中，拥有高水平的口语交际能力才能更好地自我表达，这要求学生平时都要努力提高自己的交际水平。调查发现，教师对学生在学校中的交际能力有所关心，但是对学生在网络环境中的口语交际能力考查欠缺，这不利于网络口语交际教学的实施。教师应该定期检查学生对网络口语交际参与程度和表现情况，同时还要留心学生在网络环境下与人交流所采用的方式方法，观察他们在网络交往中是否的文明，如果出现不良和不文明习惯，要及时纠正。此外，教师还要利用网络手段，建构网络环境下的口语交际能力的考查体系。目前，在网络上进行的语文考试已近有了成功的经验，这样的测试相比以往的考试形式更加简便快捷。此外，在口语交际教学中也有类似的成功，比如，在网络上办演讲比赛、辩论赛等，这些方式都能反映出网络环境下是可以很好地开展口语交际教学及评价的，我们的教师可以更高效地利用时间和空间，实施口语交际教学的评估工作，达到检验学生能力的目的。

三、网络环境下口语交际教学指导的具体形式

（一）互动性口语交际

互动性口语交际是指利用互网络技术和交互性软件建立人与人之间联系的口语交际形式。在口语交际教学中，教师应该指导学生利用网络平台对口语交际所学习的内容进行运用和实践，并且在与外界交流时流畅的表达自己的观点，来达到对口语交际内容的进一步实践。指导学生借助网络查资料，编辑，制作个人交流网站，展示交流结果。教师可以采用网上在线交流的方

法，给学生的交流结果加以肯定和必要的批评指正。

（二）随意性网络口语交际

又称消遣性口语交际或欣赏性口语交际。这种口语交际形式比较适合未真正接触到网络环境下的口语交际的学习者，通过鼓励学习者敢于接触它、利用它，激发他们对网络口语交际的学习兴趣，并能进一步掌握其基本技巧和技能，提高交际能力。

（三）拓展性网络口语交际

又称延伸性口语交际。教师根据所上的口语交际课程或内容，制定口语交际计划和方向，引导学生在网络上与外界交流，把课内和课外串联起来，从而使学生处在一个更为开阔的天地。

由上可知，由于网络传播的便捷与开放，各类丰富的教学资源都可以取而用之，网络教学的形式也更加多种多样，这也极大地丰富了口语交际课的形式和内容。网络环境下的口语交际是一种新事物，它正在蓬勃发展中，它不仅为学生提供了学习的便利，而且还很好地锻炼了学生的沟通交流能力。当然，由于中小学生各个方面还不够成熟，对他们也产生了一定的负面影响。因此，作为新时期的语文教师，要责无旁贷地加大对学生网络环境下口语交际的指导力度。唯有此，才能够更好地利用好网络的优势，来提高学生的口语交际的能力，从而实现口语交际教学的目标。

第四节 案例分析

一、案例呈现

《我该怎么办》课堂实录[①]

（人教版小学语文教科书第四册 执教：易菊宝）

（一）三言两语说图意

师：同学们，在日常生活中我们会遇到许许多多的困难，这不，有一个

---

① 口语交际课《我该怎么办》课堂实录与点评 [DB/OL]. http://m.diyifanwen.com/jiaoan/yuwenjiaoxuefansi/0812260453047342743-2.htm.

小男孩就遇到了一件难办的事，让我们一起去看看他遇上了什么事？（课件出示）

师：小男孩遇上了什么事？

生：小男孩找不到妈妈了。

生：小男孩和妈妈走散了，他不知道妈妈上哪儿去了。

师：这两个同学观察得很认真，一下子就说出了小男孩遇到了什么事，如果能把事情发生的时间、地点也说出来，那就更清楚。再仔细看看图，谁能来完整地说说？

生：有一天，小男孩和妈妈到公园玩，不小心和妈妈走散了，他不知道妈妈到哪儿去。

师：他说得怎么样？

生：我觉得他说得很清楚，很完整。

师：他把什么说清楚了，你能说具体些吗？

生：他能说出事情发生的时间、地点、还有发生了什么事。

师：你听得真仔细呀！谁也想说？

生：夏天的一个中午，小男孩和妈妈到公园玩，走着走着，小男孩看到有个阿姨在卖冰棒，他马上跑过去，等他再回去找妈妈，不知道妈妈上哪儿去了。

师：你真棒！不仅能把话说清楚，还说得很具体。

（二）各抒己见议办法

师：小男孩找不到妈妈，他心里该有多着急呀，他想："妈妈上哪儿去了，我该怎么办呢？"（板书）这就是我们这节口语交际课的话题：我该怎么办。大家都来帮他想想办法，好吗？（课件出示）

师：你们真是乐于助人的好孩子！现在，请同学们想想有什么好办法，与小组的同学说一说，说的时候要把话讲清楚，让人听明白。小组内的同学要认真听，评一评谁说得好，谁想的办法好。

生：小组讨论。

师：大家在小组里都能畅所欲言，做得真好。下面，谁先来说？同学在汇报时，大家要认真听，听听他是否把话说清楚、说完整？

生：站在原地等。（板书"原地等"）

师：谁来评一评他说得怎么样？

生：他的声音很响亮，如果能把话说完整，那就更好了。

师：那要怎么说呢？

生：他可以这样说："我认为小男孩可以站在原地等妈妈。"

师：你真会评。老师相信你这一提醒，他一定能说得更好。你再来说说，好吗？

生：我觉得小男孩可以站在原地等妈妈。

师：有进步！其他同学还有什么好办法？

生：小男孩不要害怕，他可以去找警察叔叔帮忙。（板书：找警察）

生：我认为他可以借电话打给他妈妈。（板书：打电话）

生：小男孩可以用公园里的广播找妈妈，妈妈听到广播后就知道到哪儿找他了。（板书：用广播）

生：我觉得小男孩可以自己走回家，再打电话给他妈妈。

生：我的看法是小男孩可以在公园门口等他的妈妈。

生：我想小男孩可以自己去找，他跟妈妈在哪儿走散，就到哪儿找。如果这样不行，再找公园里的保安帮忙。

生：如果他妈妈有骑车，他可以站在车旁等妈妈，或打电话给他。

师：同学们真会想办法，刚才这些同学说得怎么样？

生：我觉得他们说得很清楚。

师：那么，这么多的办法，你觉得哪一种比较合适？为什么？请同学们在小组内互相说一说。

师：谁愿意来说一说？

生1：我觉得可以用公园里的广播，妈妈听到广播就会去接他。

师：其他同学有不同的看法吗？有不同看法的同学你可以直接站起来说，但要注意文明礼貌。你只要听到有人在说了，你就先坐下听他把话说完你再说。

生2：如果公园里没有广播，那该怎么办？

师：是啊，如果公园里有广播那就太好了，如果没有广播，那我们就得想别的办法，有别的办法吗？

生1：他可以去找警察。

师：为什么？

生1：因为警察叔叔最爱帮助有困难的人，所以他一定可以帮小男孩找到妈妈。

生2：这里是公园又不是大街，小男孩要上哪儿找警察呢？

师：是啊，有可能出现这样的情况，如果公园里找不到警察叔叔，那怎么办？

生1：我觉得小男孩应该在原地等妈妈。因为妈妈一定会去找他。

生2：我不同意你的看法。如果他等到天黑了，妈妈还没来接他，那怎么办？

生1：小男孩是妈妈的宝贝儿子，妈妈没有找到他是不可能离开公园的。所以他只要在原地等他妈妈。

生2：他和妈妈走散了，妈妈怎么会知道他在哪里等他呢？

生1：你想一下，他妈妈是大人了，他只要顺着他们原来走过的路找，准能找到。

师：让我们为他们精彩的辩论鼓掌。如果他妈妈顺着原来走过的路去找，那么站在原地等还是比较合适的。可是，如果他妈妈没有顺着原路去找，那有其他办法吗？

生1：我觉得打电话这个办法最好。

生2：如果妈妈没带手机或手机没电那该怎么办？

生3：可以打给他的爸爸呀！

生4：如果小男孩一时紧张，记不起他爸爸的电话号码，或者记错了，那该怎么办？

生3：那我这个办法就不行了。   ·

生：你别灰心，你可以去试一试，如果不行还可以想别的办法，还有什么好办法？

生1：他自己走回家。自己独立解决，不用麻烦别人这多好。

生2：从图上可以看出小男孩只有五六岁，那么小，如果在回家的路上又迷路了，那不是更糟了吗？

生1：那可以再想其他的办法。

师：是啊，一种办法不行可以再想其他办法。刚才，同学们说得真精彩。看来，哪一种办法最合适，要根据当时的实际情况而定，以后如果同学们遇到类似的情况，可以开动脑筋想办法，然后灵活运用各种方法来解决问题。（板书：开动脑筋，灵活运用）

（三）创设情境促互动

师：在生活中，你们遇到过哪些难办的事，是怎么办的？先想一想，再用自己喜欢的方式在小组内里交流，（比如可以讨论，可以模拟记者采访，可以表演等）然后推选代表来汇报。（课件出示）

师：大家积极参与的精神，老师很欣赏！下面，哪组先来汇报？

师：你们小组想用什么方式来汇报？

生：我想直接说说我们遇到的难办的事。那就是考试时，有的同学老是要抄别人的答案，如果你不让他抄，他过后就不理你，甚至还说一些难听的话。可是如果让他抄，不就是害了他吗？是让他抄还是不让他抄呢？我们小组经过讨论，认为为了他好，还是不要让他抄。过后，再跟他解释。

师：你觉得自己说得怎么样？（很好）

师：老师很喜欢有自信心的孩子。你们觉得他说得怎么样？

生：我觉得他能把难办的事和怎么办的说清楚。

生：我觉得他们做得对，如果他们能帮助那个同学把不懂的问题弄懂，那就更好了。

师：你们真会帮助同学。哪一小组的同学再来汇报？想用什么方式来汇报？

生：我们想用表演的方式来汇报。我们要给大家演的是：陌生人敲门。

陌生人：请问有人在家吗？

生：请问你找谁？

陌生人：你好，小朋友，你爸爸在家吗？

生：叔叔，我爸不在。

陌生人：他什么时候回来呢？

生：我不清楚，要不，我帮你打个电话问问吧！

陌生人：好的，谢谢！

生：对不起，叔叔，我爸的电话打不通。

陌生人：没关系。

生：要不，你把你的电话号码告诉我，我爸回来，我叫他给您打电话，行吗？

陌生人：小朋友太谢谢你了，我的电话是3315666。

生：好，我记下了。叔叔再见！

陌生人：小朋友，再见！

师：你们俩觉得对方表现得怎么样？

生：我觉得他表现得非常好。

生：谢谢你的夸奖，我觉得你也说得不错。

师：你们都懂得欣赏别人，真不错！他们哪里做得特别好？

生：他们很有礼貌，而且很认真听对方说话。

生：我觉得他把话说得很清楚。

生：我觉得他很聪明，懂得保护自己，不随便让陌生人进屋。我很佩服他。

师：同学们真会评！哪个小组是用记者采访的方式来交流的？

以下是模拟记者采访，一个同学当记者，小组内的其他同学接受采访。

（略）

（四）拓展延伸说开去

在生活中，假如你遇到比这更大的困难，你该怎么办？请同学们回去利用课外时间想一想，跟你的好朋友说一说。

二、案例评析

通读易菊宝老师的《我该怎么办》这节口语交际课的实录，感觉易老师这节课的教学设计体现了新课程教学理念、课程目标的要求、口语交际的特点以及教师的主导作用等内容，在多维对话中不断扩大交际范围，提高了学生的口语交际能力。

（一）以新课程教学理念为抓手，层层展开课堂教学

新课程确立了"以生为本"的教学理念，"全面提高学生的语文素养"，"积极倡导自主、合作、探究的学习方式"，"正确把握语文教育的特点"语文教学过程中凸现"工具性与人文性统一的特点"等。易老师这节课是基于新课程教学理念出发，展开的精彩的课堂教学。在"各抒己见议办法"环节，还不忘对学生进行情感价值观的教育，比如"其他同学有不同的看法吗？有不同看法的同学你可以直接站起来说，但要注意文明礼貌。你只要听到有人在说了，你就先坐下听他把话说完你再说"。课堂中，学生的自主发言、合作探究、拓展实践始终不离自身的情感体验，都是基于对语言文字的品悟和理解来展开，处处体现了"学生是学习的主人"这一核心理念。

（二）紧扣课程目标，创设交际情景

2011年课程总体目标："具有日常口语交际的基本能力，学会倾听、表达与交流，初步学会运用口头语言文明地进行人际沟通和社会交往。"易老师的教学流程涵盖了知识与能力、过程与方法、情感态度与价值观三个纬度的目标设计，很好地体现了口语交际总目标的要求。整个课堂通过看图说意图、七嘴八舌想办法、创设交际情景三个环节，让学生积极活跃地参与口语交际活动中，较好地锻炼了学生的倾听、表达与交流的能力。同时，在小组讨论中也锻炼了学生的人际共同交往与合作的能力。

（三）凸现口语交际的情景性、交际性和实践性的特点

易老师的课不是简单的说教，而是如行云流水，不露痕迹地对学生进行着口语交际的训练。易老师不是就课题《我该怎么办》解图之后简单进行出主意想办法的交流讨论，而是很自然地创设出生活中遇到的此类情境进行交流对话。比如："在生活中，你们遇到过哪些难办的事，是怎么办的？"由教材拓展到生活，丰富了交际内容，扩大了教学的容量，同时，在交际过程中培养学生处事的能力和应对意外情况的能力。

这节课还特别注意学生的互动交流。通过同座互说、直接发言、小组讨论、模拟记者、表演陌生人敲门等方式，不断扩大交际范围，逐步深入，渐渐进入自然交际状态，回归自然。在整个过程中，发展了学生的语言和

思维。

一节好的课不只是表现在课堂上如何热闹和有效，还要看能否引领学生在现实生活中实践运用这些知识和方法。在这一点上，易老师的课后作业设计得就很有创意。"在生活中，假如你遇到比这更大的困难，你该怎么办？请同学们回去利用课外时间想一想，跟你的好朋友说一说。"这样的作业使学生由课堂学习拓展到课外实践，在实践中达到了"学以致用"，锻炼口语交际能力的目的。

（四）教师的主导作用在学生活动中得以完美的实现

学生是交际的主体，但老师也不只是一个旁观者。一节口语交际课能否顺利展开，能否取得实效，同样离不开教师的引导。新课标指出，教师在教学过程中应具有"指导、引领和点拨的作用"，而不是放羊式的组织教学活动。在交际过程中，教师应自然地介入，用自己的话语进行引导，起着穿针引线、搭桥铺路的作用。这节课易老师就很好地定位了自己的角色。上课伊始，老师先让学生就图说事，而后让学生具体说出小男孩找妈妈的办法，再接着引导学生说清楚这么做的原因。通过组内指导、以评促说、核心词板书、模拟生活场景等方法，最终实现由浅入深交际训练的目的。

但是，这节课还存在一些值得商榷的地方。比如：应该充分考虑不同学生之间的关系，根据学生的兴趣和爱好，自由分组（6人以上）讨论，而不是机械分组，且要少一些同座互动交流，要扩大不同学生自由组合分组交流的范围。教师的评价还应该更具体一些。比如"表演陌生人敲门"的同学，表演的目的、内容、形式、办法等方面都应该给予具体的评价。另外，既然是口语交际课，教师的交际语言如果能再优美一些，或许会给学生带了更多地模仿优美语言的机会，这样更能激起学生参与口语交际交流的兴趣和愿望。

第七章　语文学习

认知教学理论背景下，学生的学习方式主要是接受式学习。在学习过程中，学生没有独立的尊严和人格。20世纪末期以来，随着社会的变革和教育的发展，人本主义和建构主义等教学理论对我国的教育领域产生了广泛影响，致使人们的教育观念发生了重大变化。教师高高在上的教学主宰地位被彻底打破，学生逐渐成为学习的主体和主人，学习方式由接受式向自主、合作、探究式转变。新课改下的语文学习取得了显著的效果，网络环境下的语文学习也得以广泛开展。但一些教师在对新的学习方式的理解和操作上还存在不少误区，致使学生的实际学习效果不甚理想。如何促进学生高效的学习，是本章关注的核心问题。

第一节　语文学习改革新动向

历年来的语文学科改革，都以难度大、争议多著称、并且它的意义十分深远，社会响应也相当强烈。研究21世纪的语文教学，就是要在新文化氛围中展开，发扬学科教学精神和人文主义情怀。在这个不断变革的时代里，语文学习的理念、思维、方式以及程序都饱经着颠覆与重建的深层检测和历史拷问。《义务教育语文课程标准（2011年版）》〔以下简称《课标（2011年版）》〕为我们提供了指导思想，使新课改更具有可操作性。与《义务教育语文课程标准（实验稿）》〔以下简称《课标（实验稿）》〕相比，语文学习改革呈现出一些新的动向。

一、挖掘语文魅力，培养语文素养

与《课标（实验稿）》不同的是，《课标（2011年版）》在强化语文素养方面提出了更新的要求。语文课程不仅要培养学生的文学情操和审美情怀，更要提高学生的道德文化素养，促使学生形成健康的人格。学生在学习语文基础知识的过程中，不仅应该重视情感体验和情感表达，还应该重视优秀文化的学习和传承，掌握人类的知识、学习民族精神，增强对传统文化的认同感。学生除了课堂学习之外，还应该进行课外的开放性阅读，从中获取丰富的语文素养；同时还要进行表达和交流，这是学生语文素养的表现所在。学生通过写作发展个性创造的思维方式，从而全面提高语文素养。

以小学生学习童话故事为例，学生会对感兴趣的人物和故事情节有独特的感受或者想法，并且能够和同伴分享交流。这既是一种对语言能力的训练，也是学生养成良好个人素养的过程。学生的情感知识、审美情趣、文化底蕴、鉴赏能力等方面便开始打下基础。

二、以人为本，转变学习方式

转变学习方式对于课改来说尤为重要。这就要求要想突破传统理念，必须坚持"以生为本"，加强学生的主人翁意识。从前教师多使用"填鸭式"的讲解方式，易造成学生学习兴趣和积极性的降低，甚至和教师对立，并且在学完相关课程之后，往往仍无法解决实际问题。而新课改提倡新的学习方式，主要体现在三个方面：一是自主，学生能够积极主动地学习语文知识，对所学知识有自己的计划和目标，能够独立思考和吸收课堂知识。二是合作，要求学生之间要多进行交流，分享各自的思考结果，碰撞出新的火花，达到共赢效果。三是探究，倡导学生要深挖知识内在的联系，能够举一反三、触类旁通。新的学习方式有益于学生的学习与发展，有利于创造性人才的培养。

有位特级教师在讲述九年级课文《威尼斯商人》一课时，采用师生互动、合作交流、引导探究的方式教学，充分体现了学生的主体地位。该课文作为戏剧节选部分，内容较多，情节较复杂。课堂上，教师要求学生在10分钟内整体感知课文，再用自己的话复述课文，回答以下三个问题：

1. 在威尼斯的法庭上，发生了什么事情？

2. 事情的核心是什么，参与这件事的主要人物有哪些？

3. 各个人物之间又有什么关系？

学生思考后，进入小组讨论阶段，各组同学将讨论结果向大家展示，然后以辩论形式探讨各自不同的观点，最终教师来点评、总结学生的发言，最终确立一个正确答案，并抛出更深层的问题让学生课下进行思考讨论。

在赏析人物语言和形象的时候，教师采用以下方法：

1. 抓住戏剧语言典型化的特点，引导学生赏析戏剧人物形象（小组讨论，回答以下几个问题）。

（1）夏洛克对安东尼奥按约处罚这件事，先后的态度有什么变化？

（2）夏洛克对金钱的态度自始至终是怎样的？

（3）从以上两点可以看出，夏洛克是怎样的一个人？

2. 抓住戏剧语言个性化的特点，引导学生赏析戏剧人物形象。

3. 抓住戏剧语言的深层内涵，引导学生赏析戏剧人物形象。

此环节采用讨论法，让学生本身去当主人翁，投入课文研究，变被动为主动，形成良好的思考习惯。随后再进行讨论和探究，学生对课文已经有了较深入的理解，即可达到更好的学习效果。

三、学以致用，语文与生活密切结合

语文包容了丰富多彩的生活，并成为生活的工具，生活填充了浩瀚无垠的语文，也是语文的来源和内容。一堂好的语文课不是教师教了什么，而是学生学了什么。就像我们教师在制定教学目标时，总是以要学生为主体，不能说"使学生……"而要说"学生能够……"教学目标的制定要立足于教学的实践性，使学生在课堂上学到真正对生活有用的知识，使学生感受到自己的知识、能力、情感都在慢慢发生一点一滴的变化。

多年来，语文学习中一直重视"双基教学"，如今在夯实基础的同时，还应加强学生创新实践能力的培养。为此，《课标（2011年版）》特别强调创新实践，赋予语文学习更加鲜活的生命力。将语文学习的外延与生活的外延相结合，使得语文学习多姿多彩，更具有现实意义，让学生在广阔的生活空间中感悟语文、学习语文。

新的课程理念就是要带领学生走出课堂、亲近生活，延展学习的界限，发掘更多的学习宝藏，以探究式的学习方法来寻找语文，并运用知识体验生活，感知语文。学生的语文学习必须与实践活动相结合，在活动中，充分发挥学生的质疑精神和创新精神，激发他们学习的兴趣和信心，使其在思考与行动中收获语文体验，塑造文学情趣。《课标（2011年版）》在关于口语交际的学段要求中强调，要能根据对象和场合作简单的发言，要能讲述见闻，内容具体，语言生动。关于写作目标，课标强调学生要有观察生活的能力。处处留心皆学问，在生活中要善于观察，多留意身边发生的事情并与语文学习结合起来，这样很容易就能够完成素材的积累。而更能体现语文学习与实际生活紧密联系的就是综合性学习。在学习过程中，学生能够获取相对独立的思考空间，有自由学习和交流的机会，对感兴趣的话题可以进行充分探究，师生之间的讨论也能起到教学相长的作用。

以中学生为例，他们在以往的生活中已经累积了一定的经验和感受，对事物的认识有了自己的价值观，因此在学习新文本时可以与文中的具体形象做关联，利用知识的迁移，深刻体会文中的内涵。例如，七年级的课文《走一步，再走一步》中学习"爬悬崖"这一部分可以使用情景再现法，组织学生进行模拟表演。学生蒙住眼睛，站在桌子边缘，想象自己孤身一人在悬崖边上，感受那种瑟瑟发抖又无比纠结的内心活动。通过亲身体验、还原情景的方式加深学生对作者情感的体会，能感同身受地理解"先走一小步，再走一小步"的科学方法。因为文学源于生活，又高于生活，因此学生通过边读书边想象，边想象边模拟的方法可以更好地理解本文的主旨。这种创设情境，模拟表演的学习方式可以将语文学习和学生的经验相串联，学以致用，学用结合，实现从课堂走向生活，走向社会实践的飞跃。这既是对知识的巩固和应用，又能加深对文本语言的理解，使学生知、情、意、行有一个全面的发展。

四、与时俱进，迸发语文学习新潮

随着新课改的不断深入，无论是学习内容、还是学习的形式都有了全新的转变。从学习内容来说，学科与学科之间的联系更加紧密，衔接梯度安排更加合理，教材的选编更加强调语文课程的性质和基本特点。新课标版语文教材的语言显得更加轻松活泼，易于接受，充分尊重了学生的心理特征、接受程度、难易梯度，拉近了和学生之间的距离，减轻了学生的负担。新教材还增设了"综合性学习"板块，学生依照设计好的语文课题，在整理资料、讨论研究的过程中获取了知识，发展了能力。

在新的教育形势下，应该拓宽语文学习方式，注意将语文学习与现代信息技术结合起来。以计算机为代表的现代化教育工具，将通过多种方式辅助课程教学，促进教育教学观念的极大变革。[①]作为"资料搜集工具"、"学科中介工具"、"沟通交际工具"，计算机技术在课堂上的运用给学生的语文学习增添了丰富的趣味。多媒体教学信息量大，比传统教学方式更加便捷，能够对事物进行直观形象的描述，辅助学生理解，使教学形象生动有趣。以网络为主导的现代信息技术对语文学科发展影响越来越大，也逐步成了语文学习的重要领域之一，日益受到师生的关注和重视。

五、对语文学习改革的反思

新课程实施以来，语文学习方式在实践中不断进行变革，由单一、机械的学习氛围向多样化、开放化的方向发展，教与学方面取得了一些可喜的成绩。但还存在一些值得反思的问题。

（一）自由空间过大

新课改倡导自主学习，一改往日的机械学习、被动学习为主导的局面，课堂上教师不再"填鸭式"授课，而是把课堂还给了学生。但自主学习并不是自由学习，学生应是在精心设计的学习步骤下自觉主动地去完成学习任务，必要时仍应向教师质疑询问，以免误入歧途。教师少言不代表不言，应把语言精练在组织、引导学生学习的方面上，带动课堂学习气氛，建立正确的思维方向。虽然现在许多教师不再"霸占"课堂，但是由于对新课改精神的误解和对自主学习认识的不足，往往导致课堂秩序混乱，进而也干扰了学

---

① 耿红卫. 语文教育新论［M］. 武汉：长江出版社，2007：208.

生的正常思维。因此，语文学习特别是自主学习，必须要限制其自由空间，不能放任自流。

（二）标新立异过乱

标新立异必然值得鼓励，新课改也提倡"形成良好的个性"。但由于当下时代特点，信息科技飞速发展，学生认知更加宽广、思维更加活跃，出现了常说的"早熟"现象。他们对于时政热点、课程学习有了自己独特的见解，但有时候过于追求"新异"，往往会混淆是非、颠倒黑白。但不管观点如何"新异"，提出时一定要反复推敲，并与师生进行深入探讨。逆向求异、反弹琵琶，有益于话题写作的创新，更能开辟语文学习新天地，但是，一旦走向偏激，做出奇谈怪论，便违背了新课改的精神实质。因此，在形成风气前一定要予以矫正，帮助学生树立正确的人生观、价值观。

（三）形式主义过多

"开放而有活力的语文课程"是新课程倡导的教学模式。诚然，这将大大提高学生的课堂学习效果，但同时对教师也提出了更高的要求。就教学现状来看，对于内容和形式之间的权衡，不少教师选择了形式大于内容，片面追求现场气氛，而忽视学生能够获取的知识。看似热热闹闹，实则徒有其表。例如，在学习一篇文章时，教师要求几位同学分角色扮演，进行情景再现。为了达到"开放而有活力"的效果，同学们会表演的过于夸张，甚至恶搞，引得大家哄堂大笑。而文章的本身或愤慨、或凄凉，最终学生并没有深刻理解文章中心思想，而是高高兴兴地"玩"完了这一堂课。语文学习变革的本质应该是不断促进学生积累基础知识，掌握方式方法，从根本上建构知识体系，而不能过多地追求形式。表演不仅仅是娱乐，更多的是应该让学生去体会语文的魅力所在。

第二节　语文学法指导在高中课标中的缺位

教育部2004年9月正式启动了第八次高中课程改革，到2008年我国所有省（市、自治区）的高中新课程已经全面步入实施阶段，人们的目光更多地聚焦在教师的教育方法和教学内容上。教学的主导是教师，这一点应该予以关注。但却容易忽略学习的主体——学生：学生应该怎么有效地学习。根据《普通高中语文课程标准（实验）》〔以下简称《课标（实验）》〕的理论分析，并结合当前的教学实践，我们不难发现仍有一些问题亟待解决。

一、存在问题

（一）课标过于理论化，不利于师生学习

《课标（实验）》具有宏观性、抽象性的特点，是教育工作者的指导性标准，但是由于理论性过强，教育工作者往往会感到很难理解，无从下手。对学生来说，看到如此抽象和难以理解的标准，往往很抵触，就算有一些认识也是不系统的。学生即便愿意花费较长时间去揣摩课标，可能也没什么效果。在学习过程中，学生更愿意接受形象具体的知识，这就需要教师能够有效地引导。

（二）课标缺乏有效的、具体的指导标准

调查表明，目前适用于学生学习的有效辅导资料很少，那些"学生的学案"无非就是教师曾经用过的教案，许多资料对于教师教学来说是有效的，但是并不能适用于学生的学习。在应试教育的背景下，"求高分"这条鞭子始终在激励着师生前进，似乎教师所教的内容就是学生要掌握的内容，可是，是否教师明白了怎么教，学生就一定明白了怎么学？非也！怎么学是学生学习方法的问题，新课改也应关注学生怎么学的问题。教师针对学生学习的效果制定了一系列的要求，提出系统又具体的目标，然而缺少了一个结构清晰的行动策略。在教学过程中，学生并没有一个具体而清晰的指导标准，学习效果往往不尽如人意，在长期的努力得不到回应的结果下，学生就会容易懈怠，产生抗拒心理。

在教学设计上，《课标（实验）》强调突出课程的基础知识和各方面均衡发展。学生在经过一系列课程内容学习后，必须要具备一定的思想文化修养以及驾驭语言文字的能力，争取在语文的鉴赏、实践以及探索方面全面发展。至于如何体现出语文课程的全面发展，教学设计中并未做出具体阐释。在高中阶段根据具体学情设置选修课程和学生学分制度，无疑是比较创新的指向标准，但还是要注意实施的力度和方向，否则也会"事倍功半"。原因在于新课标中关于学生选修课这方面没有一个具体的实施方案，例如，在学科目标上需要学生达到哪种标准，选修课程中的五个模块都如何组合与排序，等等。不同的学校应该结合自身情况变通施行，并且设定具体的课程名称。设计和规划学生学习的指导标准是非常必要的，应该将这五个模块如何开展、如何学习讲的清楚明确。

（三）课程目标的设置过于笼统，不利于执行

任何一个目标的设定，都是为了给实践者提供一条正确的道路，使之明白如何达到目标，走向成功。但是由于高中阶段的语文课程目标过于笼统，实施起来就会感到十分棘手。课程目标包括五个方面，虽然划分得比较清晰，但没有一个具体的实施方案。例如，"积累·整合"目标的设定应该针对自己的特点，加强对语文学习的积累。学习语文知识，要能够根据自身需要，采用适当的方法。在阅读和口语交际中要注意方法，无论是在知识的积累还是人生观、价值观都能有独特的理解，实现知识的建构重组，进而提高学生的语文素养。然而，至于如何有效地进行语文学习，学习的方法和手段有哪些，怎样将所有的要素都融会贯通，怎样达到行之有效的结果，这些在新课标中都没有明确体现。

二、原因分析

之所以出现以上问题，是因为我们忽视了高中生的学习需求，模糊了教学的概念，割裂了教与学的关系。

（一）忽略了高中生的学习需求

高中阶段的学生，身心发展已经到达一定程度，他们对待学习任务已经有了明确的需求，如果能够重视培养他们良好的学习习惯，满足他们的需求，那么对他们将来的能力、性格、气质的形成都会产生重大的影响。但是作为高中生，学习能力还未成系统，需要教师进行正确的督促与引导。在教学活动中，教师与学生应该是互相交流学习，和谐共同发展的关系。教学指导应该从学生的实际需求出发，时刻关注他们的内心活动和学习状态，不能够脱离学生的需求，乃至使他们感到被忽略、被冷落，或是被抛弃。"当学生失去乐趣和自由而沦为肉体和精神的苦役，当学生在学习中产生的大多是

消极体验，厌学必然接踵而至。"①如果学生感到自己被忽视，他们的学习积极性一定会逐渐消退，对学习的需求与热爱就会弱化，甚至处于抵触的状态。

在语文教学过程中，应该遵循学生的身心发展规律，尊重学生的思想自由和人格独立，为学生提供适合学习的情境。不同的学生有不同的特点和潜质，要能够启发学生，帮助他们制定适合自己的学习方法，因材施教。如何做到这些，需要给学生明确的指导：学生课内、课外学什么、怎么学、学到哪种程度……从他们的需求出发，制定具体学习的方案和目标，就可以使其积极地解决学习中的困难和疑点，成为学习中的主动者。

（二）教与学双边活动没有得到很好地理解和开展

比较国内外教育学家对教学的理解，有以下几种权威的观点：

1. 教学是属于教师和学生共同的活动。通过教师的引导，学生能够系统地掌握不同学科的知识和学习的基本方法，并且能够形成健康的人格。②

2. 在教与学统一活动中，学生掌握一定的知识和技能，获得一定的身心发展，形成一定的思想品德。③

3. 教学是一种尊重学生理性思维能力……在与教师交往和对话中，发展个体的智慧潜能，陶冶个体的道德品格，使每一个学生都达到自己最佳水平的活动。④

4. 教学是以知识的传授为基础的，通过教学，学生……主动地掌握系统的科学文化知识和技能，发展智力和体力，陶冶品德、美感，形成全面发展的个性。⑤

从以上对教学含义的论述中，可以发现它们具有以下共同点：

1. 对于教师和学生而言，教学活动是二者相互的，不管是离开教师还是

① 李丽．追寻学习的生存论意义 [J]．全球教育展望，2006，（2）：10．

② 中国大百科全书总编委会《教育》编委会．中国大百科全书·教育卷 [Z]．北京：中国大百科全书出版社，1985：150．

③ 王策三．教学论稿 [M]．北京：人民教育出版社，1985：88—89．

④ 全国十二所重点师范大学．教育学基础 [M]．北京：教育科学出版社，2002：174—175．

⑤ 王道俊、王汉澜．教育学 [M]．北京：人民教育出版社，1999：178．

学生，都是单边的活动，是片面的。

2. 教学活动必须在教师的指导下才是完整的，这种指导是有目的、有意义的，这也是教学过程中必备的要素。

总之，在讨论教学活动时不可择一而论，只能是教与学二者的统一。教学的最终目的就是要培养有主动学习能力的人。教师在教学过程中要善于运用教学规律和方法帮助学生掌握知识，建立新旧知识的联系，指导学生在学习中发现规律和方法，使学他们能够获得学习的持久动力，从而愿意自觉主动地学习。

三、经验借鉴

通过调查发现，21世纪初期，有不少省份都已经开始进行课程改革，给学生制定了明确的学习标准。例如，有的省份给高中生开出一些学习辅助书目，其中规定了什么知识是学生必须学习的，什么知识是在基础打好后继续学习的，用以达到能力拓展的目的。只是这种指导只是局限于高中会考的范围内，对于整个高中教学，对于新课改后的必修课与选修课，更需要详细的指导。

众所周知，20世纪80年代以来，众多国家已经在这方面投入关注并进行改革，有的国家出台了一些纲领性文件，明确规定了学生的学习计划和培养目标。

在美国，有一所与其他高中学制不同的中学，就是学制四年的宾夕法尼亚州拉德纳高中。学校自制了一种小册子，里面含有四年课程的设置和计划，还列出其他详细的信息，具体到学分和课时。家长和孩子可以参考这本小册子，获取准确有效的信息，充分自主选择感兴趣的课程。学生获得毕业文凭的资格就是四年之内修够22.5个学分。这些课程有：可以建议那些具有额外能力的学生学本年级的荣誉课程；为被确认为有天资者开设的跨学科荣誉课程；还有许多更为详细的分类可供选择。[①]以上的内容都会详细的给予学生行之有效的指导。

---

① 赵中建.不同高中的课程设置和学分制——美国拉德纳高中个案分析[J].全球教育展望，2003，（2）：33—34.

被公认为"'最好的标准之一'、'细致、全面、具体的典范'"的美国加利福尼亚州公立学校的母语课程标准规定："3.0对文学作品的理解和描述；3.1对适合于本年级水平的记叙性分析；3.4分析诗歌如何运用想象、拟人、修辞、声韵激发读者的情感。"[①]这与我国高中语文课标中关于阅读和鉴赏的阐述是有很大差异的。通过比较不难发现，美国的课程指导标准是十分具体的，能够给予学生明确清晰的指导，可以推测，按照这样的课程标准进行教学，成效一定是显著的。而我们的课标相对而言就显得不够专业，很多内容的规定都是笼统的、模糊的，因此，如何制定一份清晰准确的课程指导标准是亟须解决的难题。

四、实施建议

笔者认为应依据《课标（实验）》，制定出学生学习指导标准规范的格式。我们知道，由于环境和区域经济发展的差异，各个学校的硬件设施良莠不齐，教师的教学水平和素养也不在同一水平，因此学习指导标准的制定也需要格外注意。针对我国地区发展不均衡的特点，制定教学标准时应该尽可能考虑全面一些，根据实际情况，区别对待各个地区的教育发展。比如，经济落后的地区能否实行制定的教学标准，学校本身的配置是否允许教学标准的施行，这些问题都应列入计划之中。否则，即使制定了一套尽善尽美的标准也是空头支票，无法落实。现针对我国教育资源不平衡现象提出一些建议，具体实施起来应考虑以下内容：

1. 根据不同阶段，进行语文学科的整体规划。不同的学习阶段有不同的任务要求，所需要的课程资源也是不同的，可以按照学科的特殊性自由选择。

2. 根据学生的身心发展阶段，制定相应难度的学习规划。规划要符合学生身心发展规律，难易适度，给学生留出可提升的空间。

3. 制定明确的学习目标，具体到每一节课，每一个单元。学习的目标越具体，学生的方向越清晰，学起来才更有动力。

---

① 转引自语文课程标准研制组. 普通高中语文课程标准（实验）解读 [M]. 武汉：湖北教育出版社，2004：204.

只有合理有效的制定学习指导标准，教学实施才会取得进步，学生的学习效果才会令人满意。但是标准的制定绝不是一蹴而就的，需要大量的研究和不断地实践才能逐步完善起来。

第三节　语文自主学习的现状与对策

随着教育改革的不断深入，倡导在教学过程中以学生为主体，坚持以人为本的理念，将课堂主动权还给学生的呼声越来越高。《义务教育语文课程标准（实验稿）》明确指出，要积极倡导自主、合作、探究的学习方式。[①] 新课程中提出了自主学习的概念，它提倡教育应注重培养学生的独立性和自主性，引导学生质疑、调查、探究、合作，这是社会发展的需要，是终身学习和构建学习型社会的需要，也是学校教学改革以及学生全面发展的需要。在课标中，"自主"一词出现了十次之多，虽然课标一再强调，但是自主学习的方式在语文实际教学过程中仍存在着诸多问题，如何提高学生自主学习能力一直是困扰研究者的难题。

一、语文自主学习的现状

随着新课程改革的进行，自主学习方式也开始为教育界的学者、教师所推崇，其实该学习方式很早已被各个学校运用于语文学习中，但实施的现状不容乐观。

（一）学生自主学习意识淡薄

中学中，要问学生课下哪门学科花费的时间最短，他们大多会毫不犹豫地说是语文。语文作为母语学科，在很多学生和家长的心目中学不学差别不大，尤其是在分数至上的今天，学生语文自主学习意识还不够强。甚至有学生说"在考试中语文成绩都差不多，根本拉不开距离，在语文学科上浪费太多时间不值得"，学生自主学习的意识淡薄，使得语文自主学习的推广举步维艰。

---

① 中华人民共和国教育部 . 义务教育语文课程标准（2011 年版）[S]. 北京：北京师范大学出版社，2012：3.

（二）学生学习被动，缺乏学习热情

布鲁纳曾说："学生应主动学习，亲自探索，而不是被动地接受知识。"①然而，由于应试教育的影响，学生早已习惯了教师满堂灌的授课方式。由此，学生乐于被动接受，而教师也不敢放权，因此，将学习主动权交给学生，让其自主学习，只是一句空话。但是，对于语文的学习，更多地是需要学生自身去感悟和理解，一定情况下教师讲解百句不如学生一次有意义的探索。

（三）过分自主，缺乏教师引导

在实际教学中存在这样一种现象，即教师过分强调学生的自主学习，认为自主学习就是要完全依靠学生自己学习，从而导致学生过分自主，缺乏教师引导的局面。例如，在学习中心思想较为隐晦的课文时，教师一味地让学生自主讨论，自主学习，而不从指导、点拨，这样只会导致学生越来越偏离学习目标。俗话说，凡事都要有限度，给学生自主学习的自由也要有一定的限度，否则自主便会变成滥主，学生自主学习的效率也将事倍功半。

（四）教师过分主导，学生自主时间不足

当前，很多教师积极倡导学生自主学习的方式，然而，在课堂教学中学生的自主学习仍然较难实现。教师一直牢牢的占据着整个课堂时间，可能在教师的观念中，自己不讲，学生就很难学会，这便是忽视学生自主学习能力的一种表现。由此，教师没有考虑学生自身的学习能力，不管是学生能够自己解决的问题，还是自身不能够解决的问题，教师都在课堂中不停地讲解，这样不仅占用了大量的课堂时间，而且学生的学习效果也不尽如人意。

二、归因分析

（一）学生自主学习动机不足

所谓动机就是指学生主动渴望获得知识的一种心理状态，有了动机才能有前进的动力。试想，如果学生连学习的动机都找不到，更不要希望他们去主动地学习知识、探索知识了。人一旦有了自主学习的动机，精力自然会相

---

① （美）杰洛姆、希摩尔、布鲁纳. 教育过程 [M]. 邵瑞珍译. 北京：文化教育出版社，1982：45.

对集中，从而更有利于全身心地投入学习，同时，也更容易从学习中获得成就感。所以，促进学生养成自主学习习惯的关键在于帮助学生拥有正确的学习动机，正确的学习动机才是促进学生自主学习最重要的内在动力。但是，在目前的语文学习中，大多数学生缺乏正确的自主学习动机，依然停留在"要我学"的阶段，能够主动学习语文的学生不多。对于语文，部分学生能够做到在语文课上认真听课，课后认真完成教师布置的作业已经很不错了，学生没有养成强烈的自主学习兴趣，缺乏自主学习的信念，在这样的情况下，教师想要通过学生自主学习达到良好的学习效果自然不太可能。因此，强化学生自主学习动机十分关键，人本主义心理学强调在学习中要关注学习者的意愿，强调培养学生积极的自我意识和自我概念，允许学生拥有更多自主学习的自由，强调学会学习的重要性对学生将来的全面发展至关重要。①

（二）教师教学观念滞后

新课标虽一再强调要将课堂的主体地位还给学生，然而，在实际的课堂中这点似乎一直没有做到。多年来，我们教师似乎已经习惯了一言堂的授课方式，似乎只有自己讲的越多学生学的才会越多。然而，事实并非如此。语文课堂上经常出现的一种情景就是，开始讲授一篇课文，教师往往先介绍文章的作者、写作背景，之后就是学习字词、划分段落、了解文章思想感情等。对于语文的学习，课堂45分钟至关重要，而这种老套的教学方式无疑占用了学生大量的课堂时间，同时严重禁锢了学生的思维，对学生自主学习能力的培养非常不利。学生在课堂上得到的东西大都是教师直接告诉的，包括文章所表达的情感，这样学生没有经过自己的思考，学到的东西自然印象不深，孔子曾说"学而不思则罔"，而现今的课堂培养出的学生自然缺少创新精神，思维自然不够活跃。好的教育培养出的学生应具有健康的思想、鲜明的个性，能够祖国的社会主义建设事业做出更大的贡献。但在具体的教学行为中，主体地位只是一句空话，并没有得到有效落实。"学生为主体，教师为主导"的理念在贯彻过程中却演变成教师在台上的独角戏，造成此种局面的重要原因之一即是教师观念的滞后。教师用滞后的教育思想自然教育不出思

_____

① 叶澜.教师角色与教师发展新探[M].北京：教育科学出版社，2001：2.

想先进的学生。

（三）应试教育的消极影响

现在之所以如此的推崇自主学习，很大程度上是因为它顺应了学生的学习规律，以学生愿意学为前提。然而，我国教育制度仍然实行的是中考、高考制度，不管是学校评价老师抑或教育部门评价学校的重要标准就是"升学率"，这不争的事实就如无形的枷锁极大地限制了教师的教学自由，禁锢了教师的思想和行动。由于长久以来评价导向，也促使教师不得已只能把分数视为教学的重中之重，至于作为教育最终目的的人的培养只能被搁置。为使学生获得令人满意的分数，教师想尽一切办法将语文教学应试化、模式化，使语文课失去了语文味，这样做的后果极为严重，导致学生的思维日益僵化，对读写的兴味索然，他们的自主性学习能力的提升也只能是天方夜谭、痴人说梦。

三、语文自主学习的策略

（一）教师引导，激发学生潜力

1.教师指导，明确学生学习目标

是否有明确的学习目标是学生能否很好地进行自主学习的关键，对于中学生而言，他们已经有能力确定哪些是语文学习过程中的薄弱环节，明确自身弱点，根据自身情况制定出来的学习目标才更能促进他们的自主学习。针对此种情况，教师可以对学生进行必要的指导，并参考学期目标和单元目标，制定出符合学生自身需求的学习目标，从而有助于学生长期地进行语文自主学习。

2.积极引导，强化学生学习动机

目前，学者们对自主学习的概念有多种解释，庞维国将自主学习概括为"能学"、"想学"、"会学"、"坚持学"。其实，所谓的"想学"就是指主动地、发自内心的想要学习，即学生拥有自己的内在学习动机。由此可见，学习动机对学生自主学习的重要性。然而，在实际教学中，学生的学习动机并未受到应有的重视，教师在教学过程中并没有切实关注学生是否对所讲的内容感兴趣。因此，要想增强学生的语文自主学习能力，必须强化学生的学习动机，教师在课堂中必须要让学生明白，语文学习不是要强迫他们学习知识，需要他们端正学习动机，学生自身的学习并不是为了他人而学。语文的学习，如果学生的自主学习能力强，一些简单的知识，例如作者简介、字词解释等内容，学生完全可以自主的学习，这样可以节省更多的课堂时间，教师便可以多一些时间关注学生的情感发展。

（二）适应时代发展，转变教师观念

1. 转变教师角色

课改前的课堂其实就好像是一场电影，而教师就是这场电影的总导演，学生的一举一动似乎都是事先规划好的，学生在课堂上的所有表现也只能跟着教师这个总导演的步伐，不能有任何的越轨之处。然而，随着新课程改革的进行，教师总导演的角色也发生了变化。

健康的课堂关系，教师与学生应该是平等的、民主的，而不应是一方永远跟着另一方的步伐，教师不应是总导演，教学计划不仅与教师的教学有关，更与学生的学习息息相关。陶行知说："只有民主才能解放最大多数人的创造力，而且使最大多数人的创造力发挥到最高峰。"[①]因此，这就要求制订教学计划时，教师不仅要考虑自身，更要考虑到学生。教师不是教学过程的主宰，而应该是整个课堂的参与者，参与学生的学习活动并对学生的观点和建议采取欢迎的态度。部分教师较为反感学生在课堂中偶然提出的观点，认为学生打乱了自己的教学计划，殊不知这正是学生发散思维的一种体现。教师应与学生合作，与学生的学习活动融为一体，只有这样，才会更利于学生的学习。

2. 转变教学方法与教学手段

新课改之前，语文教师对于语文课的教学方法和手段似乎已经形成了固定的模式，但是教学方法有千万种，并没有定法。拿语文课来说，导入新课就有很多种，教师可提出疑问，启发学生思考；可用音乐、图片等导入新课，陶冶学生的情操。而接下来对文本的研读，方法就更是多种多样。在此过程中，教师可以采用温故知新、激化矛盾、资料卡、比较对照等方法不断

---

① 叶圣陶、吕叔湘、张志公 . 语文教育论文选 [M]. 北京：开明出版社，1995：105.

激发学生的学习兴趣，从而有效地保证学生的课堂学习效果。而最后的结课同样很有讲究，这时候教师可以充分地发挥学生学习的自主性，可采用感情渲染、课外延伸、相互联系等方式，从而引起学生课后学习的热情。这样的一堂课，生动形象，趣味横生，自然不必担心学生不想学习的问题。

3. 转变对学生的认知

在很多情况下，教师往往不相信学生的能力，认为如果不讲给学生听，学生根本就没有办法通过努力理解作者的写作意图或者文本所表达的思想。其实，这样的认识是不正确的，学生有自己的思想以及对事物本身的认识，作为一名教师应积极鼓励学生的发散性思维，而不是一味地担心，从而扼杀他们的自主学习的能力。在新课改之前的教学中，教师总是在一味地强调答案的标准性，不允许学生有任何其他的看法。然而很多问题，尤其是对于语文来说，同一个问题答案往往会因人而异，角度不同答案也将会不同。如鲁迅的《故乡》一文中，教师提问学生："是什么原因造成了一层可悲的厚障壁？"学生回答：（1）一种人的观念造成；（2）封建秩序观念的长期性压力造成；（3）父母的言传身教造成；（4）地位、生活环境差异造成。在这些答案中没有哪一个是绝对的错误或者是正确，教师不能根据自己的理解或者是教参中的答案而轻易地否定学生的想法，相反，教师应努力地保护学生这样的思维方式，能够多角度地思考问题是学生具有的非常难能可贵的能力，教师应该注重培养学生这样的能力，而不是一味地否定、批判。

4. 创建导学自主新模式

当前，我国选拔人才的方式主要是考试，只有通过了高考学生才有上大学的机会。因此，不管是学生、家长抑或教师，都将考试分数放在了最重要的位置，而这也是造成课堂中教师一讲到底的直接原因。为了学生能够考得高分，教师不再过多地关注学生内心的想法，只是注重讲授答题技巧或是考试的重、难点。教师讲了很多，但是学生却收效甚微，于是教师便花费更多时间来讲，如此，便进入了一个恶性循环。在语文课中，和谐的师生关系是构建和谐语文课堂教学的关键。[①] 其实，想要真正培养学生的自主学习能

---

① 耿红卫 . 和谐语文教育建构论 [M]. 武汉：华中科技大学出版社，2010：109.

力，创建新的教学模式势在必行。关于自主学习的教学模式很多学校都在不断地探索，比如，杜郎口中学的"10+35"的课堂教学模式，其实问题的关键还在于学生自主学习时间的保障。基于此，导学自主的新型课堂教学模式的创建十分必要。导学自主课堂模式，就是以教师制作的导学案为载体，让学生依托这个载体进行预习、学习、讨论，进行自主学习，激活学生思维，让学生与教师在交流互动中完成教学任务的一种新的教学模式。该种教学模式以学生为主体，教师为主导，给予学生充足的自己动手、动脑的自主学习时间，遵从了学生身心发展以及认知学习的规律，符合当前新课改的要求。

当然，这些变化不是一蹴而就，对学生来说，养成自主学习的习惯不但任务艰巨而且常常伴随着痛苦的经历，对教师来说尤其如此，它要求教师和学生不仅个人要付出努力，而且双方要精诚合作，努力不懈，因为只有在合作交互的过程中才有可能发展自主性。其实，学习自主性对师生双方来说，都是一个以体验为基础的学习过程，学习自主性无法传授，开展自主活动也无捷径可走。实际上，它是一个开端，是最初的几个小步，目的是为了创造一个这样的学习环境，在这个学习环境中教师鼓励学生对自己的学习做出决策。课堂中师生关系和谐，师生、生生相互评价成为课程中一个必备的部分，教师可以清楚地观察学生的学习过程，掌握学生的学习进度。

第四节　语文合作学习的现状与对策

合作学习20世纪70年代初在美国兴起，并在短短四五十年取得了实质性的进展。它既是一种学习方式，更是一种富有创意和实效性的教学理论与策略体系。语文合作学习是指语文教师依据不同阶段学生的兴趣爱好、知识基础、综合能力、学习能力等方面，并根据学习目标、学习任务、学习材料，创设特定的学习情境，将学生以4—6人为单位，分工合作，并以团队的胜出作为评价依据的学习策略。然而，新课改十余年来，语文合作学习的现状不容乐观，需要采取有效的措施加以解决。

一、语文合作学习的现状

在语文合作学习交流分享的过程中，学生能掌握丰富多彩的文字知识、修辞手法、语法结构，提高自身的思想觉悟，增长自身的人文修养。但是，当下语文合作学习中还存在一些问题，具体如下：

（一）学生合作意识淡薄

应试教育盛行的背景下，学生根据学校考核方式来调整自己的学习方式，部分学习程度好的学生认为把成绩搞上去才是王道，合作学习是浪费自己的学习时间。在学习过程中，采用题海战术、死记硬背的方式甚至加班加点地独自奋战。遇到难题，上网搜集资料，请教家长、老师，以求短时间内解决难题。通过对学习程度在班级前十五名的学生调查显示，其中85%以上的学生认为：跟同学交流是浪费自己的学习时间，较之独立获得的知识，有点得不偿失。此外，不合理的分配学习团队，导致学困生在合作学习中没有发言权，忍不住想开小差，逐渐成了小组的陪衬、附庸，不愿再参与学习讨论。又或演变为利用小组合作机会和"死党"光明正大的私聊。更有学生谈到语文合作学习嗤之以鼻："切，为什么我要把我辛苦搜的知识分享给他们？让小组组长替代我发言？我要自己发言。"①

上述学优生、学困生、个性十足的学生，这三类学生总数占有班级比例33%—45%，他们对于语文合作学习的意识淡薄，甚至抵触语文合作学习。但在一线听课的过程中，不乏看到部分小组成员由这三类学生组成，教师美其名曰："以优带差，促进整体。"其实学习效果并不理想。

（二）"假"合作

在教学过程中，教师为更好地实施合作学习，往往会在座位排列上就下了一番工夫，如U形座位法、O形座位法等，这些座位的调整有效地促进了合作学习的实施。但在实施过程中，很多教师没有领会其中的精髓，忽视了合作学习需要满足的条件，以及合作学习前期需要准备的工作。例如，没有深入研究教学任务、教学对象的层次，导致缺乏一定的梯度和层次；没有根据

---

① 李春华. 合作教学操作全手册［M］. 南京：江苏教育出版社，2010：231—237.

教参书来设置问题，导致设置的问题数量、难度、开放度不够精确，缺乏逻辑；部分教师设置问题偏难、偏多，且关键点上不给适当的引导，导致学生在有限的合作探究时间内，漫漫而谈，得不出核心思想，等等。

另外，部分教师过度推崇合作学习，仅为合作而合作，机械单一地讨论，过分注重学生集体讨论得出的答案，忽略了独立学习是合作学习的前提，有效的合作学习是独立学习和合作学习的有机融合。没有给学生独立空间准备问题、发现问题、解决问题的机会。课程结束，学生热闹有余，但知识获得不足。这些现象用专业术语来讲就是"假"合作。例如：

师：同学们，我们都知道《项链》中马蒂尔德这个人物的悲剧是她一手造成的。通过昨晚的预习，今天我们以小组为单位探讨下，这个女人身上都有哪些坏毛病导致这一悲剧的发生。

旁白：同学们拉凳子和自己小组围成一个圈，有的三人一组，有的八人一组，还有部分同学单枪匹马，但瞬间，但讨论声四起。老师满意地笑了。

且慢，我们来听听学生在讨论什么。

学生一：昨天回家光顾着打篮球了，忘记预习了，你们讲讲吧。

学生二：别说话，赶快讨论，老师看咱们呢。说着拿起课本像模像样读课文掩饰。

学生三：我觉得马蒂尔德，敢于担当，勇敢。

学生各行其是，班级一片"热闹"，过了一会儿，老师喊停。

师：现在我找小组代表发言，发表一下你们合作后得出的观点……

这种合作学习方式，只是走马观花地走了场形式，对于学生的语文学习不但没有帮助，还会间接的影响班风，进而导致班级整体语文成绩的滑坡。

二、归因分析

造成合作学习低效主要有教师指导不力、学生团队意识不高、家校沟通不到位等多个方面的原因。

（一）教师目标不明，学生信马由缰

作为语文教师，在走进教室前，要对认真的研读课本，揣摩文本。只有这样，面对学生高谈阔论，才能胸有成竹控制课堂秩序、把握知识进展。

如果合作学习任由学生随波逐流、信马由缰、随意发挥。不顾文本，漫无天际，自由拓展，还冠之于"尊重学生创新观点和体会"，这是对合作学习目标理解偏差造成的。面对学生不合教学目标的发散思维，没有给予及时引导，而是任由学生自由发挥，牵着教师的鼻子走。教师在这种脱离了合作目标的学习过程中，缺失了应有的"教育机制"，导致合作学习成了无意义的漫谈。

（二）成员分配不合理，资源浪费

根据合作学习现状分析，小组成员的成绩、责任心等有较大差异，教师没有提前根据学生学习水平、性格特点、心理素质、兴趣爱好、知识储备等方面合理构建小组，随意组合学生团体，没有因地适宜地分配学习团体，根据各个团体的情况分配组长，就会导致合作学习一片混乱。其实，学生的个别差异就是一种教育资源，保证小组间的差异性和互补性，有利于小组间的公平竞争。小组组长就如一个小老师，组长选择不当，就会导致合作学习失败。如：组长语文基础不厚、性格内向、没有引导力，都会导致小组讨论的秩序混乱，讨论结果不深入、组内一片散沙等问题的出现。

（三）学生倡导个性，缺乏互存和责任感

现在学生独生子女较多，在家里都是小皇帝、小公主，饭来张口，衣来伸手，与人分享的精神缺乏，多是希望别人能给自己服务。语文的学习本身就是一件枯燥的事情，既然学习成了整个小组的事情，"法不责众"心理占了上风，"我不做有人做"，缺乏集体的荣誉感和责任感，导致"搭顺风车"的现象较多，成果展示的时候总是固定的那几位学生。独生子女众多的实情同样导致面对面积极互动（face-to-face promotive interaction）的缺乏。从现状中的案例可以看出，合作学习小组中还缺乏积极互赖心理、缺乏个体责任感。

1. 缺乏积极的互赖（positive interdependence）心理

积极的互赖心理指学生在合作学习过程中不仅对自己负责，同时对自己所在小组的成员负责。这种心理在合作教学中必不可少，美国教育家拉尔夫·约翰逊·本奇等人认为，合作学习小组中没有积极互赖的心理，就不可能出现合作现象，积极互赖是合作学习重要因素。例如：

师：下面以小组为单位，从《花儿为什么这样红》找出花儿为什么这样红的几个原因，看哪个小组最快找出答案。

小组长：大家快找，找到告诉我，我来总结，并抢答。

组员一片无精打采，漫不经心地翻开书……

小组成员间积极互赖情感的缺乏，最终导致小组学习积极性低落，小组语文成绩下滑。

2. 缺乏个体责任（individual and group accountability）

具备责任感的人，才敢于主动挑起家庭、工作的责任。面对竞争日益激烈的社会，人与人合作和分享越来越多，责任感也成了衡量现代人的一个重要标志，"学会负责"已成为衡量21世纪人才的重要凭证。面对合作学习小组中学困生的寡言，学优生有责任将自己掌握的知识讲解给学困生，并通过一步步的引领，使学困生走出自卑的低谷。[①]

（四）家校沟通少，互存误解

根据调查和访问，在家校沟通上，无论教师，还是家长都有自己的一肚子怨言。教师认为部分家长不懂沟通，也不愿与教师进行沟通；即使沟通也是仅仅让教师对自己孩子多关照，没有意识到自身也应该积极地关注学生；73%的教师表示一个学期没有跟部分学生家长见过面。

部分家长认为，家长会上，学校总是单向的灌输，家长没有发言、提问的机会；并且家长会开的随意性大，针对性小，跟老师谈话后，回家还是不知道怎么管孩子。部分家长表示：语文老师总是说让我们监督孩子写作业，可是我们怎么知道你们布置的作业是什么？何况即使知道了，我们也辅导不了；更有家长认为，学生送到学校了，就应该有学校的老师管，学习成绩好，是孩子聪明；成绩不好，是老师不会教。

在家校沟通上，家长和学校各有自己的意见，没有做到相互认真的沟通，促膝长谈，就学生的问题达成一个共同的意愿。

三、语文合作学习的具体策略

针对语文合作学习中存在的诸多问题，通过深入的原因分析，我们提出

---

① 周新桂.探究教学操作全手册［M］.南京：江苏教育出版社，2010：59—82.

了具体的解决策略。

（一）教师提升自我，合理切入教学

"师者，传道授业解惑也。"作为教师，有责任帮助学生树立正确的合作学习观念。教师的沟通方式、言语表达方式等对学生起着潜移默化的作用。学生的向师性决定学生会对教师的行为、气质、行事方法等进行模仿。因此，语文教师要多读书提升自己的修养，如：沈从文、张爱玲、丰子恺、季羡林、贾平凹等名家的散文；钱钟书的《围城》、沈从文的《边城》、二月河的《康熙大帝》、贾平凹的《浮躁》、路遥的《平凡的世界》等小说陶冶情操；平日读《人民日报》、《光明日报》、《参考消息》了解时事；当然，还要读一些适合青少年看的书籍，例如：韩寒的《三重门》和《零下一度》、金今的《再造地狱之门》、郭敬明的《幻城》、罗琳的《哈利·波特》，以便适时拉近师生关系，又或必要时给学生推荐他们年龄段值得一看的读物。

在教育岗位上，教师要珍惜继续教育的机会，保持终身学习的精神，通过有限的培训、网络等方式，学习合作学习的理论知识。在教学过程中，细品合作教学中的精髓。课下，教师之间相互交流合作学习的经验，"三个臭皮匠，顶个诸葛亮"何况接受过高等教育的教师呢？通过交流，加深对合作学习内涵的理解和认识，借鉴同事优势，明确合作学习"形"似而"神"异的特质，根据学生的情况，因生制宜地组织合作学习，为学生的合作学习提供有效的指导。

孔子说"不愤不启，不悱不发"。教师要根据丰富的教学实践经验，在关键时刻告知学生学习的切入点，能够调动学生的积极性，突破重难点。在合作学习过程中，教师准确把握文本切入点，适时地给予学生点拨，有利于学生的合作技能和知识获得的快速提升。[①]例如：《祝福》

新年才过（春天）祥林嫂在河边洗菜，被夫家劫走；

新年将尽（春天）祥林嫂被卖到山坳，为此，祥林嫂反抗差点撞死于香案；

---

① 金琴. 初中语文合作学习现状及对策 [D]. 呼和浩特：内蒙古师范大学，2011：19—22.

春天快完了（春天），儿子被狼叼走，又被赶出家门；

旧年年底（春天）祥林嫂死了。

教师就可以引导学生抓住一个"春"字，作为本文切入点，展开讨论。在春天万物复苏的季节，在祥林嫂身上却发生了如此多的悲剧。作者的寓意是什么？

这样学生在阅读文本的过程中不仅能够快速掌握了全文的故事情节，还可以以"春"为线索，获得本文的中心思想。

（二）合理分组，授予学生有效的学习策略

"独学而无友，则孤陋而寡闻"，强调了合作学习的重要性。教师是合作学习的指导者、促进者，教师有责任给学生传授合作学习的精髓。在课内，教师应按照学生的学习兴趣、本身能力、性格、学习程度高低等特质将学生分组。由于语文知识获得的过程就是交流分享的过程，同一特质的学生在小组合作学习中，心理相容度更高，沟通起来无障碍。

在合作学习过程中，教师有责任教给学生提高合作学习效率的方法。例如，指导型策略中的典型代表：STDA和TGT法；过程型策略中具有代表性的LT法；探究性策略中具有代表性的GI和FCL学习法；杜郎口中学的三三六模式和"10+35"师生话语权分配；在语文合作学习教学中，主要有听、说、读、写、思、交流分享、内化知识的环节。合理的分组和有效学习策略的实施，有助于学生对这些能力的培养，促进表达、阅读、写作水平的提高。

（三）倾听交流，分享自省

学生的合作水平不是自发形成的，需要教师有意识地培养。通过教师的亲身示范和指点，学生的合作水平会达到事半功倍的效果。同时，合作学习需要学生具备倾听、交流、分享、自评等能力。学生这些能力的获得，需要教师和家长的共同努力来引导。

《义务教育语文课程标准（2011年版）》指出，听人说话要认真，认真倾听有助于理解对方想要表达的观点和言语意图，在倾听的过程中，对方的手势、表情、言语的停顿节奏、眼神都可以透露出说话者的内心世界。倾听是合作学习成功的第一步。

合作学习中，有的同学就是"霸场"，而有的学生却是"旁观"，导致这种现象的原因，除了学生本身认知水平外，很大程度上跟学生的沟通交流能力有关。在小组合作学习中，那些踊跃表达自己观点的学生，未必就是基础扎实的学生；那些沉默不言的学生，也许就是班级中的黑马。因此，教师要有意识地培养各个层次学生的交流能力，使他们敢于发表自己的见解。

合作意味着分享，分享的同时又参与合作，他们相辅相成、互生互长、不可分割。只有合作没有分享的学生体会不到成果的喜悦，只有分享没有合作的学生会逐渐思想懒惰。在合作学习中，鼓励学生与他们分享自己的学习成果、学习资源、学习方法、学习见地。分享不是单方面的付出，分享是学生信息和思想的交流。有利于促进学生间情谊，并保持积极向上的学习劲头。①

小组自评（group processing）是小组成员在结束合作学习后对合作过程及结果进行的一种总结性评价或自省。通过对课内合作、课外合作、合作态度、小组成绩的评价，找出需要改进的地方，发现可以继续发扬的学习策略，为小组下次合作学习提供有益的反馈建议，在自评的过程中提升小组的软实力，增强学生小组责任感。因此，小组必须定期自评，对组内成员的参与态度、交流态度、展示效果等方面有所了解。作为教师，也应该为学生提供或者指点学生制定自评标准，并帮助学生积极实施。

（四）加深教师与家长的合作

父母是孩子的第一任老师，家庭对学生有重要的影响力。家长的职业、社会地位及社会背景决定了学生的性格特征、学习方式、生活态度等。教师和家长紧密联系使得教师可以第一时间把握学生思想动向，在合作教学中做到有的放矢，并灵活修正自己的教学方式和教学内容。家校联系有助于学生合作学习中课外部分的完成，课外部分又是课间良好表现的基础，只有充足的准备，才能有合作学习过程中流畅的表达。作为家长有必要在闲暇时看一些对孩子教育有促进作用的读物。例如：《我把心给了孩子们》、《公民的诞生》、《给儿子的信》、《把整个心灵献给孩子》、《巴甫雷什中学》、《失去的一天》、《学生的精神世界》、《致女儿的信》、《妈妈，我不是

---

① 王炳勇 . 中学语文合作学习的研究与探索 [D]. 济南：山东师范大学，2008：15—16.

最弱小的》。

另外，得到家长认可的教师，在教育教学中会更用心的将师德发挥极致，升华教育情感，按照学生的性格特征分配学习任务，更有效率地促进合作学习的顺利开展，英国的库姆斯学校就是一个家校合作成功的典型例子。

针对学生不完成课下预习事件，教师可以通过电话通话、短信告知、面对面交流、互联网、家访、书信来往、家访本回馈等方式，将学生作业情况、课前预习提前告知家长。家校合作，督促学生在合作学习中有更好的表现。

第五节　接受性学习与探究性学习的整合策略

近年来，在现实应用中存在着看似"对立"的两种学习方式：一种是传统的被动学习——"接受性学习"；另一种则是创新的主动学习——"探究性学习"。当前的教育改革已把"探究性学习"放在十分重要的地位，而有研究者认为旧的学习方式存在很多弊端，与新的学习方式很难共存，因此对旧的方式多持排斥的态度。笔者认为，新的、旧的学习方式在语文学习中都会有各自的优势和弊端，教学过程中教师若能把新旧学习方式加以整合利用，便可发挥出最大的作用，提高学生的学习效果。

一、接受性学习的局限性

学生通过接受性学习，虽然能更为直接地吸收教师在课堂上讲授的知识，但更多地体现了被动性，被动地听讲，被动地思考，被动地背记，看似学会了，实际上只是了解表面，没有灵活掌握。长此以往，学生会将上课当作完成任务，将学习知识当成压力负担。

（一）课本承载的知识量有限

从课本方面讲，无论是多厚的一本教材，它所承载的知识在量上都是既定的。即使是新编的教材，也可能存在着个别过时的情况，原因是教材的编写需要较长的时间，课本上的新知识总要滞后于时代的发展。诚然，课本中经典的文章和知识拥有着永恒不变的价值，但在当今瞬息万变的时代，新旧知识的更替瞬息万变，需要从传统的知识去粗取精，将其与新知识结合起来，吸收应用。这就要求我们教师在传授学生知识时不要局限于课本。

（二）教师的素质和知识储备有别

一个班级是一个整体，教师需要考虑这个整体的学习进度，很难做到让每一个学生都达到最好的状态。短短的一堂课时间，一般教师只够将教学任务简单地完成。有些学生听得一知半解，久而久之便脱离队伍。而有些学生听起课来游刃有余，对他们来说很多时候都是在浪费时间。教师的素质和知识储备有所差异，直接影响的是课堂效率。同样一堂课，优秀教师的讲授可能会让更多的学生听懂。另外，教师的教学方法还将影响学生的学习方法和学习效果。

（三）学生创造能力和实践能力的培养受限

接受性学习方式固有的三个特性制约了学生创造能力和实践能力的培养。

1. 封闭性

由于学生获取知识的途径是从书本经过教师的讲解进入大脑，这条途径密闭隔绝，没有外界的辅助以及自身的实践，往往造成学生对知识的理解过于空洞、过于片面，一直按部就班地做一个装载知识的机器，丧失了获取外界信息的功能。

2. 被动性

学生、教师、课堂三者应当是有机结合在一起的，"填鸭式"的讲课方式仅让这三者成为了一条线，而真正的学习应该是多线交错，形成立体空间结构。不应将学生放置在学习链中的最低端，成为被动者。这样剥夺了学生的自主学习权。

3. 缺乏实践性

任何理论都离不开实践的检验，学生在学习理论知识的同时，更不能脱离实践的学习，否则既违背了哲学原理，又不能灵活地运用知识，并转化为解决实际问题的能力。接受性学习方式不仅束缚了学生的查找知识的手脚，更是束缚了探索知识的大脑。

二、探究性学习的局限性

促进学习方式的变革是新课改的主要目标之一。当前的语文课堂上，很多教师积极鼓励学生运用探究性学习方式，旨在转变学生过于被动学习的局面。但在实际的课堂教学中，由于教师对新的学习方式的理解不到位，更多地限于形式，以至于还存在不少问题。

（一）探究性学习方式开展有限

新课标提纲挈领地指导着学校、教师按照教学目标与内容进行课程安排，但由于时间和条件的限制，教师只能按照"个人独唱"的程序进行讲演，没有机会开展探究性学习活动。近年来，随着新课改的深入推行，有些地方开始在课堂上广泛运用探究性学习方式，但也是教师将学习流程列出，学生只是从书本找到相应的段落就行，没有体现出探究的精髓。此外，语文学科自身的特点也限制了探究性学习的开展。该学习方式在有些环节中开展探究是可行的，而在有的读写环节中通常已有既定的模式，不需要再进行所谓的探究。

（二）探究性学习中问题讨论容易脱离目标

语文教学中，存在一些开放性的，能够促进学生积极思维的问题，如对易混淆、有争议的内容进行探究时，多会引发学生积极的讨论，实现同桌之间的交流和小组之间的分享，但是当选派代表总结发言时，却是众说纷纭，正是因为探究性学习放开了标准答案，鼓励学生进行发散性思维，以至于越来越多的学生剑走偏锋，甚至所答非所问。我们可将课堂学习比作打靶训练，如果探究性学习仅要求打到靶上，目标放低了，学生对知识的重视程度也就会大打折扣。

（三）探究性学习的时间、时机安排不当

在探究性学习时，通常出现这样的现象，即教师给出问题情境，并要求在一分钟，甚至三十秒钟内快速完成，看似是在调动学生的学习积极性，实则没有给学生充分的时间去思考，结果就是学生急得焦头烂额，有的干脆放弃查找，直接等待老师给出答案，这样一来，不仅没有成功地开展探究性学习，还容易使学生养成"好吃懒做"的习惯。另外，教师中还存在不根据科目内容或特点盲目开展探究性学习的现象。在原则性的问题上，教师要多注意引导、纠正，不能过于放开让学生"乱说"，而在有想象空间、发挥空间的地方，教师不要过多地投放个人色彩和个人情感，应该让学生展开讨论，各抒己见。

（四）探究性学习的规则不够明确

开展探究性学习时，常出现这样的情况：教师布置了一个问题，班级同学你说我说，乱如市场，看似场面激烈，貌似效果显著，实际上只是简单交流各自的想法，毕竟学识有限，讨论无果，便开始谈天说地，话题早已跑出课堂。而教师似乎将问题抛出后就没事了，只是等待铃声的敲响。探究性学习虽然具有开放性，但也有其独特的规则，教师要及时发现学生在探究中出现的问题，并加以引导，促使学生养成良好的探究习惯，而不是进行一些散漫放羊式的学习。

（五）教师评价不够明确

在分组讨论后，小组代表发言通常会在小组意见后加上自己的观点，以求得教师的指点，所以这并不是小组意见的总结。教师对这样的评价多是"你说得很好"、"说得不错"。殊不知，集体的意见是需要综合考量的。所以，教师的评价倾向应当明确而具体，力求避免偏重个体的评价，避免注重结果的肯定，更多采用一些过程性评价。

三、两种学习方式有机整合的必要性

经过大量的课堂观察发现，接受性学习让学生的学习逐渐变得机械化，学生思维也日益趋于僵化。为了有效地消除它所带来的负面因素，我们教师要积极地引入探究性学习方式，努力使两种学习方式有机结合起来，选取恰当的时机运用相应的方式，使二者相互取长补短，实现一加一大于二的显著效果。

（一）新课改教学理念的推动

首先，新课改要求改变单一学习方式的现状。新课程积极倡导探究性学习方式，实际上是想让旧的教学现象发生改观，即不再执着追逐知识传达这件事。它并不是要砍掉接受性学习方式和彻底否定接受性学习的价值，而是担心新的学习理念和方式还没有得到有效巩固时，旧的学习方式又卷土重来，使新的改革成果半途而废。传统的接受性学习方式对于语文基础知识的学习和巩固，是非常有效的，而对于启迪学生智慧的知识学习，开展探究性学习是比较恰当的。二者的有机整合，是新课改发展的需要。

其次，语文课程三维目标的评价要求使然。这三个维度涉及了知识、能力、过程、方法、情感、态度、价值观，是一个完整的学习体验，说明语文学习是一个由掌握工具到价值提升的螺旋式上升过程，是一个由显性呈现（知识与能力是显性）到内隐深化（情感、态度与价值观）的过程。

在语文学习中，三维目标如何贯穿统一才能发挥最大功效呢？对于学生学习的经历来说，知识与能力通过什么样的方法完成，情感、态度与价值观通过什么样的过程与方法得以实现，也许是仁者见仁，智者见智，各有它途的。但从一些学校的听课考察来看，在当前大的课改环境下，两种学习方式的并用已趋于潮流，的确能够在各自的领域中解决各类问题，不同程度上实现了三个维度的目标要求，但各自仍有偏颇，无法全面实现目标，这就要求将两种学习方式有效整合，运用到教学实践中去，从而达到理想的效果。

（二）教师亟待转变传统教学方式的实践要求

首先，教师要由知识的权威者向知识的更新者过渡。传统的教学方式中，教师拥有不可置疑的权威，因为他们掌握着学生所不了解的知识与技能，是知识的化身与缩影。新课标对教师的授课有新的定位：改变过于注重知识传授的倾向。知识传授背后所隐藏的知识权威被教育实践证明，已经不适应新课程的要求，不能使学生自主建构知识生成的模式，不能有效地将知识运用于生活实践。由此看来，教师应当打破以往的旧貌，给自己塑造一个知识更新者的形象，间接地凸显出学生的自主学习地位，便于教与学的顺利进行，使教学的有效性落实在行动上，也使语文学习在本质上能够促进学生人格、性情等方面的协调发展。所以说，教师形象的转变促使了教育观念的转变，推动了教学方法的改变，从而又革新了学生的学习方式，比如探究性学习的开展，即是新教育观念的体现。探究性学习有利于改变传统单一接受性学习形成的弊端，两种学习方式的整合与利用，能够使学生更容易获取知识、掌握知识，同时也提高了他们的学习效率。

其次，教师要由学习的领导者向学习的协助者转变。一直以来，教师"霸占"着教室，"统领"着课堂，以长者或者领导的形象对学生传道授业，而学生却只能端坐在课桌旁，似懂非懂地听着老师讲课。作为独特存在者的尊严、个体的人格被忽视，在管理者严密的管理中度过美丽的青少年时期。雅斯贝尔斯形象地将这种学习概括为"控制"："控制并非爱，控制固守着人与人心灵无法交流隔绝状态的距离……并以被控制者个性泯灭为代价。"①人本主义指出，教育的意义在于培养自身价值实现的人，在于促进人的自由发展，以管理者自居的教师有必要转变传统角色，向学生靠拢，站在学生角度考虑问题，树立起以学生为中心，以人的完满发展为最终目标的教育理念，营造真诚的、和谐的师生关系。这就要求教师要主动削减自己在课堂中的分量，把时间交给学生，自己只起到督导、协助的作用，深刻落实好探究性学习的理念与原则，在大方向不变的前提下，多指导学生进行探究性学习。如此做，便对接受性学习的不足之处进行了补充，两种学习方式优势互补，不仅完成了正常的教学任务，还拓宽了学生的思维，让学生学会在合作中求知，探究中升华。

（三）学生提高语文运用能力的需要

学习知识仅是学习过程的一部分，更重要的是学习能力，两种学习方式的有机整合很大程度上推动了学生学习能力的培养。语文学习目标决定了学生掌握基础知识的同时，逐步具有获取知识、运用知识的能力，这是语文学习的终极目标。而当前中小学生在语文学习中多是掌握了一些琐碎、无用的知识，而实践能力较差。面对这种现状，要把静态的知识转变为实际的运用能力，可行的方法之一在于转变单调的学习方式。将探究性学习运用于教学中，鼓励学生亲自动手搜集材料、积极发现问题，寻找可能的解决方法，进行实践验证等，将沉睡的知识活化，转变为实际的运用能力。

四、两种学习方式有机整合的策略

两种看似矛盾对立的学习方式，实际上只是方法及效果有所差异而已，

---

① （德）雅斯贝尔斯.什么是教育[M].邹进译.北京：生活·读书·新知三联书店，1991：5.

我们并不能全盘否定旧的学习方式，也不能全盘接受新的学习方式，而是要利用其差异有针对性地运用在合适的教学环节上，即将二者有机结合起来。这是语文学习方式转变有效而必然的选择。

（一）建立接受性学习与探究性学习的整合体系

两种学习方式并不是相生相克，而是可以共存的，接受性学习有时也会让学生豁然开朗，而探究性学习有时也只是按照既定的模式，毫无启迪作用。奥苏伯尔曾说过："从接受学习到半自由或完全独立的探究学习，其间还存在着接受中有探究、探究中有接受的混合学习。"[①]这正契合当今新课程所强调的多元化的学习理念。

由于当前教育形势下，学生的角色由配角逐渐演变为主角，因而其学习方式也从单一化逐渐转变为多样化。一般来说，学生在课堂中同时充当着两个角色：一方面充当接受者的角色，需要从教师的讲课中汲取知识，对于无从下手的学生来说，接受性学习十分必要；另一方面，也充当着捕猎者的角色，在学习过程中主动出击，通过自己的思考、探索来获取知识，这样记忆印象深刻，因此，语文教学中也需要探究性学习。当下流行的全人教育理念，单靠接受性学习，学生接受一些特定的文化知识，而忽视情义人格的发展，是很难促进满足学生的精神追求和实现其人生价值的。目前，需要我们做的是改变原有的学习范式，对二者进行有效整合，建立一套可行的而为学习体系，保证实现学生的高效学习。

（二）灵活选择教与学的策略

语文教学是师生之间相互配合，共同提高的动态生成过程，探究性学习与接受性学习有效整合运用是指要根据语文学科的独特性、教学任务的完成度、课堂学习的实践性、学生学习的高效性等教学需要而选取的恰当的学习方式。

布鲁姆把知识分为两类：一类是陈述性知识，它是知识自身浅层的含义，如文体、大体内容等，这类知识通过教师的讲授就能获得，是最快捷、最有效的方式；另一类是程序性知识，它是关于"为什么"、"怎么办"的知

---

① 柴西琴. 浅谈对探究教学的认识与思考 [J]. 学科教育，2001，（10）：12.

识，如分析人物形象的特点等，这是关于语文知识的如何应用，解决语文问题的方法或策略类知识，这种知识具有独特性、灵活性，不是单靠讲授学习就能掌握，需要学生通过思考进行创造，通过探究、联系等具体活动才能内化和运用，所以探究性学习较为适合这类学习。我们应看到语文学习中也包含了大量的工具性内容，如字、词、句、段、文学、文化常识等，这些是识记类内容。接受性学习更适合。对于文本所传递的情感，特色描写手法以及作品的创作意境和蕴含的深刻文化内涵等文本内容的解读，运用接受性学习和探究性学习相结合的方式，更能引领好学生在师生合作中交流，在教师教授中认同、在启发中接受和理解了文本重点。

终归，无论选择哪种学习方式或是教学方法，关键要看教学的重难点、教学内容更适合哪种方法。并不存在一种方法行天下，放到哪里都适用的学习方式，存在的只是一种联系的、具体的思维方式。两种学习方式的运用始终以教学的有效性为条件。所以，语文教学中，倡导二者的整合，要依据教学内容，在尊重学生，重视学生多方面发展的前提下，使之融合，并充分发挥出二者各具的优势，实现最优的教学效果。

（三）建立多元评价机制

目前，语文教学中更多将甄别性评价作为主要评价方法。这种评价的缺点在于忽视了学生阶段发展取得的进步，忽略了学生学习的过程，这种评价通常一概而论，阻碍学生的发展与进步，甚至使学生产生厌恶、冷漠和抵触情绪，这会将该评价的实效性掩盖住。所以，有必要淡化甄别性评价，重视形成性评价。教学中应注重运用形成性评价，发挥其着眼学习过程，推动学生个性发展，提高学生语文素养的功用。语文接受性学习与探究性学习两种方式的整合运用，多大程度上能够促进学习，对学生语文能力能在哪些层面上产生提升作用等，需要更加清晰严格的评价标准来加以识别。将重点放在形成性评价上，可以有效地反馈学生个体学习的整体进展情况。当然，还要综合运用其他的评价方式，比如，诊断性评价，可以根据学生的学习状况，在其投入学习之前就已有一定的预测。目的在于促进学生的学习，这种评价可在学习方式之前或者学习过程之中运用。此外，还应使学生开展自我评价，促使学生间的相互评价，并设立互评的长效机制。

总之，两种学习方式有机结合中各种评价机制的运用，一方面，不但是为了进一步革新语文的学习方法，提高学生的语文学习能力，加强教师的教学设计，改进教学实践过程，而且也是为了从根本上协调学生的全面发展；另一方面，多元评价机制的设立与实施，也促使学生反观自身，通过对过去、现在、未来的认识，增强自信，提升创新能力。

第六节　研究性学习指导策略

研究性学习，就是在教学过程中创设一种类似科学研究的情境或途径，让学生在教师引导下，从学习、生活及社会生活中去选择和确定研究专题，用类似科学研究的方式，去探索、发现和体验，旨在培养学生的进取精神和坚持不懈的学习态度，促使学生养成思考问题，解决问题的习惯。一般而言，研究性学习活动适合在小学高段以上的学生中开设，尤其适合逻辑思维能力比较发达的高中生。新课改以来，在各个学科中都积极倡导实施研究性学习方式，发挥学生学习的主动性和积极性，以培养他们的创新和创造能力。但是，实践证明，这种学习方式并没有取得预期的效果。究其原因，是因为研究性学习不能仅仅依赖于学生的自主探究，教师的指导和引领也是至关重要的。然而，由于教师对学生研究性学习精神理解不透或指导不力，以至于经常出现不少问题，亟待采取有效措施加以解决。

一、误区的表现

（一）全盘否定接受性学习方式

奥苏贝尔提出"认知——同化"说，他认为言语的学习对学生学习有着重要的影响，即相对于发现学习而言接受性学习更加重要。而课堂学习的主要类型是更为重要的接受性学习。它利用一些传统的学习方法加深学生的记忆，使他们能够获得更多的基本理论和技巧。显然，有些言语规则、概念、定理等基础性知识更多还是依靠接受性学习方式获得的。然而，在课堂教学中，不少教师将研究性学习的作用无端扩大化，对于有些不需要研究的内容也无限制的指导学生探究，而不是直接把学科中既定的知识告诉给学生，这样不仅耗费了学生的精力，也使得课堂效果收获甚微。这显然是步入了实践的绝对化误区。

比如，有教师在上《鲁提辖拳打镇关西》这课时，教师对作品的背景以及课文疑难点不做任何介绍，对课文中"三拳"就打死了镇关西这种场面的语言也不做任何的赏析，对文章中包含的艺术特色和行文风格也不做归纳与整合，整节课下来，都是让学生采用课题研究及汇报的方式完成了本课文的教学，看似热闹的课堂，学生能积累多少知识，增长多少技能呢？

（二）教师不作为，放任自留

研究性学习方式适合时代的需要而诞生，它更加关注学生素质的全面发展，并有着鲜明的特点：自主参与性、整体合作性、开放多元性。但教师在教学环节上，往往容易步入误区：侧重于学生学习的自主性和独立性而忽略了自身的角色。教师应该承担起自己的责任，明确引领者的身份，能够帮助学生及时斧正研究方向，鉴定研究内容，学生在研究过程中遇到困难时，教师要切实指导，而不是放任自流。具体表现在两个方面：

一是课堂探究活动。在教学过程中，有些分量不是很重的自读课文，教师进行教学时往往忽略了对学生的引导，不能提前设定一些目标或者具体要求，仅仅安排学生自读课文，至于具体需要达到什么效果，学生也不清楚，稀里糊涂就开始了阅读。学生对于本篇文章、本节课的目标没有一个清晰的界定，很显然是不行的。即便是读了很多遍，也不能达到预期的效果。这样的学习方式就缺乏了研究的意义，一方面不利于学生对知识的吸收；另一方面教师的教学成效也很难实现，长此以往，不利于培养学生的探索能力。比如，有位教师在讲解《林黛玉进贾府》一课时，本意是想指导学生就宝玉和黛玉的爱情观谈谈自己的看法。但他没有具体设置问题的范围，也没有做任何提点和指示，学生显得比较迷茫，不能按照老师心中想象的那样，自觉从两人的家庭背景、社会环境、人物特征等方面进行研究，反而将话题拉远，谈到了当下流行的电视剧中的爱情人物、家庭中父母的爱情观，甚至谈到了学校中某些风云人物的恋爱经历。当课堂接近尾声时，教师兴高采烈地进行总评，认为每位同学都热情高涨，积极参与讨论，却没有意识到看似热闹的课堂氛围下隐藏的漏洞和缺憾。这样的课堂没有真正达到研究性学习的效果，在其他的教师眼里也成了笑谈。

二是课外研究活动。学生自己选定了一些课题，想要试着去研究，然而他们并不知道这个课题适不适合开展或者能不能做下去，教师这时候应该对学生进行指导，提供可用资料或者给出一些研究的形式和方式，给学生以更为明确的研究方向。否则，当学生进行不下去时就会感到很无措，这样的研究性学习既耗费了时间和精力，也毫无价值可言。

（三）教师盲目开展活动，使研究流于形式

许多教师在运用研究性学习方式教学时，都过于功利化，急于求成，没有真正将研究落到实处。研究方式流于形式化主要表现在①：

研究动机、实施方式、活动形式、参与范围、展示交流五个方面。从研究动机来看，由于教师急于实现研究的学术性和社会效能，设定了一些不符合实际的选题，学生入手困难，没有办法全面参与实施。比如，有的教师给学生设定的研究课题是关乎"中国文学的发展"或者"小说的发展现状"，这样的课题本来就不适合中小学生研究，因此也没有什么意义。教师应该根据学生智力水平和心理发展的阶段性因材施教，尽可能设定一些适合他们的研究性课题。其次是实施方式，学生在实施研究计划时，可以适当调整内容或者方式，而不是必须要根据教师提出的方向进行研究，应该充分尊重学生的个体性，鼓励学生自由发展，激发学生研究的创造性和探索精神。再次是活动形式。有的教师想尽一切办法鼓励学生积极参与活动，希望调动一切有利因素让气氛活跃起来，其实学生看似参与程度很高，却不能真正理解活动的内涵和意义，因此，缺乏深度和实效性的研究活动也是无价值的。从参与范围来看，教学的效果可能仍然不尽如人意，学生参与的情况与想象是有差距的，有的学生对学科内容感兴趣，能够积极主动地学习，搜集资料，认真思考，与同学和老师经常交流，而有的同学由于各种因素不喜欢所研究的内容，就很难下功夫花心思去研究。最后是展示交流，由于信息时代的高度发展，在研究的过程中，学生很容易找到大量的资料，很多学生会通过信息重组等方式在已经获得的资料基础上形成自己的研究报告，像完成任务一样进

---

① 高吉魁. 语文新课程研究型性学习 [M]. 北京：高等教育出版社，2005：69—71.

行交流和展示。在研究过程中，学生应该处于一种积极的、亢奋的状态，对自己所探索的课题感兴趣，能够按照计划和制定的目标一步一步正常进行，在这个过程中收获更多的经验和技能，而不是对研究性学习产生厌烦和抗拒的心理。

二、原因分析

（一）对新课程教学理念理解偏差

新课程积极倡导新的学习方式，并没有否定传统的接受性学习方式。教师应该一切以实际需要为主，采用合适的学习方式进行教授。在教学实践中，教师的思维方式不能是单向的，应该是辩证统一的，对于接受性学习方式，教师应该具备基本的理论基础，理论基础的欠缺也是导致教师对新课程理念产生偏差的原因之一。另外，教师还应该加强对研究性学习活动的开展，在学生语文知识得以巩固的基础上，开展一些研究性课题，让学生在搜集资料、运用资料、研究分析资料中，得出研究的结论。通过研究性活动，提高探究能力和创造的能力。

（二）对教与学关系缺乏深入的认识

通过调查发现，许多教师不能正确处理教与学的关系，在实际教学过程中往往容易偏向其中一个方面。新课程强调学生的研究性学习不代表忽视教师的职能，如果没有教师的及时引导，学生一开始的学习很可能就会出现偏差。在学习过程中，教师既要给学生独立的空间和时间，也要全程指导和关注学生的发展，在实施研究性学习时，不可择一而论，只能是教与学二者的统一。

（三）有效指导研究性学习的能力欠缺

1966年，联合国教科文组织发表的《关于教员地位的劝告》报告中指出：中小学教员都应该是具有专门知识和特殊技能的专家。另一份报告强调：在教育事业不断发展和变革今天，教师与研究人员的职责趋向一致。[①] 随着经济的进步和时代的变迁，很多国家都把人才培养列为第一发展目标，

---

① 转引自教育部师范教育司. 语文教育科研导引 [M]. 长春：东北师范大学出版社，2001：19.

我国也把人才强国作为国家发展的重要战略目标之一。国家的强盛离不开人才，人才的培养离不开教育。对于教师而言，教书育人，不辱使命，他们身上肩负着培养人才的重任。教师的水平和层次就直接影响着人才的素质和能力。一个合格的教师，不仅需要有扎实的理论知识和精湛的教学策略，还应该具备很强的实践能力和高度的研究精神。很多教师缺乏这一观念，具有研究精神的教师远远少于实干型教师。尤其是在教师的固有观念里，教学技能和方法可能比研究能力更重要，这显然是不可取的。教师要承担起教书育人的职责，如果其本身的研究能力就不合格，怎么开展好学生的研究工作呢？即便是一些研究能力强的教师，他们已经发表过很多论文，出版过许多专著，但是在指导学生时往往缺乏起到支撑作用的理论基础，不能够全面地掌握学生的身心特点和学习现状，对知识的理解不够系统、深入，指导能力缺乏，就很难取得研究性学习的实效。

三、经验借鉴

（一）美国

在美国，不同的学校有着不同的管理模式。虽然由于教学理念的不同，学校的研究性学习活动形式也不太一样，但是却能够达到较好的效果。典型的研究性学习方式有三种：一是综合型的研究性学习，把研究性学习与一些不同的学科、不同的课程综合起来，在给学生讲授知识的同时穿插进行研究性学习活动。二是独立开课型的研究性学习，一些中学在刚刚开学时就提供给学生许多阅读资料以及可供参考的课题方向，学生可以在放假时自行学习和阅读，并通过自己的理解和信息的整合大致确定一个合理的研究课题，等到再次返校时由学校审批，看看课题是否可行，学生根据实际情况进行改进，由指导教师带领学生自主研究。这里的指导教师不仅仅局限于校内教师，其他领域的权威人才也可以成为导师。这样学生获得的知识和经历就不只是局限于校内，特定社会环境中的竞争也可以带给学生锻炼的机会。[1]三是网络环境下的研究性学习模式。教师通过网络资源的设置，假定一个或多个

---

① 陶铜筑.国外研究性学习的开展情况 [J]. 生物学教学，2003，（5）：37.

场景，其中有需要解决的任务和问题。学生通过信息的整合以及对网络资源的合理运用，对问题进行研究和解答，制订解决方案，最终完成研究任务。这种将互联网信息和研究性学习结合起来的做法不仅能给学生耳目一新的感觉，还能提高课题的研究效率。①

（二）英国

为了更准确地分辨出研究性学习方式和接受性学习方式的差异，英国两所中学选取大量的学生进行为期两到三年的跟踪性实验研究。就数学这门学科的知识性学习而言，这两所学校分别采用两种不同的教学方式开展研究。统计数据表明，论及单纯的记忆知识，无论是接受性学习方式还是研究性学习方式都可以完成教学任务，两所学校的学生表现也是难分伯仲。但是在进行统一的大型考试时，学生的成绩却差别很大。在研究性学习方式指导下的学生取得的成绩居然比接受性学习方式下学生的成绩多出三倍。由于统一考试中很多问题都是开放性的，需要学生自己的理解，传统的机械式记忆不能达到这个水准，所以差距也就显而易见了。通过研究，可以得出三点结论："一是采用研究性方式学习的学生在知识的掌握方面显著地优于以教师为中心方式学习的学生；二是学生对知识的理解深度与迁移、运用能力也比以教师为中心方式学习的学生好；三是学生对知识和学习的态度表现得更具有内在动机。"②

（三）法国

对于教学氛围相对自由的法国来说，学校的研究性学习方式更是门类多样的。由于学校的学习活动比较丰富，学生可选择的课题延展性很大。对于中学生来说，一般是由几个不同学科专业的教师作为一个分组，教师在组内根据所教的课程内容选定一套教学方案，用来作为学生课程安排的依据。学生可以自由选择教师提供的诸多教学方案，在教学目标的指导下研究出一个可用的课题。教师鼓励学生之间成立不同的研究小组，并且可以在班级之外的范围内开展研究活动。这样的学习方式是充满着人文情怀的，并且课题的

① 左璜.西方研究性学习研究的新进展及其启示 [J]. 外国教育研究，2010，（8）：44.
② 赵明仁、黄显华.西方研究性学习的研究综述 [J]. 教育理论与实践，2008，（5）：56.

内容也更加富有选择性。①

通过对国外的一些学习方式的了解和分析，我们发现教师的引领作用很重要。不管是从学习方式的角度，还是从课程设置的角度，没有教师全方位指导的情况下，研究性学习方式很难开展。国外的教学方式是在学校和教师的共同配合下按照一定的步骤实施的，这些程序不能缺少。像德国和日本这些教育发达的国家，他们提倡的自由学习或者综合学习时间也是按照一定的原则进行的。他们不仅对学生的理念给予鼓励和尊重，对教师的指导也有着明确的要求。学生在一种轻松的环境下进行学习和研究，大大发挥了他们的自主性和创造性。

四、实施建议

（一）教师要有完善的知识结构和教育能力

20世纪80年代以来，教师专业化发展趋势越来越明显，一些政策的出台也使教师专业化有了一个明确的标准。例如，美国《教师专业化标准》规定：1. 教师接受社会的委托负责教育学生，照料他们的学习；2. 教师了解学科内容与学科的教学方法；3. 教师负有管理学生的学习并做出建议的责任；4. 教师系统地反思自身的实践并从自身的经验中学习；5. 教师是学习共同体的成员。②我国教师专业化的进程晚于西方，开始于21世纪之交，新课程给教师提出了必备的教育素养、学科素养、博雅素养、公民素养四大素养，其中，最重要的是教育素养。在教育教学工作中，教师应该能够对处于不同年龄阶段的学生采用不同的教学方法，使教育更有针对性。比如，初中和高中阶段的学生身体素质和心理状态还没有达到成熟的标准，这些不同直接影响着他们的学习能力和接受能力。对于初中生而言，教师应该充分利用课堂内外的资源，将研究性学习活动同这些资源结合起来，增添学生的学习兴趣，减少他们的学习负担。对于心智比较成熟的高中生来说，就应该充分尊重他们的人格，允许学生自由选择跨学科、综合性强的研究性题目。在教师的指

---

① 叶纪林. 国外研究性学习的现状特点及启示 [J]. 天津师范大学学报（基础教育版），2008，（2）：53—54.

② （日）佐藤学. 课程与教师 [J]. 钟启泉译. 北京：教育科学出版社，2003：245—246.

导下，学生将自主研究与合作研究的方法得以有效利用。

（二）学生要有充分的研究自主权

新课改以来，学生学习方式的变革显得格外重要，在教学过程中，教师是一个引领者的角色，而学生才是学习的主体。正如桑代克所说："满意是主体性的和个体性的。"[①]学生切实地参与到学习活动中去，才能更具体地获得学习的能力。学生是学习的主体并不代表要否认教师的作用，没有教师的引导只靠学生自己闷头苦学，效果不佳。教师在教学活动中，要充分尊重学生的自主选择权，培养学生的研究自主权，给学生足够的空间和自由。但是教师仍然是主导者，应该有掌控大局的能力，应该怎么教？教到什么程度？这些都是教师需要掌控的。

（三）学校要有一个严格的操作程序

相对于初中阶段开展的小型研究性学习活动而言，高中阶段的研究性学习活动更加需要设定一套明确的规范和程序。"没有规矩，不成方圆"，合理的管理制度和评价机制能起到督促作用，使得活动更加顺利和完善。例如，可以设计这样一个流程：培训教师——制定校本课程实施规划——设计《研究性学习学生手册》——培训学生——成立研习小组——产生研究课题——制订小组学期活动周计划——撰写开题报告——开展（并记录各次研习活动）——撰写结题报告——制作结题幻灯片——成果汇报——成绩评价。[②]研究性学习活动的实施是受多种因素制约的，如果学校能够合理利用教学资源，将以上这些实施方案落到实处，会收到较好的活动效果。从这套严密的流程来看，学校的管理显得颇为重要，是教学工作得以开展的有力保障。而教师的角色仍然是主导性的，从学期活动计划的制订到对学生成绩的评价，每一个环节都离不开教师的指导和配合，也是由于各个环节的合理运作，这样的研究性项目才能够得以有效的落实。

（四）要建立动态的、多层次的教学评价标准

教学评价有定性评价、定量评价，过程性评价、终结性评价等多种评

---

① （美）莱斯利·P.斯特弗、杰里·盖尔.教育中的建构主义[M].高文、徐斌艳等译，上海：华东师范大学出版社，2002：12.

② 肖晓阳.普通高中研究性学习的规范化研究[J].福建教育学院学报，2010，（3）：75.

价方式，新课标更加强调学业水平评价、定性评价、过程性评价、发展性评价在教学中的运用，帮助学生在学习过程的各个阶段都有所提升。但是这样的教学评价在期末考试、升学考试中起不到多少帮助，可能有的学生平时学习认真，考试成绩优异，但是到了最终考试，由于发挥失常等因素会导致分数不理想，之前考得再好也都无济于事。在这样的考试形势下，衍生出了应试教育，即教师只关心中考、高考会考什么，如何答能得满分、高分，将知识的学习附加了太多的功利性，而忽视知识本身的价值以及在实践中的应用。所以，多数教师不会将时间浪费在开阔视野、开发思维的学习活动中，而是致力于考题的研究。就目前状况来看，最关键的是要改变评价机制，变换评价标准，中考、高考不能一锤定音，一次成绩并不具备充分、全面的考查性，应当着重对学生各个阶段的学习效果做以评价；对学习阶段取得的成果、发明给予奖励，为最后的考试做以参考，学生学习在于方方面面，这些都要考查。给学生一个最公正、完整的评价，也有助于学生的综合成长。

第七节　网络环境下的语文学习策略

在信息爆炸的时代，由于互联网信息的影响，正处于青少年时期的学生生活世界正在以比学校快几倍的速度变化着。正如查尔斯·汉迪所说："势不可当的变化速度要求彻底地重新考虑我们的学习方法。"[①]诚然，在这样的变革下，我们也需要紧跟时代的步伐，革新思想观念和学习方式。不知不觉，我们的学习和生活处处都离不开网络，计算机技术早已渗透到每一个方面。作为一名教师，必须熟悉和掌握网络环境下的教学模式，而作为学生，学会在网络环境下学习将成为一项必不可少的能力。

一、现状调查

为了对当今网络环境下学生学习语文的情况有更加全面地认识，我们对河南省某市学生进行了抽样调查。调查对象为7—9年级普通班学生，随机抽

---

① 查尔斯·汉迪.非理性时代：工作与生活的未来[M].方海萍等译.北京：华夏出版社，2000：9.

取10个班级和150名学生。调查目的旨在了解初中生网络环境下语文学习现状。调查工具是"网络环境下语文学习策略问卷调查表"，其中问卷的内容主要分为学生的元认知策略、认知策略、资源利用策略等。本次调查发放问卷150份，收回150份，分为优、良、中、差四个评定等级。

（一）调查结果分析

1. 网络环境下学生语文学习策略的分布情况

调查结果为，在元认知策略、认知策略、资源利用策略三个方面，学生选优的比例依次为19%、23%、25%，良的比例依次为27%、31%、27%，中的比例依次为29%、29%、30%，差的比例依次为25%、17%、18%。根据数据的反映情况来看，对初中生而言，网络环境下学生语文学习策略分布较为均匀，没有较大的差异。具体来看，属优、差的占极小的比例，而大部分学生所属的范围在良、中之间。

2. 网络环境下学生语文学习的各项策略调查情况

有关网络环境下学生语文学习元认知策略调查情况，"对自己的知识水平和能力有全面的认识"一题，选优、良和中、差的比例分别为39%、56%、5%。对"网络环境下进行语文学习有明确的目标和计划"一题，选优、良和中、差的比例分别为19%、48%、23%。对"对网络环境下的语文学习有积极的态度"一题，选优、良和中、差的比例分别为35%、52%、13%。

有关网络环境下学生语文学习认知策略调查情况，对"网络环境下进行语文学习注重学习策略的运用"一题，选优、良和中、差的比例分别为25%、44%、31%。对"上网搜集材料进行探究阅读、并提出见解"一题，选优良和中差的比例分别为21%、49%、30%。对"进行网络写作"一题，选优的学生占20%，良和中的比例为47%，差的比例为33%。对"别人交流写作经验、并互改互评"一题，选优的学生占12%，良和中的比例为31%，差的比例为57%。对"利用网络识字工具进行字、词的学习"一题，选优的学生占9%，良和中的比例为24%，差的比例为67%。

有关网络环境下学生语文学习资源利用策略调查情况，对"能有目的地快速搜集到想要得到的信息"一题，选优、良和中、差的比例分别为39%、49%、12%。对"对搜集的信息进行理解、归纳、分类、鉴别、分析综合"

一题，选优、良和中、差的比例分别为17%、54%、29%。对"灵活使用办公软件等网络工具"一题，选优、良和中、差的比例分别为18%、63%、19%。对"网络语文学习中遇到困难时、积极寻求帮助"一题，选优、良和中、差的比例分别为16%、50%、34%。

通过以上数据可以看出，在网络环境下大部分学生语文学习更注重学习策略的运用，并且占有很大比重的学生对于网络环境下的语文学习持有积极的态度。但从整体上来看，网络环境下在语文学习资源这部分很多学生还做不到充分利用，学习时缺乏计划性和组织性。

（二）存在问题

1. 网络环境下语文学习策略缺乏层次性和多样性

21世纪的网络学习环境具有很多独特的性能，例如开放性和即时性，这些都是传统的非网络环境下所不能比拟的，学生进行语文学习时能够从中获取更多的便利条件。然而，信息化社会对语文学习的要求越来越高，在这种形势下，网络环境下的语文学习策略必须是富有多样性和层次性的。就目前语文学习策略来看，以五大领域为中心的语文学习目标并没有和网络环境的独特属性相结合，应该要更加系统地开展语文学习，如从元认知、认知、资源组织、管理策略等方面全面提高、健全学生的策略意识，并提高学生在网络环境下的语文学习技能。

2. 教师、学生、网络之间缺乏良好的协作与沟通

传统的语文课堂上，师生是面对面交流，课堂环境影响着学生的学习状态和心理活动，教师的教学语言、肢体语言、精神面貌能够直接对学生产生作用。但是相对于传统的课堂，有网络、多媒体参与的课堂似乎多了一些冰冷，少了一些人文情怀。其实，网络环境下的语文学习更需要教师作为一种介质，将有效信息和知识传递给学生，使他们更易于接受。网络环境下的语文学习有很多优势，教师应该引领学生去认识和了解这些优势，充分利用网络的高效便捷性，从网络环境中挖掘更多乐趣，从而使学生感受学习的轻松和自由，享受充分获取知识的空间，养成持续学习的好习惯。在网络环境下，教师是学习的引领者而不是控制者，因此，网络环境下的学习应该更加轻松和谐，更能调动学生的情绪。

3. 网络环境下语文学习支持服务机制的缺失

"学习支持服务来源于国外的远程教育领域，指支持与帮助服务。一个完善的、强有力的学习支持服务系统应提供学习者在学习过程各个环节中所需要的各种服务。"[①]因为许多不可控制的因素，在语文学习平台和网络学习资源设计中，学习支持机制的力度还不够，学习者在学习过程中一旦遇到问题便很难解决。目前网络环境下语文学习支持服务的缺陷，主要是教师支持和硬件的缺失，和以往的学习环境不同，那些网络环境下的学习者遇到问题更加需要得到导师或者同伴的鼓励，这些鼓励和帮助是学习者继续前进的动力。网络环境虽然能够给学习者提供很大的优势，但是它毕竟是有着不可跨越的时空性，这种特性阻碍了学习者与导师以及其他同伴的沟通。因此，在网络资源极其丰富的环境中，学习者很容易造成信息迷航。这就给支持机制带来新的难题，需要设计更好的方案来支持网络环境下的语文学习。

4. 网络与语文学习缺乏有效的整合

对网络技术的合理利用能够使学生更快地获取知识，教师需要将网络与语文学习有效整合，使其发挥出最大的效果。整合中应当注意的主要事项：第一，在语文学习中，网络只是学习的手段而不是最终的目标。在网络学习中，不能过分地夸大网络的功能，而将语文学习放在一边，要合理运用网络，将其作为学习语文的辅助工具。第二，实现传统学习模式与网络学习模式的优势互补。第三，采取有效措施，促进学习者的学习行为、学习习惯与网络的融合。另外，网络语文学习支持服务系统是实现网络与语文有效融合的保障机制。

二、网络环境下的语文学习策略

结合国内外学者在该领域的研究成果，运用与教育学、语文学科和计算机网络的相关知识，着重从以下三个方面来谈网络环境下的语文学习策略。

（一）网络环境下的语文学习元认知策略

网络环境下的语文学习元认知策略更能够将学生带入较为清晰的学习环

---

① 黄丽. 影响网络学习质量的因素探析 [J]. 职业教育研究，2007，（5）：133.

境，更能有效地把握学习内涵，激发学生积极性，顺利地完成学习目标。主要由以下四个方面构成。

1. 网络环境下的语文学习元认知认识策略

该策略是对于影响学生个体整个学习经历的基点，以及这些基点发挥作用的情形，还有基点彼此交错产生等问题的认识策略。主要体现在：第一，对学生的认识。学生在网络环境下完成语文学习任务时，要首先认识到自己作为学习或思维的认知加工者的一切特征。第二，对目标的认识。网络环境下对语文学习目标的认识，是指学生对语文学习路径、学习目标和学习意义三者之间异同的认识。第三，对网络环境下语文学习策略的掌握与运用的认识。例如，在网络环境下进行语文学习可以运用哪些策略；这些策略的长处和短处是什么；这些策略运用的前提和背景是什么；对于性格特点、学习方法不同的学生来说，应该选择什么样的策略才是有效的，等等。

2. 网络环境下的语文学习元认知计划策略

该策略是指在网络环境下学生展开一项认知活动之前，首先明确活动的特制目标，筹谋清晰详细的学习规划，设计学习活动的具体步骤，根据目标计划合理分配学习时间和精力，根据学习活动的要求选择相应的贴合实际的学习方法，预测可能出现的问题并设计解决问题的方案，预测学习活动的有效性等。简而言之，网络环境下的语文学习元认知计划策略就是要学生确定自己的学习目标和学习策略。

3. 网络环境下的语文学习元认知评价与反思策略

该策略是学生把网络语文学习取得的阶段成果以及某学习过程完成后的最终成绩与已制订的学习计划、目标作比较，分析计划完成情况，发现学习中的问题导致哪些目标未能达成，哪些优点有助于达成目标，据此对学习过程及结果的质量、水平及优劣做出评价。并通过主体有效参与的自我反思方式，一定程度上促进学生学习能力的提高。网络环境下语文学习的元认知评价与反思策略主要包括：（1）学生以成绩为参照，反思自己是否把本次网络环境下语文学习活动的主要知识内容结构掌握并消化，对自己学习活动的表现做一个客观、深入的评价；（2）正视本次学习活动过程中的缺陷和不足，刨根问底追究原因，发现问题，进而完善自己，为下次学习活动的成功开展做准备；（3）善于思考，用发散性思维方式看待问题，另辟蹊径，用创新型思维方法寻找新的、可行的学习策略运用于语文的网络学习中。

4. 网络环境下的语文学习元认知调控策略

该策略是指学生基于自我评价与反思的结果，通过对网络环境下认知活动过程及结果的回顾、反思，对所发现的问题要采取有效措施加以改进、修正以完善网络学习策略。网络环境下语文学习元认知调控策略主要包括：（1）查看学习计划是否全面，如有缺漏，要及时对学习计划加以查漏补缺；（2）检测学习效果，如果结果不理想，就要及时查找问题所在，解决问题，克服困难，调整学习策略、学习模式；（3）发现学习策略不恰当时，及时调换学习策略；（4）如果因为知识的储存不足影响到学习进程时，就要有针对性地完善自己的知识体系；（5）网络环境下的学习效果理想，则要进行自我强化、自我激励，如果学校成果不佳，则要进行自我批评、自我惩罚；（6）"当局者迷，旁观者清"，邀请教师或同学对自己的网络语文学习过程进行监督和评价，以更加客观全面地发现问题，弥补自我评价的不足。

（二）网络环境下的语文学习认知策略

该策略就是学生在了解自己个人特色后运用并解决实际问题的方法。它是网络环境下语文学习策略的重中之重，也是掌握网络语文学习策略的关键。该策略发挥得当可以充分提高学生的学习效率，准确地实现他们的学习目标。

1. 网络环境下的自主型学习策略

网络环境下的自主学习是指学生充分利用网络中的各种优势资源，在语文学习中自主的意义建构的活动。[①]应该是受控式和开放式相结合的自主学习，而不是无计划地、自由地让学生放任自流的"懒散式"自主学习。受控式仍将指挥权交给老师，在教师的带领下，沿着主线寻找突破口，进行一步步的学习；开放式则是完全依靠学生自己，凭借搜集的大量信息资料，整理并判断，摸索着去寻找路径。只有两种学习方式相结合，才能高效率地完成学习任务。

---

① 刘尔明. 网络环境下学生自主学习的理论与实践 [J]. 现代远距离教育，2001，（4）：27.

2. 网络环境下的合作型学习策略

"网络环境下的语文合作学习是指利用网络支持合作学习的环境，以小组学习的形式组织学生进行语文学习，使教师与学生间、学生与学生间在讨论、合作与交流的基础上进行合作学习，从而完成教学目标的一种新型教学模式，是计算机、网络等新技术应用于协作学习教学模式的体现。"[①]网络环境下的语文合作学习中，学生个人对学习策略的影响减弱，小组中促进者则起着至关重要的作用。这个角色并不是虚存，而是真正能够带动小组成员进行组内讨论协作，有条不紊地解决争议的问题，从而实现学习目标。

3. 网络环境下的研究型学习策略

目前，学界已积累不少网络环境下研究性学习方面的研究成果和成功案例。如，"情境—探究"和"合作—研究"网络语文研究性学习模式。网络语文学习模式确实填补了语文教学中的一些空白，改变了传统教学模式，认识到不能再以知识为主，要把学习能力放在重点；并且学生的主体地位逐渐凸现出来；此外，以前是以书本为中心，现在开始以资源为中心。新型语文学习模式的建构，不同于一般学习策略、学习方法的改变，其实质是素质教育的改革，如果改革的初衷缺乏新的教育理念和现代化观念，那必然是"换汤不换药"。

（三）网络环境下语文学习资源利用策略

1. 网络资源综合应用策略

该策略在语文学习方面包括：第一，资源获取策略。包括资源的搜集、辨别、优选策略。学习者在语文学习的过程中，通过网络工具，方便、快捷、准确地获取所需的网络信息资源。获取过程要有针对性和目的性，过于盲目贪多会增加工作量，还可能会适得其反，不利于信息的利用。第二，资源加工整理策略。加工整理过程是指通过网络获得的信息、资源进行整理、理解、归纳、分析、筛选、存储记忆、批判、鉴别等。

2. Web工具应用策略

Web（互联网）具有信息量大且全，跨时空的特点，学习者在这个平台

---

① 柳珺、戴艳红. 网络环境下协作学习的教学研究 [J]. 科技信息，2007，（21）：41—42.

上可以自主选择所需资源。具体到网络环境下的语文学习过程中，学习者可以利用Web的多样性和广泛性来辅助语文学习，从而增加语文学习的趣味性和吸引力。网络环境下语文学习的工具大致分为：文字处理工具、信息检索工具、交流工具、资源收藏工具等类型。文字处理工具有在线词典、MS Office的组件等；信息检索工具有IE浏览器、网络标签等；交流工具有BBS、EMS、QQ、Email等；信息收藏工具有个人网络数据库、个人网络知识库、Blog（网络日志）等。对于年轻的学习者而言，熟悉和掌握各种网络认知和学习工具是很有必要的。比如，教师通过在校园网的论坛上创建"读书吧"等各种阅读栏目，使学生可以进行众多读书活动，提交书评、读后感、作品讨论等方式相互交流。这样学生就能够在娱乐中不知不觉提高阅读水平和写作能力。再如，语音聊天工具在一定程度上可以提高学生的听说交流能力。在学生看来上网的基本功能是交流，而交流工具中最为便捷的是语音聊天功能，我们可以充分利用网络的语音聊天功能来训练学生的倾听、表达和沟通能力。校内网络也应该受到重视充分利用，最大范围、最大限度地满足学生在网络环境下语文学习的要求。

3. 组织管理资源策略

网络组织管理资源的功能是收藏、保存、记录信息，与本地硬盘存储相比其优势是网络资源应用过程便捷、网络信息资源一旦被保存就具有一定的稳定性。组织管理网络学习资源的具体策略：第一，在网络上把获得的网络学习资源进行组织管理，分门别类的整理、归纳，创建个人数据库，保证在需要时能够准确、方便的被提取出来。每一类资源匹配相应的关键字、词，这样无论是提取信息资源还是搜集资源都会快捷有序。第二，创建个人网络知识库来分类管理语文学习资源。这个策略可以使信息资源搜集和提取过程都更有针对性，通过筛选过滤过程为网络信息资源规划目录，同时根据个人需要对信息资源进行浅层次的加工，以备随时提取使用。第三，建立Blog（网络日志）管理个人资源。网络日志，可以对在网络学习中获得的知识内容和思想进行有针对性的记录，在此基础上，根据自身知识储备和个人观点对网络学习的成果进行再加工，从而使从网络中获得的知识有了学习者个人的烙印，同时也是学习者内化知识的过程。写网络日志的过程能使学习者原有的知识资源提取、吸收、再组合并且得到升华之后外化，从而更加直接深入的对网络内容资源进行掌握，网络日志本身也是学习者对网络资源掌握情况的体现。

三、网络环境下实施语文学习策略的途径

（一）打造宽松的网络语文学习环境

1. 搭建网络语文学习环境的平台

当前，由于信息纷繁复杂，给学习者有效筛选、获取与使用信息带来了难度，又加上应试教育的影响，学生疲于应对各种考试，不能轻松自如地去网上获取知识。因此，亟待建设一个省时、高效、便捷的网络交互平台。国家或者省市级教育部门应和信息部门全力合作，做好合理规划，以重点学校为推行载体，以教育内网建设为基础，形成一个延展、经济、服务于当地教育的网络平台。同时，学生与网络语文学习资源之间的链接软件系统也是必不可少的。解决这一问题需要语文媒体授课系统、视频点播系统、语音在线系统、动态模式化信息论坛和BBS相互配合共同作用。网络资源要想在语文学习中发挥应有的作用，依赖于各种软件资源，需要网络提供一个应用的平台，但是软件系统的运行必须有相应的硬件配备设施做支撑。网络学习硬件环境主要包括多媒体教室，配备有连接Internet互联网的多媒体计算机、视频展示台、投影设备、音响设备，并由控制设备形成一个整体系统，能够保证学生快速方便地进浏览各种有进入权限的学习资源网站。

2. 营造网络语文学习环境的空间

作为教师应竭尽全力地为学生创设一个积极向上、有活力的课堂学习环境。网络信息技术自然而然地被应用于营造课堂的氛围。网络信息技术的应用前提是要尊重学生的个性。要创设的网络语文学习环境应该是既具有个性化特征又蕴含着丰富的文化内涵。网络环境中必须承载学生所需的海量资源，才能保证学习效果。同时，也要确保查找过程有针对性、直奔主题、少走弯路，以免"误入歧途"浪费精力和时间。所以学生应该具备一些基本的导航查找策略，还可以设计一些和主题相关的资源链接，这样在需要时可以"一触即达"。学习者之间通过多种便捷的沟通交流平台实现"提问——答

疑——交流——反馈"的学习过程。在这个过程中，每一个学习者都能平等、自主、积极地获取知识，同时提高自身能力，完善自我。

（二）建立一支高素质的新型教师队伍

1. 教师应积极发挥主导作用

电脑媒介具有传递信息迅速、储存空间充足的优势，通常在课堂中利用它向学习者提供大量的所需信息资源。教师上课前取舍资料时，需将教学任务考虑在内，还要考虑材料是否能够诱导学生发散思维、深入思考。此外，教师要扮演好自己的角色，既不能"抢戏"又不能"失位"，积极备课，设计恰当情景，让学生投入自己的戏份中，顺理成章地完成教学任务，也让学生在此过程中学会思考方法，提高主动学习的能力。让计算机成为提高教学质量和教学效率的有效工具。

2. 教师应合理把握放与收的尺度

在新型的教学活动中，教师要给自己准确定位，掌握何时放，何时收。既要帮助学生正确利用好网络这个工具，让其自主从中获取知识，也要能约束和控制学生的网络学习。在指导过程中要扮演好情境设计者、资源出处提供者、合作分工指导者、探究过程监督者、交流反馈组织者、成果评价鉴定者六种角色。要做到收放有度、收放自如。

3. 教师应重视学生信息甄别能力的培养

在网络学习活动开展之前，教师还需做一些准备工作，例如，应告知学生网络的利与弊，以及如何正确对待网络学习。对学生自主学习的时间与效率要严格加以控制，避免学生因为盲目和无经验从事大量的无用功，不但加重学生的学习负担，也不利于学生的长远发展。另外，教师也可自己设计网站，绿化网络环境。抑或让学生进入正规的大型学习网站进行学习，以避免他们浏览不良网站，走弯路。

（三）形成网络语文学习的反思机制

1. 反思方法，应对问题

教师要鼓励学生主动探究，帮助学生掌握多种学习方法。鉴于学生的个体差异性，学习方法的差异性，怎样因人制宜让学生找到最适合自己的方法？笔者认为，在教学实践中，教师要指导学生自我回顾、自我反思，学生在反思中对不同的策略进行整理、比较、分析，从而筛选出与自己最匹配的方法。在网络语文学习中，教师不但要引导和传授学生如何准确快速地搜索各种知识、信息，引导学生之间进行交流、讨论，更要教会学生反思网络语文学习的过程与方法，分析解决问题时所用到的策略，这样不但授学生以"鱼"，同时也让学生得到了"渔"，从而使他们能轻松自如地应对网络学习中出现的各种问题。

2. 反思过程，促进评价

想要对网络学习进行自我评价，首先要有依据，即对整个学习策略运用过程的回顾总结。在网络语文学习过程中，课堂小结是简单便捷的也是最常用的一种方法。每进行一个课时，让学生对这节课进行反思所用到的学习策略，评价其优点、不足以及改进方法。学生在这个反思和评价过程中可以对已学的知识进行巩固，同时也逐渐摸清规律，掌握方法，总结自己在学习中存在的问题，将问题进行分类研究，找寻突破口，并逐一解决，将这样一个过程内化为自己的学习研究能力。

3. 反思错误，总结升华

元认知理论表明：只有当学生意识到信息加工过程的漏洞并因此改变信息加工过程时，才能使学习过程逐步完善。所以，学生应该在学习的过程中要经常进行自我反思、自我提高。要有锲而不舍的精神，通过不断地否定和改正"差错"，减少"差错"的出现频率并完善自我。在学习过程中，目的并不在于不断地发现错误并改正错误，而在于实现质的升华，思想的顿悟。无论教师还是学生都不应该害怕错误、逃避错误而应该以学生的错误为依据，认识到在网络这个特殊环境中语文学习不能故步自封，而应该做相应的调整策略。把学生的错误当成一面镜子，引导学生正视错误，从而使学生的纠错过程科学化。

第八节　网络环境下语文学习情境的创设

网络作为一种新的生活方式渗透在现代生活的每一个角落。如购物有"网上购物"，求医有"网上医生"，教育也开始了"网络教育"的时代。

科技的飞速发展，推动我国的教育事业进行了全面的更新，在这种情况下，如何在信息爆炸的环境中依据建构主义理论设计出能激发学生潜能、培养创新能力的语文学习情境就显得尤为重要。

一、网络环境下语文学习情境创设的背景

"教育部决定，从2001年起，用5—10年左右时间在全国中小学基本普及信息技术教育，全面实施校校通工程，以信息化带动教育的现代化，努力实现基础教育跨越式发展。"①信息化让教与学都发生了翻天覆地的变化，特别是对教育的思想、观念、模式、内容和方式有着很大的意义。网络渗透校园，现代与传统的融合让课堂形式和内容变得更加丰富，极大地推动了教育教学改革。在信息爆炸、竞争日益激烈的时代里，更是要利用好信息技术辅助教育活动，这对于一个国家、一个民族来说都是关乎兴衰的大事。陈至立曾说，学校要将现代教育技术这个大旗扛起来，将其融入传统方法中，提高课堂教学水平。

面对日新月异的科技生活挑战，如何利用好网络来促进我们的语文教育改革是应当思考的。教学设备要随着科技的发达而强化，实现教学手段多样化，努力建构新型的学习模式，使语文课堂更有选择性，变被动听讲为主动学习，开放学生思维，创造教与学的最佳氛围。因此，作为一名语文教师，如何将信息科技应用于教学课堂模式，从而创新语文学习新环境就成了我们亟须探索和实践的重大问题。

早先，皮亚杰提出了"认知学习"理论（建构主义学习理论是其重要的分支）。他相信，环境对个人有着一定的影响，而个人也对环境起着反作用，二者相辅相成建构出独特的知识网络，也促成个人的认知升华。从皮亚杰的观点来看，学生并不是从教师教课中获取知识的，而是在不同的情境下，利用辅助工具、学习资料或者其他学习形式而储备知识。学习情境是课堂教学设计的重要组成部分。它是指为学生提供一个完整、真实的、接近实际的学习背景，促使学生产生学习的需求，同时又促进了学习共同体中成员

---

① 陈至立.应用现代教育技术推动教育教学改革 [N].中国教育报，1998—05—18，（2）.

间的互动、交流，即共同学习，驱动学生进行积极主动的学习，从而达到建构知识意义的目的。[①]一个有效的教学活动，它的学习情境必然能够激发兴趣、拓宽思维、锻炼能力。尤其是如今进行的新一轮课程改革，应当进一步大力推广信息技术，创新教学模式，转变"落伍"观念，让学习知识的途径更加多样化，让学生掌握学习主动权。作为与学生健康成长息息相关的学校，应该能够提供有效的、便利的获取信息的环境，有便利的条件为保障，才能更好地实现新课标的要求。

二、网络环境下语文学习情境的创设

随着经济水平的日益提高，我国教育信息化产业的迅速发展，课堂教学环境展现了全新的面貌。一些多媒体网络教室、校园网、互联网成为信息技术课程教学的资源环境。由于多媒体网络具有形式多样、资源共享等特点，所以能够给教学提供很大的帮助，它利用其本身功能呈现出生动的视觉和听觉冲击力，甚至能够模拟出情景再现的效果，将学生带到生动的学习氛围中，这是传统教学所不能比拟的。而未来探索的方向是如何将网络技术的应用范围扩大化、功能优势突出化，创造出更能让学生快速接受的情景模式，有利于学生自主建构知识框架体系。根据网络技术以及教学环境的特点和功能，可以将创设的情景分为以下几个方面：

（一）创设直观情境

利用多媒体具有信息化处理的特点，教师可以把教学内容生动地呈现出来，这样可以使学生从新的感官刺激中领悟知识、获取知识。教学中可以利用信息技术创设目标情景，将书本上的枯燥知识转化为活灵活现的形式，从而使教学更容易切入，学生更容易理解，直观将知识展现出来也正是教学的原则之一，在培养学生学习兴趣的同时也提高了课堂效率，有助于课程目标的超前实现。教师可以充分利用网络这个大宝藏来为课堂丰富知识，引入主题。例如，老师在讲《安塞腰鼓》时，可以让学生通过直观了解的与课文有关陕西民俗风情方面的图片，从而有利于他们加深对文本的理解。网络的便

---

① 韦志成.语文教学情境论[M].南宁：广西教育出版社，1996：56—81.

利给学生理解课文背景、感受文化氛围起到了很好的作用，较之传统的教授方式，更能引人入胜。这种新的感官刺激会给学生留下更加深刻的印象，也有利于进一步巩固学习，以及推广其他知识的应用。

当然，在这样的情境中，教师的角色不可或缺。一方面，情景是由教师一手策划的，也必须由教师来完成，在这里起到的是定向作用；另一方面，教师的角色贯穿于整个情景中，指导并引领学生在情景中穿梭、感悟，必要时指点迷津，让学生更清楚地、有条理地完成课堂学习任务，实现教学目标。

（二）创设问题情境

创设情境，提出问题是学习很好的切入点，应用多媒体技术创设问题更能引起学生的注意，这对于整天面对繁重学业任务的学生来说无疑是一股新鲜的力量。一直以来，教师喜欢以提问的方式开展课堂教学，然而，课堂提问不仅需要花费时间精心设计，而且往往只能照顾到个别学生，不利于全体学生的主动参与。如今的信息技术恰能解决这一问题，通过资源共享、信息互换、网络交流即可实现所有人一起参加问题的探讨，这样可以以全员的行动调动个人的积极性，激发学习兴趣。需要注意的是，网络资源良莠不齐，教师应当引导学生通过正确途径查找资料。

设置问题情境是情境创设的重要环节。好的问题情景往往能够引领学生层层深入探索，追寻问题的根源，并亲身实践获取知识，找到答案。《义务教育语文课程标准（实验稿）》强调要突出加强学生自主的语文实践活动，教师要能够利用教学手段培养学生形成主动获得知识的能力。网络信息技术的投用，大大加快了学生实践活动的步伐，更好地完成了学习任务。

一位教师在教《哈姆雷特》一课时，以《义务教育语文课程标准（2011年版）》为依据，为该课设计制作了教学专题学习网页，链接到校园网上，实现了教学资源共享。上课时，老师首先向学生抛出一个问题："你对莎士比亚了解多少？"在充满好奇的同时，同学们便开始动手操作了，在页面上键入"莎士比亚"，通过相关网站的搜索引擎很快便检索到有关资料，不过几分钟莎士比亚的生平、著作、成就等相关资料便——呈现在同学们面前。在获取了这些信息后，同学们开始识记，并将这些信息重新总结，举手发言告诉老师。老师顺势提出一系列有价值的问题："为什么说《哈姆雷特》是莎士比亚最伟大的作品？"……"用你从网上搜索到的具体信息说说你是怎样理解的？"学生带着问题进行网上自学，会收到意想不到的效果。

（三）创设协作情境

协作学习，即学生与学习伙伴共同研究一些问题，在探讨的同时，学生与伙伴能够彼此坦诚地交流，面对个体间的不同，能够持有良好的心态，并且以团队的利益为最优选择，最终促使学生的组织能力、交往沟通协作能力有明显的提升。[1]在协作的过程中，教师也有必要的职责，就像每一个团队中都一定有一个队长一样，是整个团队的核心，能够掌控全局，组织成员进行探讨和沟通，针对不同的意见进行斧正和总结。

当下，网络社交功能已逐渐强大，可以利用一些工具如QQ、微信、微博、论坛、邮箱等来搭建协作化的学习情景，以便开展组内合作与交流、组间的讨论与评价，实现创作成果上传，学生在获取知识的同时，也学会了合作，锻炼了社交能力以及处理人机关系的能力。协作情景的种类、形式多样，不必拘于一种，要以变换的方式，与时俱进，以不同的角度来达到设定的目标，这样更能激发学生的兴趣。在自主探索和学习的过程中，学生难免会碰到这样或那样的问题，很多问题都可以借助电子信息平台进行交流，师生参与研究共同将问题细化解决，从而达到无死角的学习。

例如，按照创设协作情景的方法讲授《济南的冬天》一课，教师在利用计算机设计课程时，一方面准备好必要的学习资料，另一方面也要让学生自己沿着问题线索进行查找，并让学生通过电子信息平台进行互动、交流探讨。先进行组内讨论，再进行组间讨论，将重点、难点的问题深入化。这样的环节对于学生的全面发展十分有帮助，协作情景的创设让课堂热闹起来，让学生真正成为学习的主人翁。

（四）创设资源情境

在教学过程中，教师可以指导学生利用网络工具查找学习资料，在网上看书，并做批注。"得法于课内，得益于课外"，课外的实践活动更有利于巩

---

① 钟志贤. 建构主义学习理论与教学设计 [J]. 电化教育研究，2006，（5）：10—16.

固和拓展课堂知识，学生利用网络的便利可以更有效率的阅读书籍，极大地拓宽了知识领域。

学生可以自己创设认知情景，将网络信息资源引入自己的资料库，形成一个知识框架，日积月累，慢慢填充成一个体系，并与其他同学资源互换，实现共赢；网络工具多种多样，学生可以将自己的知识储备应用出来，利用制作PPT等课件资料，分享到网络上，还可以当老师为其他同学答疑解惑，相互促进。这样一来，网络资源被获取再加工后发布于网络，充分利用网络的互换性，更好地获取一些有用的知识。

比如，学习《音乐之都维也纳》一课后，学生对文章有了一定的理解，此时教师可以向学生们提供相关网站，让他们去网上冲浪。关于维也纳的一切都可以被学生查询，感受其文化氛围，拓宽眼界，同时也加深了对音乐之都的了解，也更加理解课文中语言文字运用的奥妙以及教师解读的意蕴。通过网络的学习，学生的脑海里更是有了画面感。在这样的感知下，不免会有一些情感的表达，学生可以再次通过网络进行交流思想，有感情地学习知识，更能将知识内化于心。

三、需要注意的几个问题

（一）学习情境创设要符合学生的接受能力

情境创设不宜偏难也不宜偏易，要结合当前学生已有的知识储备，以及新课标中的学习目标、学习任务，创设贴合实际、简单易行、效果显著的学习情境，让学生在这样的情境中发现问题并解决问题，恰当并且充分地发挥想象力，提高学生对知识的理解程度。因此，教师只有深入研究课标，制定适合学生的教学目标和教学环节，学生才能获得最大的裨益。大量实验表明，情境创设的真实程度的高低，对于学生进入状态的程度有着很大的影响。反之会扼杀学生的学习热情，使他们产生畏难情绪，结果适得其反。

（二）学习情境创设要发挥教师的主导作用

知识传递的末端是学生，学生将获取的知识主动消化，构建知识体系。在这中间，教师扮演的角色应当是引导者，指引正确的构建方向。目前，在新型的课堂教学中，信息技术大量引进，提高了课堂效率和效果，但这并不意味着教师失去了存在价值。在利用信息技术过程中，教师要从方向上给予学生帮助，正确利用获取的信息进行知识建构；信息技术的优势就在于能将复杂抽象的知识形象化，以图片、动画等形式展现出来。教师需要在其中将零散的知识进行贯穿，梳理脉络；另外，学生可以在信息时代中自由地"遨游"，但需要有一条红线进行约束，这就需要教师将红线画出。因此，学习情境创设后，并不能仅靠学生这个主体，还应当有教师做以辅助，体现主导作用。

（三）学习情境创设要关注网络的开放性和生成性

建构主义认为：情景化应当是最理想的方式，在设定的大环境下互动，在已有的框架基础上，持续地将理论与实践、形式和策略、行为感知和精神层面贯穿在一起，实现个性化的智能构建。这样看来，构建情景要从连续和动态两个方面着手，呈梯度变化，层层加深。情境的设计应当更具客观，不要附加太多的个人情感，有些教师喜欢按照自己的"剧本"来"演戏"，让学生来客串演员，这样往往让学生掉进"陷阱"。然而，不可忽略的是学生这个主体，应考虑学生的特殊性和普遍性，还应考虑现实中的各种情况，这样才会使课堂效果最佳。如何灵活利用现场情景，及时变通，是教师应当谋划的，而不是纯粹要求达到某种预期，让学生丰富的想象力得以释放，也让课堂不再单调。新课程理念下的教学模式要敢于打破常规，运用先进的教育方法，给予学生更加宽广的想象和创造空间。

第八章　语文教学评价

传统的语文教学评价过于注重选拔性的终结性评价，评价单一、片面，不利于学生的全面发展。新课改以来，提倡过程性评价、诊断性评价、发展性评价和终结性评价相结合，定量评价和定性评价相结合，突出教育评价部门、任课教师、社区工作人员、家长以及学生等多方参与的评价，突出学生的自评和互评，突出学生的主体性评价，充分发挥评价的诊断、激励和甄别等多方面的功能。目前，语文评价教学打破了以各级测验、考试为主体的局面，实现了评价方式的多元化目标。在实际的评价环节，还出现不少问题，亟待采取有效的措施加以解决。

第一节　语文教学评价改革新动向

教学评价的合理与否直接决定着教学的质量，过于单一的评价方式不利于教师教学水平和学生发展水平的衡量。过去的各个学科教学评价大体都存在此问题，语文学科也是如此，依然不太注重评价理念的变革，不关注学生的学习能力、学习态度、学习兴趣，往往以学习成绩的好坏作为评价的重点，把考试与评价混为一谈；评价的主体也很单薄，教师主导着整个课堂的发展，学生却被模糊为了"背景"，只能作为评价对象出现。新课改实施以来，语文教学评价在评价目的、评价指标、评价方式、评价主体等方面都有了新的改革动向。

一、有明确的多元评价目的

传统的语文教学评价，更多注重的是甄别功能，而新课程理念则突出强调发挥评价的检查、诊断、反馈、甄别、选拔、激励和发展等多种功能。可见，甄别功能只是评价的一种，对于选拔性考试比较适合，而对于学生的学业水平评价和发展性评价则不太适用。众所周知，语文课程与教学的最根本目的还是为了提高学生的语文素养，促进学生的全面发展。因此，我们应通过多种评价手段有针对性地改进教育者的教学方法，日臻完善每一个教学环节，提高教学质量和教学水平，从而达到教学艺术的巅峰；也可以通过评价检验学生的学习效果和达到目标的程度，明确学习的不足；同时，还可以考察学校的管理水平，为学校的改革提供标准。

二、有评价指标的综合性导向

小学初中新的评价机制要体现《国家中长期教育发展规划（2010—2020）》、《义务教育语文课程标准（2011年版）》等文件的核心理念，高中语文新的评价机制要体现《基础教育课程改革纲要（试行）》、《普通高中语文课程标准（实验）》等文件的核心精神，以高屋建瓴的姿态从全局出发，体现评价的整体性和综合性。我们可以从教学管理的理念、保障、过程以及效果这几个维度着手，坚持情境式、启发式等教学模式的综合运用，面向全体学生，因材施教；坚持教学内容的严谨性、科学性，注重让学生"在做中学"，在学生学习过程中，明确"知识与技能"的基本目标，体验"过程与方法"的习得过程，体验"情感态度与价值观"的感情意蕴，从而创设一个自主、合作、探究式的师生共同学习组织，有利于综合性评价的指标体系地完善。

三、致力于多样评价方式的运用

评价方式即评价的执行方法，直接关系到评价的结果以及评价的质量，在执行中应该做到评价方式的多样化，既要注重终结性评价，更要重视形成性评价；既要注重定量评价，更要重视定性评价。但要防止出现为了评价而滥用评价手段和方式的现象。正如《义务教育语文课程标准（2011年版）》所强调的那样："各种评价方法都有其一定的适应性，在评价的客观性和深刻性上也各有差别，因此，评价设计要注重可行性和有效性，力戒烦琐，防止片面追求形式。"①在此，对新课程倡导的"形成性评价"和"定性评价"这两种评价方式做一简要分析。

（一）形成性评价

形成性评价是相对于传统的终结性评价而言的，主要是指在教学过程进行（教学时间较短），用以了解达到教学目标的程度（达成度），发现学习中的困难、存在的问题，通过有效的反馈调整教学过程。②主要包括安置性评价和诊断性评价两种形式，是一种典型的促进学习的评价方式，侧重于对学生的学习过程以及学习中所体现出来的情感、态度、价值观等方面做出的评价。语文课程在教学实施过程中，由于教师本人教学风格迥异，学校的教学组织形式不同以及学生个性发展有别，所以可能出现各种不同的教学效果。基于此，我们就要及时收集教学中可能需要的各方面资料，如学生掌握知识量情况，教材总体编排，教师的教学风格以及来自家长、社会的信息等，从而建立起一套有利于学生发展的课程体系。在这一环节，语文形成性评价尤其是其中的"成长记录袋"就非常有效。"成长记录袋"动态化的跟踪记录学生学习、生活，并且能够使他们更加积极地参与到评价中来，也使得评价变得更为科学、合理。

（二）定性评价

定性评价是相对于传统的定量评价的方法而言，主要对评价资料做"质"的分析，是运用分析和综合、比较与分类、归纳和演绎等逻辑分析的方法，对评价所获得的数据、资料进行思维加工的一种方法。比如：评出等级、写出评语、即时评价等。语文定性评价是随着注重语文的人文属性应运而生的一种评价方式，主要评价的是学生在语文综合实践活动中的行为表

---

① 中华人民共和国教育部. 义务教育语文课程标准（2011年版）[R]. 北京：北京师范大学出版社，2012：16.

② 祝新华. 促进学习的语文评估：基本理念与策略 [M]. 北京：人民教育出版社，2014：11.

现，采用的方法以课内外观察分析为主，评价的对象多是指学生在学习中流露出来的情感、态度和价值观。比如：老师在教《高尔基和他的儿子》一课时，假设"儿子在岛上种上鲜花，想对父亲说些什么"一问题，让学生展开想象与交流，老师评价道："说得真好！……儿子留下的不仅仅是鲜花，还留下了一份深深的情意，留下了对爸爸深深的祝福！"[①]这样充满诗情画意的评价，流露出对人性的呼唤，使学生潜移默化间接受了情感、态度与价值观的教育。当下，语文教学更加注重学生的逻辑思维的学习体验、生活上的情感体验，尤其是关注学生的情感、态度、价值观的形成，在这些方面，语文的定性评价将会发挥更大的作用。

四、突出评价主体的多元化

语文教学评价要更好地发挥作用，就要摒弃传统的教学评价理念，树立"学生是学习主体"的现代教学观，"应注意将教师的评价、学生的自我评价及学生之间的相互评价相结合，加强学生的自我评价和相互评价，促进学生主动学习，自我反思。"[②]并获得家长、社区、专业人员等社会群体的支持，让其参与到评价中来，以此更好地促进学生的发展。下面，以学生参与评价和家长参与评价为例做简要说明。

（一）学生参与评价

语文教学的实施是在教师的"教"与学生的"学"双方之间共同展开的，传统的考试只能考查学生对常识性知识的掌握情况，学生对学习的过程和采用的方法却无从知晓。新的教学评价对学生来说最重要的不是结果，而是在参与评价的过程中对自己做出更加客观的判断，全方面地了解自己，更加进步成长。因此，学生参与评价突出了既是评价对象又是评价主体的理念。学生参与评价的内容可以涉及学生参与制定评价的标准和要求，可以参与评价课堂内外的学习情况、自我学习目标的检测以及彼此检测对方的学习

---

① 李淑英. 怎一个"好"字了得——关于语文课堂评价的思考 [J]. 湖南教育，2006，（3）：31.

② 中华人民共和国教育部. 义务教育语文课程标准（2011 年版）[R] . 北京：北京师范大学出版社，2012：17.

表现等，参与形式上，主要是自评和互评相结合。通过让学生积极参与评价中来，有如下作用：更有利于学生清楚评价标准，缩小学习发展现状与学习目标之间的差距；更有利于加强学生的自主学习，学会对自己的学习负责；更有利于提升学生的沟通、协助、交流和社交能力的发展；更有利于提高教学质量和促进学生的精神成长。[①]

（二）家长参与评价

家长是最关注学生成长的群体，也是与学生接触最多的群体，但是在以往的评价中，家长只是旁观者，对学生成绩单以外的东西所知甚少。因此，有必要让家长吸纳到评价队伍中来，至少会在教学评价改革和参与对学生的评价方面提供有效的支持。我们知道，语文课程的多样性使得学生的学习面临内容杂而广的特点，语文知识获得除了课本上更多地借助于课外学习，所以学生的语文学习的好与坏也需要家长的参与，给学生的语文学习提供一定的物质条件和精神支持。比如，借阅和购买课外读物，养成课外阅读的习惯，在家里的阅读情况，对于社会现象的关注和评价等，孩子这些信息只有家长才掌握第一手材料，因此，家长有责任和义务参与到孩子的评价中来，成为一个不可或缺的评价主体。但值得注意的是，家长要有必要的培训和评价做指引，才能更好地与教师的评价互为补充。

总之，中小学语文教学评价由于受中考、高考招生制度的影响，要全面落实到实践中实属不易，正如历史上的历次改革一样，教学评价改革必然和传统的考试评价发生冲突。但为了追随时代的脚步，为了让每一个孩子从根本上提高语文素养，使语文教学真正落到实处，这就要求教学评价改革必须紧随时代脉搏，与时俱进。

第二节　语文课堂教学评价

无论是以前还是现在，班级上课制这种教学方式被广泛运用，课堂教学自然地承担了语文教学的主要工作，可以说是影响学生语文成绩和语文能力

---

① 祝新华. 促进学习的语文评估：基本理念与策略 [M]. 北京：人民教育出版社，2014：143—144.

发展的直接因素。因此，在评价中，我们必须重视对语文课堂教学的评价，然而，评价现状却不容乐观。评价的内容存在滞后性，仅限于学生学到了什么和教师教的好不好；评价的主体单一，是教师和教育管理者；评价的标准刻板，以是否达到教学目标作为评价的唯一标准；评价的方式方法老套，还停留在考试这一原始的评价方式上；此外，评价目的还存在严重的功利性，不是为了改进教学和促进学习，而是聚焦在学生的升学率和教师的薪水上。上述现状，不但使常规的检测达不到应有的目的，也使得学生失去原初的学习兴趣，为了使教学评价更好地促进学生语文素养的发展，就必须采取有效的措施以改变这一评价落后的局面。

一、语文课堂教学评价的现状

（一）忽视以人为本的理念

教育教学的主体是人，所以在教学中必须坚持以人为本，以全面提升人的价值为目标。但是，当下的语文教学在评价方案的制定中没有很多地体现以人为本的理念，在课堂教学的评价实施中却有意无意地忽视了学生的需要和发展潜能。首先，通过新课改，课堂中的学生已不再是被动接受知识的群体，他们已由讲台下的沉默者变为课堂活跃氛围的制造者，正处于一种有意识拔高自己并急于挖掘自身潜能的状态。而我们的课堂教学评价现状致使作为评价主体之一的学生很难实现其在评价中的地位，也不利于其自身的进步。其次，教育管理部门被赋予教学评价的权利，但是他们评价的目的并不单单是为了改进课堂教学，反而把检查教师和学校是否按照国家的课程计划和课程标准执行课堂教学的任务放到了评价的重要位置。至于是否切合学生的实际则置于次要地位，严重地限制了教师对课程及文本的创造性。另外，由于教学管理者过多地进行教学评价的干预，导致了学生、家长、教师、专家和其他社会人员参与评价的机会减少，造成评价的单一化。[①]最后，由于评价标准是固定的，教师就会参照评价标准而进行授课，而忽视教学过程的动态性，忽视学生的发展。又因为师生双方缺少情感的交流和相互的理解，致

---

① 高红峡. 基于层次分析法的课堂教学质量多维评估 [J]. 中国新技术新产品，2012，（22）：247—248.

使以人为本的评价理念落空。

（二）忽视常规测验的评定

在中考、高考的背景下，成绩重于一切，因此，就会导致教师在教学时以"考试"为准，在评价中以"高分"为目标，而忽略了对学生常规学习的测验。首先，随着新课改的不断深入，语文课堂教学越来越开放化和多样化，与此同时评价标准也发生了相应的变化。但是，由于任课教师担心新课改会使自己的班级在大考中吃亏，所以就不得不无视常规测验的评定，转而以中考、高考的模拟试卷来评价学生。在评价的过程中，忽视了教学的规律，忽视了学生对语文学习的兴趣，剥夺了学生自己反思学习的机会。其次，每次选拔性的考试，训练的大都是考试技巧，不大关注采用什么样的教学方法和途径，也不大关注在达到教学目的过程中学生所收获的经历和体验以及产生的进步。这样不仅使学生被动地接受知识，还徒增了学生对语文的反感，影响了师生之间的友谊。[①]最后，许多教师在新课改的引导下，教学处于素质教育之列，但评价却陷入应试教育的泥潭之中。忽视常规测验是对教师自身教学的否定，这就从侧面反映出了教师的失职。以中考、高考为风向标着实无可厚非，但异化的应试教育本身就有着不可改变的缺点，长期下去，必然会严重地影响教师教学质量和学生的语文素养的提高。

（三）忽视教师教学素质的考察

纵观现在的说课大赛、讲课大赛，大多把教师的教学技能作为了评价教师专业能力的标准，殊不知，教师的专业能力还包含教师自身的素质。此外，对教师实行的教学评价多以批评、指责、惩处为主，而忽视对教师成长阶段的评价。首先，课堂教学评价侧重于对教师教材钻研的深浅、教学常规是否落实、所教学生成绩是否优异、会考联考排名是否靠前等教学技能，学生的升学率也直接与教师的教学业绩、职称的评定和工资挂钩。评价内容狭隘、片面，评价形式化严重，忽视教师教学素质的考查。其次，评价忽视教师是否能在了解学情的基础上调整自身教学，是否能够掌握现代教学技术并适时地利用，是否能够恰如其分的评价每一个学生，是否能够掌控教学环境

---

① 曹勇军.高中新课程实践引领[M].南京：南京大学出版社，2009：63—66.

以保持学生学习兴趣，是否反思过自己的教学实践从而获取有益经验，是否和其他评价主体进行良好的沟通和交流等。这些对教师素养评价的缺失，是对教师责任的严重弱化，不仅会导致师生之间情感的冷漠，更影响今后课堂教学的质量。最后，由于传统的课堂教学使学生把课本和教师当作权威，课堂教学气氛沉闷、凝重，致使评价体系中缺失对教师课堂应变能力和课程资源开发能力的考查。此外，多数评价参与者评价理念存在偏差，评价知识缺乏，评价技能低下，这些也间接导致评价中忽视教师教学素质的考查。

（四）忽视学生语文素养的发展

知识与能力，过程与方法，情感、态度与价值观的教学目标要求全面提高学生的语文素养。纵观如今的语文课堂教学评价，出现了诸如书面评价针对性过强，片面化严重；口头评价模棱两可，稍纵即逝；终结性评价以偏概全，有失公平等问题，不但对教学反馈无益，反而阻碍了学生语文素养的发展。具体表现在：首先，在评价中过于重视升学率和考试成绩，导致忽视学生的学习过程；其次，对语文素养的理解存在偏差，语文素养更多指的是学生的学习方法、生活态度等非智力因素；最后，评价时千篇一律，不能体现个性和创造性。可以说，当下的语文课堂教学评价目的很少考虑教学是否得到诊断和改善，学生语文素养是否得到发展以及是否对评价参与者起到监测和激励的功效。

二、语文课堂教学评价的策略

（一）建立和谐评价观

和谐评价观是指评价者和被评价者处于一种和谐共生的局面。他们站在客观的立场上做出判断，同时也需要换位思考。和谐评价观的建立是多元化评价主体共同协作的结果。他们在强烈的自我实现意识和责任感的感召下，积极参与到教学评价中去，在以人为本的理念下，依据不同的教学目标表达出不同的心声，进而推动课堂教学朝着更好的方向发展。首先，评价主体应该是多元交互式的，这样的符合评价主体可以提升师生自我反思能力和辨别能力，可以使管理者认识到自己的不足，在今后的课堂教学管理中找出更合理、更规范的策略。其次，要以和谐的评价标准贯穿始终，要时刻关注教师的发展变化和学生的学习能力。最后，和谐评价观要遵循评价的公正性和有效性原则，评价者要摒弃一切利益的诱惑，使被评价者在学习的过程中对自己的未来充满期待，只有这样才能确保评价结果能更好地反馈教学中存在的问题。

（二）营造民主评价氛围

民主、平等的评价氛围在评价中的优势逐渐显现出来。事实表明，这种评价氛围不仅能够使评价更为公平，更能使评价的作用得以最大限度的发挥。首先，对学生的评价是在常规测验中体现出来的。它的评价内容应是学生在学习过程中所具有的认知能力和非认知能力，而不应把选拔性内容带入常规测验之中。常规测验不同于常模参照测验，它对教学过程的诊断和矫正，对教学质量的监控和推动都起着积极的作用。其次，评价要面向每一个学生，教师要多给予学生积极、鼓励性的评价，要从多维度来评价学生，而常规测验恰恰是在以人为本的理念指导下，把差异化的教学引入课堂并采用差异化的评价方式对学生进行测验，有较好的效度和信度。它不仅能增进师生间的相互了解，还为师生的个性发展提供了空间。[①]最后，常规测验能够有效地提供教学反馈，其目的也是为了优化教师的教学素质，全方位的培养学生。师生只有正确理解测验的目的，才能够为课堂教学营造更加和谐的民主评价氛围。

（三）教师评价多角度化

加强教师队伍的管理方式之一就是在课堂教学环节，加强对教师自身的多角度评价。第一，要清楚地认识到教师进行教学活动的基础是教学环境，所以在课堂教学中，教师必须重视教学环境，努力营造一个轻松愉快的课堂氛围，打造积极向上的课堂环境。尤其是教师面对课堂教学的突发情况下的教学应变能力，是课堂评价的主要因素。第二，建立对教师教学设计能力的评价可以最大限度地发挥教师的创造性，这也是教师根据教学方案和学生的个体差异性做出的具有特色性的课堂教学实施方案。

（四）学生评价多维度化

巢宗祺指出："语文素养体现了语文学科工具性和人文性相统一的本质内

---

① 丁朝蓬 . 高中新课程评价 [M]. 天津：天津教育出版社，2005：38—40.

涵，具体表现值是'比较稳定的、最基本的、适应时代发展要求的学识、能力、技艺、和情感态度价值观'。"所以，语文课堂教学评价应对学生各方面的发展给以关注，重视对学生的评价，并鼓励学生参与评价，实现学生评价的多维度化。首先，提倡学生自评或互评相结合。在学习过程中，学生有各自的评价视角，能自觉能动地对自己或者他人做出评价，这种评价方式能使他们体验到学习和成功的乐趣，树立起对自身和对社会有益的价值观。其次，表现性评价和形成性评价相结合，多维度评价学生。表现性评价能直接充分体现出学生的自主学习能力，表现出学习过程中最真实的自己。形成性评价是基于语文课堂教学是一个不断延续的过程，这种评价方法能及时发现并调整教学中的问题，促使教学获得更加理想的效果。最后，评价过程注意多角度化，注意促进学生非智力因素的发展。非智力因素是在活动课程或经验课程中逐步建立起来的，也是培养创新能力的主要方面。

综上，通过这样的评价策略，使教师通过反馈的信息来优化自己的教学，提高教师的专业化水平和整体素质；使学生在语文学习的过程中找到语文课程的魅力，找到语文学习的方法从而全面提高学生的语文素养；使教育管理者持续关注课改情况，了解教学过程中产生的问题，帮助教师及时调整教学方法，进而提高学校的整体教学质量。

第三节 写作教学评价

据调查，当前我国的语文写作教学较为薄弱，甚至有一些学者说我国的语文课几乎没有写作教学。的确，在实际的写作课堂上，还存在很多问题，尤其是评价的问题，值得学界的重视。

一、写作教学评价中存在的问题

（一）写作教学中关于"如何写作文"的内容涉及较少

王荣生在《我国的语文课为什么几乎没有写作教学？》一文中指出：目前中小学的"作文教学"包括两个阶段：第一阶段是学生写作之前，指导学生进行审题、立意和构思；第二阶段是在作文完成之后，教师来评讲学生的作文，此时教师会给学生读一些优秀作文，或者讲在批改作文时见到的种种情况，如字迹潦草、缺少题目、标点符号不规范等需要注意的问题。第二阶段主要是说作文"写得如何"。这样的作文课上完了，学生很少学习到"如何写作文"的知识，而与写作文有关的知识和内容恰恰是学生最想学、最难学，作文教学最核心的部分。但在现实的写作教学中却被忽视了。

（二）写作评价侧重于考试性评价

素质教育可以说在我国推行已经有些年头了，但是由于高考"一考定人生"的情形在中国依然严重存在，"分数是学生的命根"的思想在广大教师和学生心目中仍然根深蒂固。作文分数在高考总成绩中占百分之四十，可以说得作文者可得天下。通过对近三十年的高考作文进行分析，每个教师都总结到了一套属于自己的"经验"和"模板"。比如，容易得高分的议论文体，一般采用"三段论"的常规结构，对于抒情性文体，多背诵一些语句优美的万能句子，等等。高分作文才是好的作文标准，长期以来就会降低学生的写作能力和写作兴趣，束缚了教师的教学思路，最终导致作文教学的功利性，违反作文教学的本质。

（三）教师的写作教学能力有待提高

从教育学上讲，教师的教学能力包括"教什么"和"怎么教"两个方面。"教什么"即教师的专业素质，如果教师的专业素质不高，不知道教什么，那么就很难使学生具有较高的知识层次，进而极大地影响了对学生语文素养的培养。"怎么教"对于教师而言，也是衡量他们优秀与否的一个重要尺度。教师采用好的教学方法有助于激发学生的学习兴趣以及活跃课堂气氛，单一、枯燥的教学方法不仅使学生厌倦写作课，而且会导致写作课堂气氛严肃、紧张。据了解，在语文写作教学过程中，有一些教师自己的写作水平也不高，对于"怎么教"更是不知如何是好。

二、写作教学评价的具体策略

（一）不完全以"创新"的文章体式为评价标准

目前，教师在写作课堂上讲授以及考试的是在内容和形式上都要求"创新"的文章，但是，这种高标准、高要求的文章会导致我们的教师很难开展好写作教学。要从根本上改变这种局面就必须对作文的体式进行大幅度的调整。这需要我们思考考试作文应该有哪些体式，我们的写作课还没有涉及。同时，借鉴国外的文章体式，看哪些适合我们的写作教学，对中小学生而言，写作文首先是文从字顺，能够完整表达自己的意思为目的，其次才是雅致和创新的要求。过高的写作要求只会挫伤学生的写作积极性。因此，在对写作评价中，要有适合学生发展的作文梯度标准，而不是一味地追求创新性写作。

（二）从作文教学内容的角度来进行观课评教

过去多是侧重于对教师作文教学形式的评教，而现今又突出对作文教学内容评教。用这种方式进行观课和评教，不仅可以减少教师备课的无效劳动，把更多的时间和精力放到提高写作教学的效率上来，还可以更好地落实"教师参与写作课程"、"教师成为教学研究者"的教学理念。当然，关键是有助于教师把焦点从关注写作课堂教学的形式转换到学生能学多少写作知识，能提高多少写作能力等评价上来。

（三）制定多元化的写作教学评价标准

作文在中考、高考试卷中所占比重很大，学生的作文成绩也应该是写作教学评价一个重要标准。但是，在一节融合学生学、教师教、课堂环境等各种因素的课堂里，仅用一个评价标准难免会有一些疏漏，所以应该制定多元化的写作教学评价标准。比如，学生之间、师生之间在课上对写作有关内容的互动、交流，学生在课下关于写作方面的练习等情况，也可作为写作教学评价的重要标准。

（四）加强师范生的教育和在职教师的培训

师范生不同于非师范生，他们不仅仅要在学校学好本学科的专业知识，还要掌握师范生的一些基本技能，目前，很多师范院校已经意识到这一点，学校鼓励学生把专业课尽量在三年内学完，留出大四一年的时间去实习，这样毕业的学生既有扎实的专业知识，也有一定的实践能力。面对在职的中小学教师，2010年，国家实施了"中小学教师国家级培训计划"，采用骨干教师脱产研修、集中培训、送教下乡、远程培训等多种培训方式，大大提高了在职教师的教学能力。可以说，不管是岗前还是职后培训，作为21世纪的语文教师，都应该有很强的专业素养，其中写作能力是衡量教师语文水平的重要标杆，尤其要重视和加强。我们的语文教师可以多阅读一些写作教学方面的书籍，积累一些写作教学方面的经验，尝试写一些下水文和写作方面的论文，当然也可以参加一些写作教学专题培训，由此来提高自身的写作素养，唯有此，才能更好地胜任语文教师这一工作。

第四节　语文作业评价

学生的语文作业评价，是语文教学工作中一个必不可少的环节，它既可以向教师反馈教学效果，也可以帮助了解学生的学习情况，督促他们的学习。新课程理念倡导对学生作业的评价要更多地关注学习的过程及学习过程中所表现出的情感、态度与价值观，帮助他们认识自我，建立信心，促进生命整体的发展，充分体现人文关怀。但长期以来，教师对作业的评价还存在着诸如评价方式陈旧呆板，评价标准绝对单一，评语针对性不强等问题，亟待解决。

一、语文作业评价的现状

通过调查访谈发现，当下语文作业评价的弊端主要表现在以下五个方面：

（一）作业评价主体单一化

一直以来，教师都是作业评价的主体，在作业评价活动中处于主导地位，什么时候进行作业评价、怎么评价，都是由教师说了算。学生在作业评价中则常常作为一个被动的评价对象，很少有参与的机会，更别说通过发挥自身的主体作用来对自己的作业进行评价了。作业评价中的这种师生互动不协调的局面使得学生常处于被动状态，降低了学生对作业评价的关注程度。

（二）作业评价方式简单化

在中考、高考的压力下，许多语文教师偏重课堂教学，对语文作业的评价不够重视，作业评价方式简单化。在对语文作业进行批改时，只关注学生写上去的答案，然后打上对号、错号，写上一个分数或者"优秀"、"良好"

等。还有很多教师不重视作业批改的评语，有些作业虽然写了评语，但针对性和感染力不强，而有的教师更是图省事直接批上"阅"、"查"等表示自己已经看过。这些简单化的评价方式造成了学生作业中存在的问题得不到改正和指导，作业中表现出的精彩部分得不到肯定和赏识。长期下来，学生便会对作业评价变得麻木不仁，只关心分数或等级，对存在的问题和成功的经验不能及时进行分析和总结。

（三）作业评价标准的绝对化

在当前的语文作业评价中，应试教育的副作用表现得依旧很明显，许多教师对语文作业进行评价时，往往根据参考答案，对程度不同的学生采用相同的评价标准，作业评价的作用停留在甄别和选拔层面上，忽视作业评价对学生的激励作用。作业评价标准的绝对化造成了那些语文基础较好的同学拿到作业时很兴奋，而那些语文成绩不好的同学，则情绪很低落。久而久之，那些语文基础不好的同学便会失去对语文作业的兴趣，从而造成语文成绩越来越差。

（四）作业评价内容的狭窄化

通过调查发现，许多语文教师在批改作业时，对学生知识的掌握程度比较重视，如字词成语的积累、病句修改的方法、解题技巧的应用等，而对学生在做作业过程中投入和表现出的情感、态度和价值观等重视明显不够，作业评价的内容呈现狭窄化趋向。教师作业评价中这种只关注学生作业的正确率、只关注学生对显性知识的掌握的状况，会造成教师对学生认识和了解的片面化，在一定程度上影响了师生关系的和谐，也不利于学生全面、健康、阳光的发展。

（五）作业评价反思的缺失化

语文教师大都认为对学生的作业进行评价是一项常规性教学工作，非常的自然平常，而对自身作业评价行为和过程则很少进行反思，也很少反思自己的评价形式和结果会对学生的语文学习产生怎样的影响和结果，甚至有一些教师压根儿就没有进行过作业评价的反思。作业评价反思的缺失化严重限制了教师在作业评价中创造性思维的发挥，造成了作业评价的效率低、效果差，也不利于学生及时发现作业中存在的问题。

二、语文作业评价的有效策略

为了适应新课标提出的学生全面发展的理念，促进学生语文素养的全面提升，语文作业评价应当从评价标准、评价内容、评价方式、评价主体等方面积极进行改革，提升作业的质量，促进学生的全面发展。

（一）评价标准的人性化

语文新课程强调，要关注每个学生的差异，尊重每个人的独特性，使所有学生获得最基本的语文素养。这就要求我们在进行语文作业评价时，要抛弃以往那种绝对化的评价标准，在保证公平的前提下，适当地做出一些调整，多和学生之前的成绩相对比做出评价，让学生在作业评价中有成功的体验，提升学生对语文作业的兴趣。

1. 分层评价

传统的作业评价方式存在诸如评价内容的"一刀切"，过多关注作业所得分数，不顾缺乏学生的个性特长，过多采用批评纠错的作业评价方式，打压学生失去学习的乐趣与信心等。总体来说忽略了不同层次的学生的发展需要。因此，在新课改背景下，我们倡导分层评价的方式。因为学生的家庭背景不同、心理不同、学识不同、语文基础和答题技巧等都会存在差异，因此，在语文作业质量方面就会存在良莠不齐的情况。基于此，就需要我们在作业设计方面照顾到不同层次学生的水平。比如：白居易《钱塘湖春行》等五首古诗讲完后，教师分层分组设计了一下作业：C组，从《钱塘湖春行》中哪些词语可以看出是初春景象？B组，把了解的关于春的诗句写4—6个；A组，比较杜甫《春夜喜雨》与白居易《钱塘湖春行》两首诗在描绘春景上各有什么特色。可见三组题难度系数呈阶梯状，从易到难，以培养学生学习兴趣，增强他们的自信心。那么，我们在评定学生的作业也要有相应的标准，对于基础好的学生，采取高标准，而对于基础较差的学生，对他们多采取鼓励、激励性、发展性评价，发现其闪光点和优点，增强对语文作业的自信心。

2. 整体评价

所谓作业中的整体评价，即是在学生作业过程中，不只是关注他们对知识的掌握程度，还要关注他们学习的过程与方法，更要关注他们在学习中的情感体验和学习态度，尤其是作业中呈现出来的价值观。只有关注学生的全面发展，才不至于因为老师的偏见而扼杀一个人的前途与命运。例如，教师发现一位作文写得乱但字写得很漂亮的学生，对他采用的就是少批评多鼓励的方式，写了这样的评语："你这一手漂亮的字看着真让人赏心悦目，老师很喜欢。老师认为你如果能按照事情的起因、经过和结果把这篇作文重新修改一遍，老师相信内容也会和你的字一样让人赏心悦目的。"这样，学生的学习自尊心得到了有效保护，学习的积极性就会更高。

3. 发展性评价

不同时期的学生，其知识积累、语文经验、语文视野、语文能力以及情意发展都是不同的，都呈现出差异性和阶段性发展，并且是呈现螺旋式上升的发展态势。对不同时期、不同层面学生语文素养的发展，需要我们采用发展性的评价标准。比如，我们评价学生对同一篇文章或古诗词的理解，在教师讲过之前和讲过之后、在高一和高三阶段的标准都应该是不同的和变化的，甚至对不同水平的学生采用的评价方式也应当不同，这样才能更好地促进学生的全面发展。

（二）评价内容多样化

新课标一直倡导语文课程的目标是学生语文素养的形成和学生的整体发展，语文作业要达到的目标也应该与新课标的目标相吻合，学习不再是传统的"巩固知识，获得技巧"，也不是仅仅为了应付考试，除了"知识与能力"外，更注重"过程与方法"、"情感态度与价值观"。这就要求语文教师在作业评价时也要遵循这三个维度。

1. 评价学生在作业中所达到的学习水平

学习水平是根据学生的身心发展特征和学习内容的特点所划分的水平等级。一般而言，7—8岁与11—12岁学生在身心发展方面差异很大，部分11—12岁女生已进入生长发育高峰期，9—10岁的男生则处于两者的衔接期，13—15岁的男女生都进入生长发育高峰期。大部分16—18岁的男、女生的生长发育接近或基本完成，其身心发展达到了较高水平。由此，我们的语文作业评价也可根据学生的身心发展，制定出相应的学习水平评价标准。对于小学生作业的评价要侧重于语文基础知识和技能的掌握，对于初中生要侧重方法的运用和思维能力的发展，对于高中学生，则应当侧重高层次思维能力和创造创新能力的培养，而不只是关注作业的正确率。

2.评价学生做作业的过程和方法

做作业是个动态的过程，是学生动用脑力和身体的各个器官组合而完成，学生对作业的完成情况可以反映出学生的思维过程，知识掌握情况和价值观，等等。所以说我们在评价作业时要把学生思维的过程和结果放在一起，关注学生的思维过程，问题的解决过程，语言的组织过程。语文教师在作业评价中应该更加注意学生做作业的思考过程，分析过程和解决过程，使作业评价更加公平、公正。

3.评价学生在作业中形成和表现出的情感、态度和价值观

学生作业所呈现的结果，都是个体学生独自思考的产物，体现着这个学生与众不同的思维特点和思维方式，也能表现出学生的独特个性，价值观和特长，等等。所以语文教师在对学生作业进行评价时，还要注重学生情感、态度、价值观等各种非智力因素的评价。

（三）评价方式多样化

高中新课标强调："学生不同的发展阶段有不同的特点，学习不同的知识内容也有不同的方式和方法，对待教学评价也是一样。课程评价有多种方式，但要找到最适合本阶段学习内容的方式来进行评价。"作业评价不同于其他评价，它寄托了学生的期待，所以教师应该更用心地对待作业评价，多写一些有针对性的评语，为他们创设一种个性化的评价机制，调动他们学习的积极性，提升他们对语文学习的信心和兴趣。

1.综合运用形成性评价和终结性评价

为体现公平，对于学生语文试卷类的作业，我们可以采取终结性评价，不管答对答错每个人都只有一次机会；对于平时的考查性作业，诸如课堂小练笔、随堂训练、周记等，教师则可以让学生根据自己作业的情况进行多次修改，然后给出形成性评价。但对于考查学生综合素质的作业，作业本身就能考查学生的思维过程以及语言表达能力，就需要用形成性评价和综合性评价相结合的方式来完成对学生作业的评价。

2.要重视评语的作用

在中考、高考无形的压力下，很多语文教师都把教学的重点放到课堂教学上，放在大型的模拟考试或者期中期末及选拔性考试上，对课内外的作业评价都是简单的打个对号或者错号，或者给一个优良中差、ABCD的等级，很少写评语或根本就不会写评语，忽视了评语的激励、引导和交流的功能。这种作业评价，最终导致学生仅仅关注分数和等级，产生作业写好写坏都差不多，反正老师也不重视的心理，久而久之，就会降低做语文作业的兴趣，因此，语文作业质量日益底下也就在情理之中了。评语可以包括很多种，比如，激励性评语、商榷性评语和期待性评语等。教师在批改作业时可以灵活运用它们。针对学生的作业写一些个性化、针对性强的评语，让学生感觉到被老师关注，面对有针对性的修改意见，会更加认真地对待和改正作业，从而达到预期的效果，起到激励的作用。

3.采用面评的方式

根据调查显示，语文教师在写作业评语时一般在办公室进行，导致在写评语的时候不能与学生交流。事实上，经过实践证明，教师把对学生作业评价的地点由办公室搬进教室，对学生的作业进行面评，是有很多好处的。教师当面批改作业，学生能及时了解作业中的错误，并能得到教师的纠正与分析，使作业达到的效果更明显。

（四）评价主体多元化

语文课程评价要尊重学生的主体地位，指导学生开展自评和互评，实现学校、教师、学生、同伴、家长等多个主体共同参与的交互评价。作业评价作为教学过程中的一部分，也需要有评价主体单一化向多元化转变。

1.重视学生的自评

调查发现，学生认为作业评价主要由教师完成占有95%比重，学生也片面地认为检查作业跟自己没多大关系，这是长期以来教师在作业评价中"一人独唱"造成的后果，学生完全意识不到自身在作业评价中的主体作用。苏霍姆林斯基在《给教师的建议》中说："真正的教育，能够去激发学生进行自我教育的教育。"在新课程的作业评价体系中要求，教师要帮助学生树立作业评价的主人翁意识，让他们从内心里重视作业评价，培养他们的自主能力和评价能力。学生对自己作业的反思是自我作业评价的重点，反思包括反思取得的成绩和存在的不足，然后对以后的学习制订严密的计划。

2.重视同伴间、小组间、师生间的互评

"自主、合作和探究"的学习方式要求我们在学习过程中充分发挥学生在学习过程中的主体地位。在学习中应该多合作、多交流，作业评价也是一样，不但需要学生的自评，更是要在生生间、小组间和师生间互评，既可以评价作业也可以交流评价标准。比如，文言文翻译、古诗词鉴赏、续写或改写作文之类的作业，对于不同水平的学生而言，肯定会有差异性，这就需要发挥其创造性，对于这样的开放性作业，假若老师在学生之间实行合作和探究性的评价，不仅调动了学生自主、探究的积极性，也在评价过程中通过别人的发言深化了自己对问题的见解，使整个过程更富有创造性。

3.重视家长、社区的评价

在语文新课改的实践过程中，越来越多的语文教师开始重视学生的口语交际作业、社会实践性作业，而这些作业大部分是在生活中完成的，所以教师可能担负不了这么艰巨的任务。这就要求家长和社区的配合，参与到评价中来，给学生一个客观、公正的评价。

第五节　语文质性评价

在传统的语文教学评价环节，我们过于注重以纸笔考试的形式来考查学生的语文素养，而轻视甚至忽略了语文的质性评价。我们知道，语文教学评价的改革不应该是仅仅改革语文考试或测验的内容和形式，题型的结构和比例，通过一张张试卷来评价学生的语文知识和语文能力，而应该从整体上改革语文教学评价的方式，加大语文质性评价在整个评价体系中的权重，使传统的语文评价与质性评价有效地配合使用，从而达到全面提高学生语文素养的目的。

一、语文质性评价的内涵和特点

（一）语文质性评价的内涵

对于语文评价，人们习惯性地认为就是通过客观和主观题组成的语文试卷来考查学生的语文成绩，以成绩高低、优劣来断定学生的语文程度，其实这并不是真正意义上的语文评价。殊不知，语文考试绝不等于语文评价。语文评价还有很多的方式，比如形成性评价、质性评价、发展性评价。其中相对于定量评价而言的质性评价越来越受到学界的关注。那么什么是质性评价呢？

所谓质性评价，是指以人本主义为认识论基础，主要通过成长记录、观察、访谈、描述及解释等方式，对学生在学习情境中的状态、行为和水平等进行价值判断，以全面、充分地揭示和描述学生在学习中的各种特质的过程。[①]而语文质性评价，就是语文学科的一种重要评价方式，应贯穿于语文课程的始终。

（二）语文质性评价的特点

语文质性评价与传统的量化评价方式相比，有着如下特点：

1. 多元性

多元性是指从多个角度、多个侧面、多种方法进行的语文评价。在评价实施过程中，要增加评价内容和对学生情感、态度、价值观的评价；要优化评价方法，不再使用单一的评价方法，多种评价方法优化组合使用；还要丰富评价主体，把评价主体扩展到社会、家庭等诸多层面。

2. 发展性

质性评价最能体现发展性评价的评价理念——为了每一个学生的发展。语文质性评价的主要目的不再仅仅是为了甄别和选拔，仅仅关注学生的知识与部分能力尤其是分数，而是应当更多关注学生的语文素养、整体发展和长远发展。它不断收集学生语文学习过程中的信息，根据具体情况，判断学生在语文学习上的优势和不足，并提出有针对性的改进建议。语文质性评价可以有效提高学生的语文能力，让学生掌握为以后发展所必需的工具，而不是对学生的语文成绩进行判断。

3. 过程性

语文质性评价是一种过程性评价，关注的不是最终的语文成绩，而是把

---

① 兰觉明. 质性学生评价体系解析与建构 [J]. 中国教育学刊，2008，（3）：56.

评价的重点放到学生的学习过程之中，更多关注学生整个的思维方法和思考过程，以及提出问题、分析问题和解决问题的过程，并最终对这一过程做出定性判断。

4. 灵活性

相对于传统的评价，质性评价的最大特点是灵活性。首先，在评价时间上更自由，不拘泥于上课的时间段，而是在日常生活中时刻监督评价学生的平时学习表现；其次在主体上更加多样，既有学校老师的参与，也有家庭的参与，更有社会的配合，在生活中，家长的一句鼓励，教师的一句表扬，社区的一个情况反映和亲戚朋友的一个无意的称赞，都是评价。这样的评价贯穿在整个实践中，以发展的眼光来评价学生，使学生在多维的时空中，通过多元化主体的参与和互动，创造出富有个性的发展过程，优化发展结果。①

二、语文质性评价与传统语文评价的比较

语文评价是语文教学的重要环节，应随着语文学习方法、教学方法的改变而变化，不断创新。显然，以往的单一的以考试为标准的评级体系有许多与当下语文教学不匹配之处。首先，这种评价只重视学生对语文知识的学习而忽视了语文能力的全面发展，语文能力应包括听、说、读、写等方面，而以考试为中心的评价方式更多是注重"读和写"部分，且也不能很好地考查出学生的读写水平。比如"写"，现在作文的高分都是用作文的技巧和华丽的辞藻堆砌的，相反，真正包含丰富内容，体现真实情感，体现生活阅历和思想眼界的作文不一定能取得高分。韩寒，在校语文成绩不高却能写出几十万字的作品，所以说试卷上的作文并不能真实反映学生的写作能力。其次，语文考试效度令人质疑。语文考试包括命题、考试和评卷等各个环节，而考试的每一个过程都受多方面因素的影响。比如，语文教材中的课文都是优选的，有着德智启迪和知识拓展等功能，但是在语文考试中现代文阅读大量引入课外材料，而且随意性很大，这样就会使考的和教的相脱节，考试也就不能真正反映出学生的学习水平。又如，作文评卷，三五分钟改完一篇作

---

① 方相成、战伯娟.发展性语文教学评价探析[J].丽水学院学报，2007，（6）：116

文，凤头猪肚豹尾加上字迹工整，就能得高分，让人感觉有很多运气的成分在内。第三，语文考试脱离了现实社会。语文课是工具课，语文课程的目标重建重新确立了语文与现实社会的联系，语文学习的最终目的是为了学生更好地适应生活和应对生活。但是，以考试为主要的评价方式却忽略了学生语文运用能力的培养和锻炼，而是把语文的学习以高分为导向，考点为内容，使语文完全脱离了生活。

语文质性评价作为一种新的评价方式，在运用反馈后，有着很多传统评价手段所不具备的优点。首先，质性评价涉及语文教学的方方面面。新课标提出的语文教学的"三个维度"都能涉及，并且能全面考查学生的"听、说、读、写"能力。其次，语文质性评价致力于学生全面发展的理念与新课标中全面提高学生的语文素养和重视多元评价的理念不谋而合。再次，语文质性评价更加重视语文的实用性，符合语文的工具属性。语文质性评价有助于把语文知识转化为实际的语文应用能力，比如，评判口语交际能力的标准——参与社会实践，能说善辩，出口成章；评判阅读能力的标准——要求学生不仅能理解文章的内容，表达的情感，而且能在阅读中积累文化知识，陶冶高尚情操；评判写作能力的标准——要求学生不仅能写出文质兼美的文章，而且能在写作中感悟生活，表达对生活的独特见解和真实情感。

我们提倡语文质性评价，并非是彻底否定传统的语文评价。传统的语文评价存在上千年有其合理的一面。以考试为主体的评价方式虽然有很多缺陷，但也有其不少公平、客观、公正的成分在内，因此，质性评价不可以取代考试评价。我们的目的也并非是让质性评价取代传统的考试评价，而是更加注重质性评价，弱化考试评价，最好是把二者有机结合起来，发挥各自的优势，促进学生的全面发展。

三、语文质性评价的有效策略

（一）确立质性的语文评价内容

语文评价的内容应根据新课标来具体确定。根据学生的语文学习水平和表现行为，语文质性评价的内容可以分别从知识与能力、过程与方法、情感态度与价值观三个维度来设计。以往的语文评价偏重的只是对与学生语文知识与能力发展有关内容的评价，使语文评价困于应试教育之囿，忽略了学生学习过程和情意发展，导致了学生的片面发展，这与当下倡导的素质教育和创新教育理念和精神是相悖的。

（二）选择和使用质性的语文评价方法

在评价过程中，评价者不必拘泥于某一种质性评价方法，可以根据学生的学习情况及学习情境进行适当选择或组合选择，但在评价时，应多选择一些有利于三维教学目标的实现与学生发展的评价方法。[①]比如：

1. 档案袋评定

又称为"成长记录袋"，指教师指导学生或师生共同将有关学生表现的材料收集起来，通过进一步的分析和解释，来反映学生在学习与发展过程中的努力、进步和成绩。它是质性评价的典型方法。要求档案袋从制作到最后的提交，所有的内容都是教师和学生共同决定的，教师在此中间起着督促检查作用，最好还是体现学生的参与度和活动成果。例如，关于学生作文的成长记录袋，要求学生在档案袋里显示看见作文题目的头脑风暴记录、第一份提纲、早期的草稿、修改过或再次修改的稿子，以及最终的作品等。当然，也可以显示教师指导过程的记录以及师生的评价等内容。至于档案袋材料的安排，根据不同的学生的学情可做灵活处理，不做硬性的规定。

2. 观察法

观察法是教师或研究人员通过感官或者借助一定的科学仪器、有计划地、有针对性地对社会中人们的行为进行搜集的方法。在语文教学中，指的是教师通过对学生课堂内外的学习和生活表现进行的观察评价。例如，观察学生做作业的态度，学习的内外动力，准备工作的情形，学习的方法，学生在课堂上的表现及与同学之间相处的情况，等等。观察法有利于评价者了解学生某方面语文能力的不足，了解学生语文学习中遇到的困难及造成这些困难的原因。

3. 面谈法

面谈法是以教师和学生面对面的交流和观察为主要方法，来测试学生的

---

① 张勇. 语文评价方法的选择及应用 [J]. 语文建设，2003，（9）：42—43.

知识、能力、经验等有关素质的考查活动。这种活动在一定的场景下进行，需要师生的共同参与。语文评价中的面谈法是指评价者和学生面对面的交流，考查者不仅可以了解学生的思维过程，也能考查学生对语言的理解能力和口语表达能力，还可以反映出学生的情感、态度和价值观。例如，在每节语文课之前安排课前演讲，不仅能观察学生心理素质的稳定性，还能反映出演讲者的语言表达的连贯性以及思维的缜密性。

4. 问卷法

问卷法是研究者将研究的问题转化成一系列问题，做成问卷，找一定的群体进行作答，收回答案后进行分析处理，得出最后结论的方法。运用到语文学科就是专家或教师设计问卷，采用匿名作答的形式，找学生或者家长作答。通过这种形式来反映学生的态度、看法、不易显露的知识以及长期以来的学习行为，反映学生在校外生活中的语文运用能力。专家和教师通过从各种调查问卷中得到的反馈信息，可以分析出一个学生的总体语文水平以及语文学习上的不足处，从而可以在语文教学中有的放矢地对学生进行教育。

（三）确立质性的语文评价主体

教师、学生、同伴、家长都是语文评价的积极参与者，强调评价主体之间的多向沟通、选择和协商，实现多元促评的良好目的。以往的语文评价，多是学校和教师为主体，学校和教师根据自己的需要对学生的语文成绩进行量化的判断，造成学生只关注分数和成绩，而不注重全面发展的局面。因此，在评价中要注意更应该评价主体之间的联系和沟通，全面、公平地评价学生。

（四）创造多元的语文评价环境

多元的评价环境指学生在学校的学习环境和课堂环境、生活中的家庭环境和社会环境。要求把评价的重点从学生的语文成绩转向学生的学习生活等方方面面，并且给予学生一个自由、和谐的评价氛围，保证评价的真实性。这样的评价环境的创设更有利学生的学习和进步。

综上，考试是我国迄今为止最为重要的选拔人才方式，这就注定以考试为主的评价方式给质性评价的实施造成了困难。我们知道，质性评价相对于考试评价操作性和清晰性都比较弱，且在语文学科中运用还属于尝试阶段。所以，语文质性评价还需要教育工作者的共同努力，以推动该方式得以有效的开展，在促进学生语文素养的全面提高方面发挥更大的作用。

第六节　语文考试

国务院《关于积极推进中小学评价与考试制度改革的通知》（2002年12月18日）指出：要进行中小学升学考试和招生制度改革，普遍高中会考制度，继续深化高考改革，积极探索综合评价、择优录取的高校招生办法。[①]可见，当前考试评价制度存在的必要性。教育界大力倡导"素质教育、创新教育、人文教育"的今天，考试制度却像一架破旧却又缓慢前行的老车，积重难返、趋步向前。迎合中国现行教育发展的大趋势，肯定现行考试制度的优势、对其存在的问题加以解决，以新课程标准为导向、革新语文考试中存在的沉疴旧疾，是当前语文教育应该重视的问题。

一、语文考试的现状

（一）试卷结构——单一性

据笔者走访河南师大附中和河南省建业外国语中学得知，语文教师和学生均在承受着语文试卷题量偏大的压力，同时也面临着试卷结构单一的尴尬窘境。通过对近几年的试卷分析发现，试卷结构有一些小的变化，但还是包括语言基础知识理解和运用、文言文阅读、现代文阅读、古诗词鉴赏、作文五大模块。语文试卷虽然也在力图改革、走向生活，但是试卷的设计和构思几十年来并无大的改观，这使长期困战在题海中的学生感到疲惫不堪。

结构单一、模式固定，固然在一定程度上会强化学生的训练模式，使学生有针对性地进行复习，根据分值进行区别对待；也方便语文教师在实施教学过程中根据题型、分值进行详略精当的讲解。但是，从语文和生活这一长远的关系来看，必会导致积重难返。越是模式固定的东西，越能够局限教师

---

① 李建平．中小学评价与考试制度革新方案出台[N]．中国教育报，2002—12—19，（1—2）．

和学生的思维，最后只能导致语文评价体系的倒退。

（二）考试周期——频繁性

《义务教育语文课程标准（实验稿）》指出："考试不再是评价的唯一方式，但考试作为选拔人才的主要手段，仍有其积极的作用。"通过走访笔者所在城市的几所中学，公立性质的中学考试频率要略低于私立性质的中学，但是考试强度依然很大。每周有周练，每月有月考，期中、期末还有两次重大考试。除此之外，教师为了提高教学效率、督促学生学习，又针对每节课的内容设置了"日清"、每周又有"周清"。这些恐怖的考试名词在中学语文的考试战场上无声地蔓延，增加了学生对于考试的恐慌心理。

任何事情都有其发展的规律，考试也不例外。过于频繁和稀疏都不利于语文教学活动的正常进行和学生的健康发展。尤其是对于语文基础好和语文基础稍差的学生，应该加以区别对待。学生的学习心理是有弹性的，合理范围内的测试能检验其知识掌握的程度，促进其及时地查漏补缺，但超出正常范围的、压力过大的考试，则会打压学生的学习积极性，造成是事倍功半的教学悲剧。

（三）答案设置——刻板性

在正规的语文考试中，选择题、判断题、填空题、古诗文背诵题均属于客观题，但阅读理解、古诗词鉴赏、写作都是主观题。客观题答案的设置，理所应当的标准化、客观性、单一性，但若是为了评卷方便，使主观题的答案也趋于统一性、标准化，不免有些违背考试规律，使语文试题的答案走上刻板的道路了。

"主观题相对于客观题，它更加具有开放性的特点，需要考生自行组织语言，能反映出学生的思维过程、思维结果和语言组织能力。"①虽然主观题允许答案的不唯一性、主观能动性，但当其真正地运用到教学实践中，却难以改变其趋于单一、程式化的现实。众所熟知，语文试卷题量大、耗时长，一场考试下来，学生难免困顿不堪，而评卷结束，阅卷教师也会叫苦不迭。从方便阅卷这个角度，主观题答案也进行单一的固定似乎有其存在的道理。

①　倪文锦. 语文考试论 [M]. 南宁：广西教育出版社，1996：78.

但是，长此以往，学生思维也会越来越局限，为了考试而考试便成了主流思想。束缚了学生的思维也就限制了语文的蓬勃发展，积旧以深，未来语文发展的道路难免越走越窄。

（四）作文评改——"八股性"

语文考试，尤其是中学作文考试，一直倡导人文关怀，即做到知识与能力、过程与方法、情感、态度和价值观三个维度的融合统一，通过笔者分析中考作文及其评价体系，发现人文关怀并未得到充分的发挥。

但令人欣慰的是，很多地区在命题上很大程度地注重了人文性，各省市都在促进语文的人文性方面做出了很好地尝试。以南宁市2002年中考语文试题为例，请看其中的一条题干语："顺利完成了以上题目后，你一定在信心百倍的准备作文了。接下来是作文，提供两个题目，你要考虑自己的特长和生活体验任选一题，但是不能在作文中出现真实的信息。"作文题目的设定，允许学生自选题目，充分体现"人文主义"的思想。虽然在命题上倡导了人文性，但在评卷中又回到了刻板、八股性的层面。

在评改作文时，由于试卷繁多，阅卷压力大，评改中的疏忽难免会发生。但是对于"龙头、凤尾、猪肚"的作文要求，阅卷教师通常只关注到"龙头、凤尾"，根本没时间关注"猪肚"。接受了语文教师灌输的"开头华丽、结尾精练、字体工整、段落清晰"，这些固然重要，但过于标准化的作文要求必然会导致考场作文僵化，这和古代"八股文"有何区别呢？

八股性的作文体，在高中议论文中有其明显，学生过于讲求铺排、重视名人事迹的论据、讲求辞藻的华丽、对仗对的工整，使作文的多样化大大降低。一味迎合考试，努力赢取高分，而忽略了语文本身的多姿多彩，不得不哀叹语文考试对语文教育所带来的诟病。

（五）考试态度——偏离性

"物竞天择，适者生存。"学生进入学校学习，就要面临知识掌握程度的检测——考试，竞争也就在学生之间蔓延，且普遍存在，甚至成了学校评价教师教学水平的唯一标尺，家长、教师评价学生是否进步的唯一工具。我们不能仅仅关注于教师教学水平的激励性和对学生进步水平的鼓舞性，因为对于一件本就难以衡量公平性的事情，如果倾注了过多的关注，难免会造成思维的偏激和僵化。

对于教师而言，能不能评上先进教师、能不能获得奖金、能不能晋级、评职称都与教学成果——所教学生的成绩有着直接的关联。因其存在的重要性，会使教师盲目地忽略了自身能力的差异、所带班级学生学习能力的差异，只偏重于考试这一单一的形式。对于学生而言，得到家长的认可、教师的表扬是实现自身价值的体现，而他们认为只有分数可以证明这一切。因其这种心理，又会忽略自身学习能力的差异、学习进度的快慢，只一味地追求高分数，最终导致社会培养的多是"高分低能"的人。

考试评价制度必须有相对固定的评价标准，根据考试目标制定而不能随意改动。[①]在素质教育积极倡导、但应试教育仍然大行其道的今天，努力实现语文教育的考试评价、青少年的身心健康发展、教师的专业化发展的三结合，树立一个端正、健康、阳光的考试态度，对于教师和学生都是尤为重要的。

（六）考试结果——失真性

考试在一定程度上存在失真性。与古时的八股取士不同，现在考试也不是一考定终身，其在社会评价体系中位置的降低不免会对其结果的真实性造成影响。以语文考试为例，试题的多样性就是为了促使学生及时查漏补缺，提高知识把握的敏感性、系统性。但是，教师、家长、学生对考试结果——分数的过分关注，已经远远超出了督促学生查漏补缺的关注度。这在一定程度上，忽视了考试本身的目的，并未能真正发挥出语文考试的工具性——促进学生及时的反思、进取，成长、进步。

二、语文考试的具体策略

发展智力如果离开语文的基本训练多半会落空。如果学生的听、说、读、写的能力都比较差，那么他们智力的发展就会受到很大的限制。语文基本训练如果离开发展学生的智力，也会搞得事倍功半。加强语文基本训练是当务之急，但加强训练不要机械地理解为只是解决语言文字问题，要同发展

---

① 杨德如、刘化众、金海侠. 语文教与学概论 [M]. 合肥：中国科学技术出版社，1993：273—274.

学生的创新思维相结合，让语文日常的训练和考试都变得更加有活力，使学生更加喜欢语文、热爱生活。

（一）完善语文试卷结构，实现试题多样化创新

分析现行的中学语文试卷，主观题和客观题均占据了一定的比重，客观性题量略高于主观性题量。但语文是基础学科，尤其在倡导"大语文"的今天，更大程度上密切了语文和生活的联系。应在维持试卷本身公平、客观、易于评价的基础上，参照生活趣事、时政剖析、新闻热点，使语文与生活更加紧密地融合在一起。

以人教版《论语十二章》课后试题检测为例：包括字义解释、句子翻译和背诵默写三部分。整张试卷的试题，学生只需翻看课本便可得出直接的答案，无须拓展思考。河南建业外国语中学胡晓文老师结合青少年的校园生活、关注新闻热点进行试题检测创新。例如，在设计"学习态度"一题默写时，引用课堂上的小例子来引导学生，帮助学生打开了思维，引导学生将《论语》经典与生活实际相结合，思路会更为开阔，测试效果自然会更加明显。这种启发、引导性的方式，必然会对学生的学习产生有利的作用。

单一的试卷结构必然会造就教师和学生的审美疲劳，必然会造成语文课僵硬化、枯燥化、效率低等不良的结果。这与我们倡导语文生活化是相违背的。传统与革新可以并行，但革新的进程一定是在吸取成功经验的基础上，其步伐必将快于维持传统的步伐。试题多样性不只是语文教学规律本身的要求，更是对教师提高教学水平的严峻考验。教师的思想不能固化，要时时接受新思想、新考验，才能在课堂上、考试中应对各种突发的新问题、新情况。唯有此，方可在中国的教育浪潮中激流勇进。

（二）改变语文考试周期，推动考试科学化发展

《学记》说："比年入学，中年考校。一年视离经辨志，三年视敬业乐群，五年是博习亲师，七年视论学取友，谓之小成。九年知类通达，谓之大成。"古人尚且有如此严密又科学规整的循序渐进之道，今人为何有时却凌节而施呢？

据调查，有的中学在课本知识学习过程中，各类考试如下：每课都有特设的学案、每周都有涵盖本周学习重点的周清、月底的月考、期中考、期末

考，另外，还有语文教师利用晚自习时对学生进行的单元测试。如此名目繁多的考试，给学生和教师带来了莫大的压力。过犹不及，违背了学生学习知识、吸收知识、反馈知识的自然规律，必然会对学生的身心健康发展带来不可避免的损害。

笔者认为，每课的检测可以适当减少，应该根据每节课学生的反映情况和知识掌握程度来估算是否需要检测；而日清、周清可以和单元测试融合在一起，通过提高试题对知识点的概括率来提升测试的效率；月考、期中考、期末考作为大考，要保证试题的题量适中、难易恰当，根据不同的年级设计试卷的侧重点，低年级侧重课本知识点的考查、较高年级则侧重课外知识的拓展。

若学生恐惧考试，又如何奢求通过考试取得良好的效果？考试名目和频率过于繁多，也造成了任课教师勤于应付考试而疏于自身讲课水平的提升。对于语文这一生活性、实践性很强的学科，损害颇大。所以，规范的语文考试周期显得尤为重要。

（三）丰富语文答案设计，促使考试充满活力

客观题答案的标准化设计无可厚非，但若是为了提高阅卷效率，将主观题的答案也加以标准化、单一性，就不免有失偏颇了。陈寅恪做学生时，在课堂上的作答，就很注重多角度思考。有一次老师问道："你们认为李唐王朝衰亡的原因是什么？"陈寅恪思考了片刻，便从政治、经济、阶级关系等多个角度进行分析，最后博得了满堂喝彩。通过语文试题的设计引导学生学会多角度、全方位地思考问题，也应该是我们设计语文试题的着力点。

以七年级学生普遍会遇到的成语补充题为例，"海（　）天（　）"，根据成语词典，则至少有"海角天涯"、"海阔天空"两个答案；"海（　）山（　）"有"海誓山盟"和"海啸山崩"两个答案。对于学生填出的不同于课本上刚刚学过的成语，只要正确、工整，都应给予正确评定。

"思维活跃、百家争鸣、百花齐放、博采众长"才是一个成功的语文课堂。能反映出精彩纷呈的答案，不拘泥于单一的形式，才是一份成功的语文试卷。我们在教育中倡导"全人"的教育理念，用固定、灵活的思维方式和体系去全方位地把一个人分成各个部分，逐一面对、教育。人之为人，就是

因其思想具有独特性，教师应对其独特性进行引导而非抑制。主观题答案设置的多元性，是激励学生学会思考、喜欢思考的一个重要体现，是实现"大语文"、"语文生活化"、"语文人文化"的必经之路。如何不拘泥于形式，建立开放的语文考试，让学生敢于随心所欲的答题、而非耽于能否得高分，是值得教育工作者深思的问题。

（四）创新作文评改，力求"百家争鸣、百花齐放"

章太炎把教学形象地比喻为做生意，其中古代名家留下的遗产是成本，今天我们创新的部分是利润，如果没有自己的东西，那就是亏本的生意。从古至今，学习学了上千年，如果还是和古人差不多，没有半点进步，就没有属于自己的知识。①纵观近年来的作文，无论是日常学习中的课堂作文，还是考试时即兴创作的考场作文，都有"一致化"的发展趋势。

不得不感叹学生的"聪明"：明确阅卷教师的喜好，从最易得分的论点着手，洋洋洒洒，论述清晰，辅以华丽的辞藻、精彩的铺陈，一定会是一篇考场上的"上乘佳作"。如此诟病，积重已久。以河南省2014年的中招考试语文作文为例：作文一，"你是我的太阳"；作文二，材料大意是"土在地上就成了土壤，到天空就变成了尘埃"。选其一进行作文，自然是增加了人性性。对于命题作文"你是我的太阳"允许学生进行对多角度分析，记叙文体例明显。这就是比较开放的作文设计。

追求作文的革新一致是语文界的追求。"新概念"作文的走红，也是中国语文追求自由与多样化的体现。打开一个广阔的平台，让考生尽情地舞在其中。"海阔凭鱼跃，天高任鸟飞"，充分释放天性才能检验其真实的写作水平。尊重不同的文章体例，欣赏学生文笔背后的思考与才华，需要语文老师在正常的作文课堂上多鼓励学生积极进行多元化的创作，需要阅卷老师在评卷的过程中多多具备发现美的眼睛。唯有此，考场作文方可百家争鸣、百花齐放。

（五）端正语文考试态度，回归考试正道

由于我们长期照搬西方的标准化测试，固定的答案禁锢了学生的思维，

---

① 约之：先生的课堂[M].北京：光明日报出版社，2013：11.

阻碍了学生的情感、态度和价值观的养成。自新课改以来，人们逐渐认识到语文教育不但是教学生如何使用交际工具，还要立足于人的发展，要全面提升学生的人文素养，必须指导学生形成正确的人生观和价值观。

正如现状所言，语文教师和学生对待语文考试的态度，是有一定偏离的。尤其是在多学科并存的今天，语文考试并未得到充足的重视。很多学生、家长认为，语文作为母语，很容易学，应该把时间和精力多多放在数学和英语上。这些思想上的误解，对语文发展本来就不公平。高考制度的改革，语文分数拟增至180分这个事实，语文不该得到更多的重视吗？正确的态度才能促进语文考试的健康发展和良性循环。这对于语文教师、学生、家长，同样重要。

（六）正视语文考试结果，还原语文真实面貌

考试是查漏补缺的工具，这对于语文教师也不例外。学生通过考试而更加积极进取，教师通过考试而努力提高教学质量，这都是语文考试带来的积极影响。

河南省扶沟县一高一名刚刚走上讲台的女教师，在处理考试结果方面，不是一味地批评指责学生，更多的是在帮助学生分析原因、和学生一同进步。一次月考后，她所带的班级考了年级最后一名，她不露声色，在班里平静地说："同学们，我在考试之前说，希望你们考试完全放松，考得不好没有关系。你们真的很听话，考了最后一名。你们如此听话，让老师深感欣慰。但是，老师现在要非常严肃地告诉你们，既然是最后一名，就没有退步的余地了，下次，不多不少，前进一名就好。"第二次月考，所带班级的语文平均分在年级排名中上升了两个名次。这不失为一种健康有爱的教育方式，也是教师和学生一起摆正心态、正视考试的结果。

语文是一门会说话、会呼吸、有思想的学科，语文考试是语文说话、呼吸、表达思想的体现。每一份语文试卷都是出题人精心策划的结果，每一次考试都是考生与生活进行对话的过程。这其中的精彩，又怎能用一个冰冷的分数加以简单的概括？结果无论好坏，都需正对。语文的真实面貌，需要一双充满人文关怀的眼睛，引导学生去发现、体会。

综上，万物变化，既然都是从极简易的原始渐渐变出来，若能知道那

简易的原因，便可以推知后来那复杂的结果，所以，正如《易·系辞传》说："德行恒易以知简……德行恒简以知阻。"因为如此，所以能"彰往而查来"所以能"温故而知新"。正视语文考试一次次经验的积累，才促使学生慢慢打开了求知的眼睛、探索的心灵。真正的实现"大语文"，达到语文工具性和人文性的统一，我们需要革新现行的语文考试制度，使其更好地服务于语文教学活动，切实地促进语文教师和学生健康的、阳光的、和谐的发展。

第九章 语文教师与学生的发展

传统教育中多强调教师的师道尊严，教师担负着"传道、授业、解惑"的任务，学生多处于被动的、被支配的地位，近似于接受"知识的容器"，没有独立的个性。新的教育理念倡导"平等、民主、对话"的师生关系，提倡教师的专业化发展，注重学生的智慧生成和精神成长。因此，作为21世纪的教师和学生要及时更新现有的知识结构和观念以适应当下新课程改革的需要。目前，网络信息技术对学科发展的影响也日益巨大，对师生的发展提出了更新的要求，因此，需要我们对师生的关系做出新的定位。

第一节 师生发展新动向

师生关系发展是一个常说常新的话题。它经历了师道尊严，学生噤若寒蝉的教师中心论，也经历了一切为学生着想的学生中心论。但随着对师生关系的深入探讨，主体主导论、主体间性等师生关系的出现，可以看出新型师生关系已成为学界关注的热门话题。本节将从教师发展、学生发展及师生关系发展的历史演变等方面分析师生关系的发展脉络，并预测未来师生关系的新形态。

一、教师的发展

教师的职业地位随着不同历史时期的政治、经济的发展而不断变化。原始社会，教师不是专门的职业，教育活动没有从生产劳动中分离出来，推崇"长者为师、以吏为师"。夏、商、西周时期的教育为官方把持，民间无学术，秉持"学在官府"、"官守学业"。比如，西周时期掌管国学教育事务的人，同时也主持祭祀和国家典礼。春秋战国以后，尤其是漫长的封建社会，教师成为一种职业，担负着教化学生求学和当官的培养任务。鸦片战争以后，随着西方的教育理念和教育理论等西学的传入，学习西方办学体制和形式的新式学堂的开始建立，清末，面临中国被瓜分的危机，时人主张学习国外知识，创办新学。如京师大学堂师范馆等师范类学校的设立，是近代教师专业化发展的开端。现代社会，教育改革和教改实验风起云涌，大大地推进了教育的现代化进程，当时的教育改革主要呈现出有学科专业化两种教育价值取向，大大推进了我国教师职业的专业化发展。当代，世界各国都在积极倡导教师走专业化的发展道路，部分国家已经出台了相关政策来提高教师的专业化技能，无论在教育理论和教学实践上都呈现出迅猛势头。国外有研究表明，有效的教师专业发展要注意以下几点要求：（1）要有聚焦的内容：期望学生会什么，学生怎样学习以及教师在课堂中会运用的内容、材料、评估和教学方法等。（2）课程活动内容之间的协调、连贯。（3）教师主动、积极参与活动。参与方式主要有相互观察教学法、设计课室中的课程、评论学生的作品以及参与有意义的讨论、联系和反思等。（4）有足够的、使用得当的活动时间。比如有足够的听课、讨论、相关实践活动的时间。（5）教师自己的调适与外界的跟进支持。（6）合作学习与发展。合作探讨教学方案，并运用到改进课堂教学中，会使教师的专业化发展更有效，等等。①这些举措也为当下我国实现教师的专业化提供了前所未有的发展机遇。

二、学生的发展

不同历史时期，学生的地位发生不同的变化。古代的官方教育活动中，教师被视为知识的主宰者，享有着至高无上的权威地位，学生只是一个被动的知识接受者和应对考试的机器。近现代以来，随着西方新的教育理念和方

---

① 祝新华. 促进学习的语文评估：基本理念与策略 [M]. 北京：人民教育出版社，2014：188—189.

法对我国教育领域的冲击，尤其是分团教学法、分组教学法、道尔顿制以及教育测量实验和杜威的儿童中心论及"做中学"等理论和方法的影响，是我国传统教育发生了重大的变革，学生的个性发展开始受到一定程度的关注。比如，《钦定蒙学堂章程》提出，教授学生，须循循善诱。道尔顿制在教学过程中，坚持"自由、合作"的原则，推崇学生学习不同教材，独立完成作业，尊重学生兴趣，发展学生个性。陶行知将杜威的"做中学"的理论在中国的实验和创新，突出对学生的实践能力的培养，等等。新中国建立以后，我国对学生的关注不够，依然更注重教师在教学中的主宰地位，更重视知识的学习。20世纪60年代以后，语文教学大纲明确提出了"双基"教学目标，即注重学生基础知识和基本能力的培养。20世纪80年代中期，语文教学更加注重学生能力的培养，将教学的基本原则改为"基本能力和基础知识"，但随着教育科学化尤其是标准化考试实验的推波助澜，我国的教育逐步走向应试化的发展道路，扼杀了学生的个体意识和创新精神，阻碍了学生个性的培养。21世纪以来，我国课程改革提出了"以生为本"的教育理念，语文教学中突出对学生的语文素养的培养，不只是关注学生知识的掌握程度和语文能力的发展，更主要是关注他们的品德、情意和人格的发展。2011年语文新课标进一步拓展了学生发展的内涵，加大学生语文素养培养的力度，还突出强调学生精神世界的成长，做一个完美发展的人，而不只是一个知识的容器和学习狂。

三、师生关系的发展

随着时代的发展，教育改革的不断推进，人们呼吁一种新型师生关系的出现，更加尊重人的本性，以提高教育教学的质量效率。

（一）师生关系发展概述

1. 教师中心论和学生中心论

20世纪80年代以前的师生关系主要表现为：一是教师中心论，一是学生中心论。

教师中心论突出教师在教学活动中的地位，赫尔巴特是其典型代表，他认为"教师是教育活动的主宰，学生是被动接受知识的载体，学生毫无个性可言"。强调师生关系就是给予和接受，奴隶和主人的上下等级关系，教师在教学中就是强制学生服从的主宰，学生没有主体性可言。20世纪中叶，凯洛夫在《教育学》中指出：教师对于学生生活、学习上的要求"具有法律的权威"，教师至高无上，学生逆来顺受。教师在教学中是管理者、主体，压抑学生的积极性和创造性，要求学生服从听话。[①]这些教育理论和观念对我国相应时期的教育发展都产生了很大影响。

与教师中心论相对，学生中心论者认为学生是教学活动的主体，教材选定、教学目标、教学方法、教学情境设计等均以学生为中心。以20世纪上半叶杜威的生活教育理论为典型代表，他针对以教师为中心的观点，指出教学中学生的重要性，一切教学活动都要围绕学生来进行，并注重让儿童在活动中学习知识。他的这一理论影响了我国当时一大批著名的教育家，比如陶行知、蒋梦麟等。

2. 师生关系的争论

20世纪80年代，我国学界对师生关系的讨论主要有如下几种观点：1986年双主体论由甘其勋、蔡明提出，他们认为在教学过程中，学生和教师都是主体。双主体论认为，教学过程中，由于受到外界多方面因素的影响，不能单单强调教师和学生，还应关注参与教学过程中的其他因素。王策三、钱梦龙提出主导主体伦，他认为在教学过程中，教师为主导，学生为课堂主体，教师和学生都具有同样的主观能动性，发挥着不同的作用。主体间性师生关系则认为，在教学活动中，语言、文化、文本等是教师和学生沟通交流的中介，并在交流过程中促进师生互相理解和达成共识的一种关系。[②]此外，还有双客体论（教师与学生都是客体）、客体主体论（教师为客体，学生为主体）、主体客体论（教师为主体，学生为客体）、客体主体客体论（教师为客体，教学条件为主体，学生为客体）等。这些师生关系的认识都未能真正将教育者和受教育者放在平等交往的角度。21世纪以来，随着教育改革的不断深入，语文新课标虚心吸纳了学界的最新认识，坚持了"教师为主导，学

① 廖大鹏. 论师生关系的新发展 [D]. 武汉：华中师范大学，2001：3—4.

② 潘华云. 主体间性——当代师生关系的价值取向 [J]. 四川职业技术学院学报，2007，（2）：66—67.

生为主体"的师生关系理念。

（二）新课标倡导的师生关系

教学改革的发展需要建立新型师生关系，新型师生关系的核心：教师为主导，学生为主体，突出了学生是学习的主人这一新理念，从而也打破了教师的权威地位。较之以往的师生关系，新课标将师生关系向前推进了一步。

1. 培养民主与平等的师生关系意识

民主平等的师生关系，指在教学过程中，在平等的基础上加强师生之间的交流，激发学生的学习兴趣，促进学生的全面发展。教师与学生之间只是"闻道有先后"，不存在严格的上下等级关系①。《教育——财富蕴含其中》指出，教师角色从"独奏者"过渡到"伴奏着"，新课准中频繁出现"引导"一词，预示着教师是"平等中的首席"不再是具有话语霸权的占有者。

例如：

师：门庭若市和万人空巷是一对反义词，前者指门前像市场一样。说明人多，一幅热闹的场面。而后者却是说人少，很冷清。

生：老师，万人空巷也是形容人比较多，不是字面的意思。多形容庆祝、欢迎等盛况。

师：我们共同来查一下词典……这位同学纠正了老师的错误，老师犯了望文生义的错误，以后老师引以为戒，也希望同学们在以后的学习中，对望文生义式的错误防微杜渐。

这位教师，对于学生在课堂上指出他的错误，他不是去批评学生，而是虚心接受，并以此为例，教导学生防微杜渐，给学生上了一堂生动的模范课。

2. 倡导交流分享的师生教学关系

信息时代，人们接受知识的方式变得多样化，学生能够从各种渠道获取知识，挑战了教师的权威地位。新课程提出三维目标和自主、合作、探究的学习方式，强调学生不再是单纯被动地接受知识，教学过程是师生之间在相互尊重的基础上平等的交流。交往互动的教学模式要求淡化教师权威，给学

① 潘（美）杜威.民主主义与教育[M].北京：人民教育出版社，2001：135—136.

生创造宽松有趣的学习氛围，鼓励学生自由表达自己的主张和见解。

3. 提倡和谐温馨、充满浓郁感情色彩的师生关系

心理学研究表明：和谐融洽的人际关系，人们的心情处于放松状态，更容易促进学习潜力的发挥，提升学习的效率。融洽的师生关系，有利于创造宽松的学习氛围，减轻学生的心理负担，使学生的学习智慧最大限度地发挥，学习效果事半功倍。

例1：

师：积雪融化了，大家说说积雪化成了什么？

学生们一起喊起来：水！

老师笑了。

正在这时一个声音说：春天！

老师寻求发声源，很生气地说：雪化了之后是水，记住了。

全班同学笑了……

例2：

师：积雪融化了，大家说说积雪化成了什么？

学生们一起喊起来：水！

正在这时一个声音说：春天！

老师寻求发生源说：这位同学跟我们观点不一样，他的观点很有创意，其他同学还有不同的答案吗？

瞬间教室里不同的声音四起：绿色、生命、温暖……

在例1和例2中，同样的问题，我们看到了不同的教学效果。教师是学习的组织者和建设者，在教学过程中，创设和谐融洽、充满浓郁感情的班级环境，既能促进师生间依赖和信任，又能促进学习的热情。

知识的传递与获取应在民主与平等、和谐融洽、充满师生浓郁感情色彩的环境下进行。"教书育人"是在良好师生关系建立的基础上，把握时机，进而促进师生关系的完善和发展。

（三）未来师生关系展望——师生学习共同体

根据以往的师生关系的讨论，有学者认为：师生关系在未来几十年会发生很大的变化，学生的主观能动性得到极大的重视，自主学习能力将得到很大的提升。在教学过程中，师生之间进行平等的对话、谈论、辨析，在组建的"师生学习共同体"关系中共同完成学习任务。"师生学习共同体"具有以下特征。

1. 强调学习主体间的互动

师生之间应该相互学习，共同进步，教师不再是僵化刻板的授业，学生也不再是死板的学习，而是二者平等的、双向精神的交流、思维的碰撞，共同发展、共同成长的美好历程。在学习过程中，学生和教师共为主体，相互影响、彼此促进。教师和学生要积极利用身边的教学资源，提高师生共同学习的效率。师生学习共同体的形成，需要师生团结合作、共同努力，依赖班级每一成员的积极付出，在交流互动中达到师生共赢的目的。

例如：

师：世界有万物构成，那么为什么会有生物入侵者的说法呢？

学生一：因为环境的适宜，一种生物大量的繁殖，破坏了当地本来的生态链，所以叫作生物入侵者。

师：那你说一说，都有哪些生物入侵的例子来证明你的说法。

学生一（想了很久），这个我不知道

学生二举手并抢答：1988年，由从欧洲大陆带到北美大陆的斑贝，过度繁殖，堵塞五大湖输水管道，耗费了北美数十亿美金却还没得到完全治理。

学生三迫不及待地站起来：还有亚洲的天牛，他们在芝加哥疯狂的破坏树木。还有落户于关岛的棕树蛇，已将关岛十一分之九的鸟类赶尽杀绝……

同学们的思路逐渐被打开了，一个个在抢答……

师：同学们，今天同学们的回答也让老师大开眼界。今天咱们就来学习《生物入侵者》，通过课文再看一看有没有其他的生物入侵者……

学生积极互动，课堂焕发活力。一个人的智慧，分享后就是两个人的智慧，何况一个班级四五十名学生呢？

2. 凸显学习目标为指向的"学习活动"技巧

学习共同体的形成有利于师生之间相互帮助，共同协作，最大限度地利用身边的教学资源，使学习效率最大化。例如：在一次随堂优质课中，教师运用了前后小组研讨法、同桌质疑法、提问"连坐"法、组长责任连带法等参与学习活动。当教师明确了学习目标，学生就能发挥自己的力量，运用前后小组讨论和同桌质疑的机会，获取自己不知道的知识，以防"连坐"的事情发生在自己身上。

在课堂上，教师利用学生自尊心强，爱面子的心里，巧妙地将一些小小的方法加入到学习活动中，这样不仅促进了学生的自主性、创造性的发挥，同时也促进了学习目标的完成。

3. 重视师生共识、资源共享、人际沟通等中介作用

充分尊重每个个体的自由选择权，在多种选择之中，大小不同的共同体因为"共识"得以建立，并且能够在一定的时间内牢固地存在。在"共识"的作用下，各成员会围绕同一个课题或问题，思索解决问题的方案，制定实施措施，并在其中达成新的"共识"。课堂也是一个"共享"的过程。各成员共享组织建立的兴奋，共享资源开发的有无，共享过程实施的付出，共享问题解决的喜悦。在"共享"的情境中，价值观、思维方式、言语表达逐渐趋于同特点，使得身处其中的每一个人得到熏陶。①

第二节　语文教师的知识结构

随着我国基础教育改革的逐步推进，教师的专业发展受到人们的广泛关注，而信息技术的不断更新，也要求教师及时更新补充陈旧的知识储备。语文新课标确立了"变系统知识为有用知识的目标"，从而改变了以往的指导思想和价值取向，这实际上对教师提出了更高的要求。那么，作为新型教师应该以怎样的自身转变去适应当前的教学环境呢？下面，笔者主要从教师知识结构现状及知识更新两方面加以阐述。

一、语文教师知识结构现状

知识结构是指一个人经过专门学习培训后所拥有的知识体系的构成情况与结合方式。所谓合理的知识结构，就是既有精深的专门知识，又有广博

---

① 林荣凑. 语文学习共同体研究 [J]. 浙江教育学院学报，2009，（1）：71—73.

的知识面，具有事业发展实际需要的最合理、最优化的知识体系。为了更好地了解语文教师的知识结构现状，我们以工作不满5年的年轻教师为对象从学科基础知识、自然社科知识、一般课程知识、语文课程知识、心理理论知识、教育理论知识等方面进行了抽样调查，其中调查问卷发出100份，回收83份，有效问卷72份。六个方面知识的正确率分别为50.6%、70.12%、44.5%、43.5%、47.88%、51.83%。可见，语文教师的知识结构还存在一些问题，具体表现在：

第一，基础知识不扎实，掌握和运用知识的能力不太理想。在所列举的题目中关于字形、成语、语法的错误率各占到33%、61%和63.9%，显然语文教师的陈述性知识"先天不足"，可想而知，这些教师传授给学生的知识也是受到限制的。其中有种种原因，很多学生为考到各种资格证书而临时突击是最大的一点，这是由学习的功利性造成的，最终导致学生的专业课不扎实，甚至空空如也。

第二，基础知识不扎实，错别字现象普遍存在。从自然社科类知识的答卷中即可看出。这类知识所出题目不多且较为常见，例如"世界三大短片小说巨匠分别是欧·亨利、（　　）和（　　）"，被调查者写错字现象很多，所以语文教师对语文学科知识之外的知识的熟识还有待进一步的检验。语文教师不能禁锢在自己所教的学科之内画地为牢，以为就业就是进了"保险箱"，而应该涉足学科之外，同时博览群书，以便带领学生翱翔于智慧的天空，驰骋于思维的草原，漫游于知识的海洋。

第三，语文教师对课程知识的掌握不太牢固，特别是对语文课程知识。例如，对于"叶圣陶对语文的定义是什么"这个作为师范生应该耳熟能详的题目，居然还有41.6%的错误率，让人触目惊心。这是多种原因造成的，其中对教育学、心理学知识不够重视，没有形成熟练运用知识的意识，理论与实践相脱节是很重要的一点。[①]

第四，语文教师对教育学和心理学知识的掌握，处于较低层面，特别是在教学应用上。职前教育时，开设的教育学和心理学类课程多是停留在知

---

① 马笑霞.现代语文教师的知识结构[J].中学语文教学，2003，（11）：13.

识学习层面，枯燥乏味，除有特殊的兴趣外，没有同学愿意下功夫学习。职后教育又多是为了培训而培训，实效性不强，效果不佳。有研究表明，初任期的语文教师在工作上和之前想象的情景会形成一个巨大的反差，如果能顺利度过，则对今后专业发展有利，否则会造成严重的心理创伤，甚至导致离职。①

由调查可见，当今语文教师的知识储备并不理想，而且没有形成不断学习新知识的意识，这种现象会制约学生的发展、教学效率的提高。所以，语文教师应及时更新知识，加强知识的学习，加强自身的学识和修养。

二、语文教师知识结构的建构策略

建构合理的知识结构，是培养科学的思维方式，提高自己的实用技能，以适应将来在社会上从事职业岗位的必然。由上述现状分析可知，当前语文教师的知识结构还不完善，还不能很好地应对新时代对新型教师的要求，还不能很好地培养出社会需要的创新性人才。因此，更新现有的知识结构已是时代发展的要求。

（一）更新教师的教学基础知识

教师的基础知识结构更多侧重于教师的学科知识而言。教师不仅要有最基本概念、技能方面的知识，要有与其他学科知识关联的知识，还要有学科的发展历史知识以及学科的思维方法和思维方式等方面的知识。语文教师只有拥有了扎实的专业基础知识，才能够满足学生学习的各种需要，在课程改革中发挥更大的作用。例如，教师要了解语法学和文学理论等方面的知识，在教学中能够及时满足学生的需求。此外，随着网络的普遍应用，信息传递的速度和广度比以往任何时代都强，语文教师有必要关注一下网络上流行的词语和释义，才能更好地把握住时代的动态、学生的思维方式，并给学生以切实的指导，帮助他们辨明是非，朝着健康的方向发展。语文学科的广博性，要求教师积累政治学、历史学、文艺学等其他方面的知识，以此来丰富学生的视野，激发学生的志趣。更要关注语文课程与教学论这门学科的知

---

① 叶澜等．教师角色与教师发展新探 [M]．北京：教育科学出版社，2001：303.

识，更新陈旧的教育思想和观念、教学方法、精心设计教学，革新教学方法，争取有创新性地开展语文教学活动。

（二）更新教师的实施策略知识

教师拥有的陈述性知识固然重要，更重要的是要有实施策略方面的知识。教师要具有不断更新实施策略知识的能力，在教学实践中将各种有利的因素整合起来，以适应学生的不同兴趣和能力，从而更好地促进学生的发展。一个合格的语文教师不仅要对课程标准有深入的研究，对教学内容有自身的见解，还要对学生的每个方面有足够了解。因此，教师要不断更新和改进辅助性知识，并在理解的基础上和教学实践相结合。例如，皮亚杰的"儿童智力发展阶段论"向我们展示了儿童在每一阶段的智力发展程度，这就为有效教学提供了理论基础，对于小学语文教师要注意运用具体形象的教具来辅助教学；对于初中语文教师可在教学过程中施以适当的人文关怀；对于高中语文教师则要引导学生深入开掘，广泛迁移，从而理解更深刻的社会背景及作品创作的根源。

（三）更新教师的教育情景知识

因为教师的教育对象是具有不同特点的个体——学生，所以这就导致了在语文教学实践过程中会产生各种各样的复杂情况。相对于理论知识而言，这种知识是教师根据不同的教学环境、教学对象、教学内容，凭借自己的经验、智慧、幽默、顿悟、机智、应变，从而化解那些与教学过程或者学校环境无关的情况所做出的自觉反应。每个人都有好奇心和求知欲，学生更是如此，面对学生刁钻古怪的难题，教师应该从容面对，合理化解，利用他们的好奇心激发其学习兴趣，而不应该一味地去打压，挫伤其积极性。[①]对于学生提出的奇怪看似和课堂无关的问题，教师勃然大怒的反应明显是缺乏教学经验的表征，他不能从容面对学生的问题，一时间找不到适当的解决方法。教师实践性知识的形成和变化是一个不断建构和更新的过程。[②]当语文教师面临的是足够、有效、合理的教育情景知识时，教师会改变先前的认知结构，将新的知识纳入其中，以实现知识的更新，并丰富教师的情感体验。

① 雷铃. 名师教学机智例谈 [M]. 上海：华东师范大学出版社，2007：17.
② 庞丽娟. 教师与儿童发展 [M]. 北京：北京师范大学出版社，2001：229—230.

（四）更新教师的自我反思知识

与以上三类知识不同，教师的自我反思知识是一种高级隐性知识，它融合于陈述性知识、程序性知识和策略性知识当中，是更新知识的重要因素，同时也是自我监督、自我调节，使教师个人素质不断提升，知识能力不断加强的重要保障。

教师在反思问题以寻找更好的教学方法的同时，还要反思学生的学习方法，这二者同等重要，都需要自我反思来完成。首先，要反思学生。要从学生角度反思教学。通过预习，不同层次的学生是否都掌握了最基本知识和内容，而不再需要教师的讲解？通过问题设置，是否考虑到不同层次学生的需要和发展？通过课堂策略的调整，学生的学习积极性是增强了还是减弱了？等等。只有树立不断反思学生的意识，才可以转变自己的主宰课堂的意识，成为真正意义上的学生学习的参与者、引导者、促进者。其次教师要反思自己。教师要做到自我监督，及时补充更新知识结构。在阅读有关书籍时，要时刻进行反思，能否将书中所学知识应用到实际教学中去，这样逐渐养成读书反思的好习惯，并形成自己特有的读书反思模式。教师在教学中要善于观察课堂细节，教学后也要及时获得反馈信息，从而明确自己专业发展中还存在哪些问题、解决方法是什么、这种方法是否科学，等等。

"沉舟侧畔千帆过，病树前头万木春"，当今是一个快速发展的社会，如果固守陈旧的知识终究会被社会所淘汰，语文教师要不断更新和改进自己的知识结构，在教学工作中不断总结经验，积极探讨，以其特有的职业敏感度走在学生的前面，斩获新知，除旧布新，从而带给学生新鲜、活泼的课堂环境，新奇、愉悦的审美体验，才能够适应时代的变化，在教学工作中获得成就和乐趣。

第三节　学生的语文知识结构

教材是中小学生学习知识的重要辅助性工具，教材的编写要有系统性，根据学生的不同年龄特征，选取合适的内容。中小学生对教材中语文知识的学习，应立足实际、及时更新。

一、学生语文知识结构的现状

中小学生语文知识的结构与课内语文教材知识结构、课外自读教材、课外知识方面的活动、教师传授知识的模式以及学生学习知识的方式有很大关系。这些要素最终造成了学生知识结构不完整、学习知识兴趣不高、不能灵活运用知识的现状。

（一）语文课本知识结构分析

1. 内容相对固定的语文学习教材

叶圣陶先生最早对语文的内涵做出了解释，即口头为语，书面为文，语文教学重视学生听、说、读、写能力的培养。其他一些教育大家也迎合了叶老的语文观。纵观建国后历年来的语文教材，一直秉持"听、说、读、写"的原则，无太大的改变。目前，以人民教育出版社为首的多家出版社编订的语文教材都有 "现代文、文言文、写作"三大"黄金板块"，关注到学生的学习状况，且教材编纂者都能根据最新课改精神和课标理念调整和更新现有的知识内容，但变化的幅度较小。

2. 秉承传统的课外自读教材

现行各家出版社的语文课外自读教材的阅读板块，在编排体例上多与课内阅读教材相对应；中学语文课外自读教材的写作板块， 有供学生自由选作的"写作园地"，写作题目也多与课内教材相对应。这种编写方式有利于学生巩固和掌握所学知识。但由于是高耗的、重复性的学习，会影响学生对多元化知识的吸收进度。而中专类的语文教材，自读课本编排相对灵活，为了让学生能吸收更多样化的知识，增设了诸如《红楼梦》、《水浒传》等名著的经典片段，有助于调动学生的学习积极性，开阔阅读视野，丰富人文素养，值得提倡。

（二）取向单一的语文课外知识活动

对于构建中小学生语文知识结构而言，在日常生活中能够灵活运用尤为重要，真正的知识不仅仅是记忆在脑中，如果不能够很好地运用到生活实践中，注定是"死知识"。调查发现，师生将学习的重心大都放在了课本上固定知识的学习和掌握上，语文课外知识活动的开展屈指可数、形式单一。即便是开展了"黑板报"、"手抄报"、"演讲比赛"、"朗诵比赛"、"作文大赛"等语文课外活动，效果也不理想，因为固定的、单一的比赛形式易形成只有"擅长的同学才能参加"的固定模式，学生的参与数量和参与度都是有限的。

这就需要我们在语文课外活动中摒弃"刻板的死的知识"，提倡"灵活运用的活知识"。比如，河南省郑州市一些中学的做法颇有新意：根据学生发展状况不同设置诸如"文史PK"、"我最能说"、"我写我成长"等不同的活动类型采取班内分组、班级为单位在校内参与竞争等形式，全面锻炼学生的听、说、读、写能力，在这类趣味性强的课外活动中，学生大大积累了广阔的语文知识。

（三）固守传统的语文知识教与学

1. 教师语文知识授课模式

舒尔曼（Shulman，L.）指出："倘若要推进教师专业化，就必须证明存在着保障专业属性的'知识基础'，阐明教师职域里发挥作用的专业知识领域与结构。"[①]当然，作为语文教师，他们的专业知识结构也应该丰富和明确。目前，一些语文课堂中，教师授课模式多为"讲为主，练为辅，讲练结合"。素质教育的实行和对教师专业化的要求解放了语文课堂的束缚，在一定程度上发挥了学生学习的主观能动性。但是，语文作为一门人文社会学科，很多内容不是靠老师的讲，而是学生独特的体验和感悟。例如，对于《项链》这一课，文本中蕴含的人生哲理，老师就要少讲，学生就要多说多悟；但对于《逍遥游》这篇艰深的文言文，学生不甚理解文本中蕴藉的庄子高深的道学思想，因此更需要老师的讲解，而不是学生无谓的练习。

2. 学生语文知识学习模式

弗莱雷曾在《被压迫者的教育学》中对传统的课堂教学模式做了一个形象的比喻，他把教师说成是储蓄者，而学生则是银行，储蓄者传授多少知识学生便接受多少知识，弗莱雷把这种教学称之为"银行储蓄式教学"。很显然，传统教学效率低下，学生收获的知识极少。这种不够积极的学习模式，

---

① Shulman Lee . The Paradigms and Research Programs in theStudying of Teaching [M]. Wittrock（Ed），Handbook of Research on Teaching，Macmillan，1986 .

严重影响了学生对语文知识的积累。众所周知，语文知识的学习与其他学科不同，学生的日常交流和练笔也是一种学习，语文学科的知识应用性远远高于其他学科。而学生语文学习的思路和其他学科并无明显的区别，这就导致语文知识积累效率低下。激起学生的语文学习热情，使他们主动地读优美文章、优秀作品，自发地创作自己的作品，这种打破传统的语文知识学习模式，会形成"举一反三"的效应，帮助学生积累更多的语文知识。

二、学生语文知识结构的建构策略

（一）完善课本知识结构，实现多样化创新

1. 体现语文知识的工具性

语文是工具性和人文性的统一，二者不可分割。语文学科的工具性，体现在人们对于"听、说、读、写"的运用上、贯穿于日常交流中、伴随至一个人的一生。也即是，语文作为一种工具，是我们认识世界、与世界对话的桥梁。这就要求编排语文教材时，要充分考虑语文的工具属性，既要保证教材内容的多元性、丰富性，又要引导学生学会写优美的文章。阅读、写作、听、说板块都应该有所兼顾，但也要照顾地区差异。例如，西南地区，由于方言与普通话差异很大，因此在编写语文课本时应适量增加听、说板块，以提高学生的普通话水平。

2. 反映语文知识的思维性

语言是语文教育的核心，从心理学意义上讲，可以分为外部语言和内部语言，外部语言即是表达出来的话，内部语言则是在心里思考但没说出来的话。俗话说的"打腹稿"就属于内部语言。只有人们语言能力的增强，思维也才能变得清晰、严密、准确，因此，提高学生的语言运用能力是学生具备良好思维能力的关键。此外，语文的思维性还表现在它是一门与青少年身心发展密不可分的有逻辑定律的学科，由拼音到汉字，由简单字词到复杂句子，由段落到篇章结构，由简单的语法修辞到各种文体知识，是一个渐进提高的过程。这就要求我们的语文教学要符合学生的学习和规律，逐步增加阅读量，增加文章的长度和深度，丰富作文的题材和体例，唯有此，才能更好地借助语文知识训练学生的思维能力。

3. 强化语文知识的情感性

语文知识的情感性，体现在它是一种人与世界交流、对话的凭借，是人思想、情感的外露形式。以语文课本的编排为例，散文、小说、诗词、戏剧等体裁的作品，都能彰显人文关怀，传递给学生友善和爱的能量，提升其文化修养，丰富其精神世界。重视语文知识的情感性，教师还应注意组织教学时，采用多样化的手段来传递给学生丰富的情感。比如，善于创设教学情境，形成学生新的"生活世界"，体悟文章蕴含的情感内涵；以学生的学习兴趣为突破口，在活化课堂教学，设疑激趣的语文活动中调动学生的学习情趣；也可以借助电化手段和多媒体信息技术提高学生的学习情趣。对于枯燥乏味的语法知识，教师若能注入情感教学，以丰富、通俗的语言使学生明白复杂的语法，更易于学生牢固地掌握有关语文知识。

（二）丰富课外知识活动，活化语文知识学习

根据中小学生身心发展特点，可开展多样化的语文活动，鼓励学生在活动中积累语文知识。

1. 字词积累

仿照当前热播的与学习有关的大型电视节目，学校设置有关比赛规则和奖励条件，增加学生的基本字、词的积累。如，"中国汉字听写大会"是中央电视台推行的大型学习型节目，仿照举行类似活动，涉及一定量的生僻字，有助于帮助他们更好地掌握大量汉字，增强民族自信心、自豪感；定期开展"汉字英雄" 比赛，督促学生规范汉字书写、注意笔顺笔画，选拔优秀选手参加河南卫视的"汉字英雄"，鼓励学生全面发展；河南卫视"成语英雄"活动的开展，会激发学生尤其是较低年级学生学习成语的热情，对促进他们积累成语、学习传统文化大有裨益。

2. 佳句积累

课标还特别重视学生的语文积累。教师要指导好学生掌握语文积累的工具（如几个笔记本）途径和方法。阅读中养成积累的良好习惯。在写作中，翻翻积累的本子，不断运用积累的词语等。其中，优美佳句的积累量的大小是衡量一个学生语文素养重要标尺。作为学校可以定期举办一些中华优美诗词、佳句的比赛，也可以举办"灯谜大会"及歇后语竞猜等多彩的语文课外

活动，激发学生对优美词句、成语的搜集和运用的能力。

3.写作积累

写作是一个人语文素养的综合体现。作为老师可以根据不同的年级开展多样的写作活动。例如，对于七、八年级学生，更多侧重于学生写作兴趣的激发，可以举行"优美语段PK"活动，让学生即兴创作优美语段，既锻炼了学生的口头语言表达能力又检测了其作文水平；对于九年级的学生，可以在校内举行"新概念作文大赛"等写作活动，鼓励学生积极参与，利于展示"博采众长"的作文素材知识积累，进而提升他们的写作水平。

（三）端正语文知识教与学的态度，还原语文学习轻松的本质

1.学生语文知识学习的内驱力和智力因素

青春期的学生，学习充满了内驱力，成就感和被认同感增强，学习更加主动进取。根据此阶段的学生的心理特点和性格特征，就要求教师在语文教学中，活化语文课堂内容与形式，以激发学生主动学习和探究的兴趣。这样的语文知识传授，会使学生广泛受益。青春期的学生，智力处于快速提升中，他们更加懂得以自身的视角来衡量事物的变化。这就要求教师在引导学生积累语文知识的过程中，注意引导方式和知识的难度，以免过犹不及。

2.教师在创设的教学环境中传授语文知识

基于中小学生的内驱力和智力因素，我们教师就要努力创设独特新颖的语文教学环境，以促进学生吸收更广泛的语文知识。当下，课堂的概念不断扩大，由固定的课堂转向了多媒体实验室、图书馆、博物馆、历史古迹等更广阔的空间，而这些"课堂"能提供给学生的知识量要远远大于固定的教室。所以，我们应创设更加符合学生发展实际的语文教学环境，以更加直观的方式呈现给学生。众所周知，语文是一门基础性、综合性学科，因此也可以和其他学科融合起来进行学习。例如，可以创设一些独特的教学场景，比如，将语文语法课与英语语法课结合起来，将说明文写作课与物理课联系起来，就能激发学生学习相关知识的热情。

3.学生在生活中习得语文知识

对外汉语教学中经常用"习得"这一概念，强调学习是一种无意识的行为，学生在目的语环境中能自然习得第二语言；而"学习"则更多是一种有

意识的认知行为。根据语文学科的人文特点、语文知识的灵活性以及中小学生的心理发展特征，在语文知识积累方面，强调"习得"的方式。比如日常的言语交际活动、普通的报刊阅览、平时的应用写作等平常的活动中都包含大量的语文知识。对于这些知识的学习，基本都是先通过"习得"方式以便大致了解语文知识，再接受"学得"方式已修正和巩固已有的语文知识。学生正处于渴望汲取大量知识的阶段，因此，应在生活中提高感应知识的敏感度，在无意识中增加语文知识的积累。

第四节 网络环境下的师生定位

随着信息时代的到来，网络对课堂教学产生了革命性的影响，它改变了传统的课堂教学模式。其中，网络教学活动中的师生角色尤其需要引起人们的重视。随着新课程改革的深入推进，有必要对网络环境下的师生角色进行重新定位，以便更好地推进语文学科的发展。

一、网络教学促进了教师角色的转换

（一）教师是课程资源的开发者和利用者

在传统的教育理念中，教师的主体性得到足够的重视，一度达到忽视学生生命个体的程度，这种师生关系有失偏颇。但在网络教学中不可完全弱化教师的地位，仍然需要教师的指导和引领，特别是在网络课程资源的建构中。下面，以网络教材的编写为例进行分析。

网络教材不同于以往的纸质教材，它具有内容丰富、新颖、生动、有趣的特点，包括各种声像资料。网络教材的整理和编写，需要学科专家的积极参与，同时也离不开信息技术专门人才的支持。需要指出的是，这其中我们教师也起到十分重要的作用。教师可以根据在教学过程中遇到的各种问题，以及学生的知识接受水平，兴趣爱好，对网络教材的编写提出具体可行的建议。当然，这对教师信息技术掌握的水平提出更高的要求，教师要从多种渠道及时学习这方面的知识。在教材的编写中，应注意把握好娱乐性和知识性的平衡，即让学生在轻松有趣的气氛中学习到一些有用的知识。

教师在教学过程中运用网络技术应适度合理。教师过度依赖信息技术，不利于自身知识更新和教学能力的提高，同时，纷繁复杂的声像情景，也影响到学生对于具体实际知识的掌握。

（二）教师是网络教学的组织者、引导者和促进者

建构主义学习理论认为：学生的学习要基于自己的经验，积极主动的建构自己的知识结构。这种学习方式学生能够在理解的基础上获得牢固知识，并利于在实际中灵活运用。随着信息技术的迅速发展，网络教学中学生的自主学习意识受到重视，教师尊重学生的兴趣和意见，充分发挥学生的主观能动性，以便在学生原有的知识经验基础上，生成符合个体特征的知识结构。这打破了传统的师生关系，学生的积极性得到激发，创造性得到培养，但在具体的网络教学中，仍然离不开教师的指导。对于网络技术的基本知识，学生缺乏系统的培训和指导，在学习过程中必然受到限制，所以学生的学习方法、学习兴趣、主动性和积极性的激发，以及师生之间、生生之间的交流与合作等，这些都需要教师的帮助，教师担任着网络教学的组织者、引导者和促进者的角色。当然，信息技术的更新需要教师运用现代教育理念和教学方法来加强自己的专业修养，提升自己的专业能力。

（三）教师是转变教学观念的率先实践者

以网络教学为主题的未来教育理念，指出教育是一种服务，教师和教育专家是服务者，而学生则是服务的对象。学生在教学过程的各个方面，具有优先选择权，所以教师要想适应这种教育理念指导下的教学活动，必须及时转变自己的教学观念。这对教师提出了多种要求，具体表现在以下几个方面：（1）网络教学情景对传统教学观念形成冲击，教师要有较强的心理素质，能够很好地应对这种变化。（2）教师要有在网络教学中运用自如的信息技术能力。而现状是，由于信息发展迅速，教师接受新事物的能力受到限制，不能够及时地掌握相应技术，有些教师在网络技术运用方面还没有学生知道得多。（3）教师要有扎实的专业基础知识和广博的社会科学知识，更重要的是，要有及时更新补充新媒体技术知识的能力。这与当下网络信息发展迅速有直接的关系。（4）教师要有较强的组织能力。在网络化教学环境中，师生之间传授知识的方式多样化，可以通过师生讨论交流，也可以让学生自

主合作，这对教师的组织能力提出了更高的要求。

二、网络教学确立了学生的主体地位

（一）学生是课程资源的最终建构者

在传统教学中，学生的自主意识和创造能力没有得到足够的重视，教学资源的整理和编写是由一些专家和学者单方面决定的，这在一定程度上脱离了学生的学习实际，忽略了学生的接受心理。在网络教学中，学生不仅仅是学习者，而且是课程资源的最终建构者。学生参与到课程资源的整理中，根据自己的兴趣和需要合理地取舍，能够最大限度地发挥学生的主动积极性。而且学生的接受能力比较强，信息技术更新迅速，他们能很快地接触到各方面的知识，教师则不然，有时还没有学生获取的知识全面，这更需要学生参与到课程资源的建构中。

（二）学生是教学活动的主体

主体性课堂教学活动，在网络时代将倍加受到重视，并得到广泛的运用。所谓主体性课堂教学就是指在教学过程中充分发挥学生的主观能动性，培养学生的自主学习意识，激发其学习兴趣，尊重学生的观点和意见，在课堂上，鼓励措施多于批评之词，让学生在民主、宽松、自由的氛围中学习到新的知识。在网络教学中，学生的主体性也应得到充分的尊重。学生在运用网络资源环境、选择学习媒体、学习渠道以及师生、生生之间的交流和互动中应体现出教学活动的主体性。

（三）网络教学中师生是平等、信任、合作的关系

网络教学中教师和学生是一种平等、信任的关系，打破了传统教学中教师的专制权威，鼓励学生发表意见和见解，允许不同观点的存在。师生之间在平等交流中，共同讨论、共同思考、共同探索；在教师的协作和指导下，学生们的合作、研究、报告和找资料能力得到不断提高，文化视野得到更好的拓展。

第十章　语文教育的发展趋势

　　进入21世纪，随着教育改革的不断深入，出现了各种不同的教育思想和理念，对教育领域的发展趋势产生很大的影响。透视世界各国的课程标准及课程理念，我们发现国外语文课程有朝着加强德育、重视工具和人文属性、重视终身学习和学生个性的张扬、重视学生对新技术的掌握能力和创新思维能力的培养，以及评价客观、多元化发展的明显趋势。与此同时，我国的语文教育在坚持民族化的同时更加重视与时俱进，与国际的接轨，呈现出语文教育的素质化、个性化、生活化、科学化、信息化和国际化的发展趋势。

第一节　国外语文课程的发展趋势

　　联合国教科文组织编写的《学会生存》一书，指出传统的局限于学校的学历教育已经远远不能满足人们在知识经济时代和学习型社会的需要，活到老，学到老的终身教育理念颇受各国的欢迎和重视。"他必须有能力在自己一生中抓住和利用各种机会，去更新、深化和进一步充实最初获得的知识，使自己适应不断变革的世界。"[①]由此可见，21世纪不仅需要拥有丰富知识的人才，更需要具有持续性学习的人，能够适应时代发展变化的人，尤其是具有创造、创新能力的人。从20世纪90年代至今，世界各国对创新型人才的培养都给予了更多地关注，不遗余力地进行了基础教育改革，革新了传统的教育

---

　　① 联合国教科文组织国际 21 世纪教育委员会．教育——财富蕴藏其中 [M]．北京：教育科学出版社，1996：75.

内容和教育方式，大大促进了教育的发展。其中语文教学改革，也收到一定的成效。纵观各国的语文教学改革，主要呈现出如下共同的发展趋势。

一、重视语文课程的工具性、人文性和德育价值

许多国家的语文课程都十分重视语文自身的工具价值，注重语言文字在现实中的运用，强调"在任何领域的学习中，语言都是重要工具"。美国的语文课程强调对学生的人文精神和自由精神的培养，注重在学习中形成正确的国家观念，培养正直、勇敢、有责任心、有良知的公民。但思想情感、社会道德的教育都离不开对语文基本知识的学习，没有语言这个工具作基础，一切都是空谈。例如，美国纽约州制定的语文课程目标指出，语言的学习不只是让学生学会社会交流和对所学知识的批判性分析和评价，而且也是为了培养学生对文学反应、表达、理解和获得信息的能力。这一规定充分地体现出了语文课程的工具性。芬兰的母语课程强调，语言是获取和传播信息的工具。母语教学要使"学生个人成长和对芬兰的认同感得到加强"。①加拿大的语文学习也十分重视这门课程的工具属性，重视对学生语文能力的培养。在看待语言和学习的关系时，为了达到学习目的可以训练听、说、读、写以及观察、思考等各个方面的能力，显然，语言技巧的锻炼是为学习其他内容服务的。对于写作部分的要求，不仅让学生学会组织思想、组织文字，还要培养学生搜集资料、整理资料、分析资料，形成思想的能力。以上这些方面充分体现出各国语文课程的工具属性和价值。

文学教育一向是语文学习的重要方面，通过对文学作品的阅读、欣赏和鉴赏，可以陶冶学生的性情，提升他们的阅读素养。对本国文学作品的学习，可以加深学生对本国文化的认识和了解，增强他们的责任心和国家意识。所以，英国、美国、日本、法国等国家在选择文学作品时，首先考虑的是本国的文学名著。例如，英国的课程标准提出，让第一、第二阶段的学生多接触儿童的文学作品，以培养他们的想象力，增加对文学的兴趣，引导他们逐步走向更深层次的阅读。第三、第四阶段则详细列出了文学作品阅读清

---

① 雷实. 国外高中母语课程标准的基本理念（二）［J］.语文建设，2003，（7）：4.

单，包括莎士比亚等诸多名家经典作品。美国也十分强调学生对本国文学作品的阅读，收入教材的有马克·吐温、杰克·伦敦等文学大家的作品。当然，不少国家也十分注重吸收其他国家的经典文学名著，加深学生对世界各民族文化的了解，提高他们对文学作品的审美和鉴赏能力。

思想道德教育的载体是各门不同的学科，语文课程尤其重要，许多国家在语文教学中，也十分重视培养学生良好的道德素质。加拿大安大略省的英语课程标准强调，通过学习让学生掌握必要的学习技能和生活技巧，能够适应生活节奏的变化，在未来的经济、社会竞争中保持独立和特有的优势，培养有国家荣誉感和责任感的公民，让人们生活的正直、安居乐业。法国的课程标准指出，通过对文学作品的阅读欣赏和语文知识的学习，培养学生的独立性、自觉性和责任意识。日本的教学大纲也关注学生良好思想道德的养成，指出培养学生适应时代变化的能力，在未来的国际竞争中保持独立性和自强不息的态度。在各国不同的教育标准、教育大纲中都体现出道德教育的内容。

二、尊重学生的认知规律和个体差异，注意张扬学生的个性

随着教育学和心理学等学科研究领域的不断扩大，研究取向的不断深入，各国课程设置更加趋于科学化、人性化，注重让学生在乐趣中学习，发挥他们的学习主动性和自觉性。在各国颁布的语文教学大纲或者课程标准中也有突出体现。美国密苏里州的《语言教育课程草案》规定了九项指导原则，指出语言学习是个人化的，语言学习是一个主动的过程，让学生在一个轻松愉快的环境中学习。这样，学生的学习效率才能得到提高。学生的身心发展是有规律的，课程标准的制定都体现出了这一点，如德国巴符州的《完全中学德语教学大纲》，针对学生身心发展的顺序性、阶段性、互补性、差异性，对教材的编写和教学方法的选择给出了合理的规定。再如，芬兰的高中教育目标中指出，要培养学生的独立意识和自觉性，增强学生的责任感和国家意识。这其中就非常重视学生个性的激发和培养。另外，各国在制定语文课程标准时都非常重视学生的最近发展区，即学生现有发展水平和将要达到的发展水平之间的差距，通过合适的教学策略，力争更加符合不同阶段学

生的不同学习需要。这些都体现出对学生个体差异性的重视。

在听、说、读、写、思等基本能力的培养方面，各国也做出了不同的规定，但都表现出尊重学生的个体意识，注重挖掘学生个人潜能的特点。比如，美国加利福尼亚州的课程标准指出，要培养学生阅读和思考的能力，让他们学会诚恳而有辨识的听说。美国内华达州的课程目标，旨在通过语文学习培养学生的交际、听说和演讲能力。英国的课程标准，鼓励学生通过对文学作品的阅读，培养学生的想象力和创造力，并能够对作品提出独到的见解，运用富有个性的方式表达出来。这些规定都充分体现对各国学生个性的张扬和重视。

三、重视培养学生的多媒体使用能力和探究创造能力

信息技术的发展，为人们的生活带来很大的便捷，网络在教学活动中的运用已成为不可逆转的趋势。让学生了解和掌握多媒体技术，将对他们的学习产生很大的帮助，这也是语文教育的重要内容之一。法国在信息技术教育的普及过程中，曾经对于不同年龄、不同阶段的学生提出了一个为期三年的多媒体发展计划及相应的多媒体技术掌握要求。比如，小学阶段，学生要熟悉网络技术的基本用途，并掌握有关网络的基本知识。而到了大学阶段，学生则要学会运用网络进行正常的沟通与交流，在生活中运用网络解决实际问题，并学会建立自己的个人网站。美国政府很早就注意到网络技术在教学中的潜在价值，在政策与资金上给予了很大的支持。很显然，目前，美国的多媒体技术已经在大、中、小学中普及，他们对于学生掌握和了解网络技术也提出了不同层次的要求。澳大利亚政府将网络技术在教学中的应用置于十分重要的地位，认为这是现代教育发展的一面旗帜。

网络时代，知识传播的速度越来越大，传播的广度也越来越宽，人们获取信息的渠道更加多样化，面对纷繁复杂的知识体系，这就需要拥有甄别、选择对自己有价值知识的能力。另外，网络系统中的知识，良莠不齐，掺杂着许多带有负面影响的知识，就要求学生要具备批判性思考能力，去粗取精，去伪存真。许多国家的语文课程非常注重对学生的探究和批判能力的培养。例如，法国高中语文课程就很注重学生个性的张扬，培养学生的思维敏

感性和超凡的想象力，对于科普论文、法制文件等一些非文学的作品，只要能锻炼学生的思维和逻辑能力，就会积极地纳入教材。韩国的最新国语教学目标指出，在语文教学活动中培养学生对祖国文化的认知度、认同感，并以之为豪，增强热爱祖国文化的情感，同时，面对多样的知识体系能够以自己的判断标准寻找有价值的信息，能够创造性地表达自己的思想和情绪。

探究性学习在培养学生的合作意识、创新意识和实践能力方面有着独特的优势。许多国家都很重视信息技术背景下的探究性学习活动的开展。例如，美国各州的语文课程标准，都指出了研究性学习目标的要求，小学至初中的学生注重培养他们搜集资料、分析有用信息的能力，到了高中阶段，重视学生研究方法的学习，锻炼学生针对不同的研究问题使用适当的研究方法，并让学生掌握必要的信息技术知识，在研究中使用创造性与批判性的研究策略。美国加州对不同年级、不同阶段的学生指出了不同的信息技术学习要求，如3年级就有研究技术子项，要求理解各种参考材料的组织与结构；7年级要求学生有一定的判断能力，能够提出有创造性的问题，并能根据问题发表自己的观点和看法。

四、采用多元化课程评价模式，增强评价标准的客观性

课程评价既是对学生学业成绩的一种测量，也是对学习结果的一种总结。随着教育学、教育心理学和教育实验的不断发展深化、普及，特别是对学生智力成分的分析和研究，对教育评价的方式产生极大的影响。例如，加德纳的多元智力理论，认为根据人的发展潜能不同，可以划分为语言（Verbal/Linguistic）、数理逻辑（Logical/Mathematical）、空间（Visual/Spatial）、身体—运动（Bodily/Kinesthetic）、音乐（Musical/Rhythmic）、人际（Inter-personal/Social）、内省（Intra-personal/Introspective）、自然探索（Naturalist，加德纳在1995年补充）、存在（Existentialist Intelligence）九大智能模式，学生在某个或几个方面表现平常，但在其他方面却有可能是优秀的，传统的智力测量难以真实地测出学生的智力水平，所以我们要从多个方面去评价学生，形成多样化的人才观。目前，许多国家的课程评价都发生很大的变化，表现出评价方式和评价主体的多样化，评价结果更加富有客观

性、人性化。

在课程评价中，考试是不可或缺的重要一项，尽管人们对考试的看法不一，有的人认为考试过于死板，不灵活、不全面，不能够真实地检测出一个人的真正能力；还有人认为考试只不过是甄别、筛选的工具，但实践证明，它的存在的确有一定的价值。各国的语文课程改革都把考试作为值得重视的一个方面。

英国的语文考试形成了一个严密有序高效的评价制度，主要采用平时作业和考试成绩相结合的方式，试卷形式多样、层次分明，注重考查学生听、说、读、写的能力。英国国家考试标准规定"课程作业在考试总分数中至少应占百分之二十。考试组应制定专门评价课程作业的大纲"。期中或期末的考试成绩只是作为总成绩中的一个考查项目，还要参考学生平时的作业完成情况。教师布置的日常作业形式多样、灵活多变，可以锻炼学生的不同学习能力。比如，口头作业有通过对一篇新闻报道的了解，能够做出适当的评价，并给出合理的意见和见解；在生活中认真的观察与体验，能够将自己的生活经验和教师或者同学进行愉快地交流和分享；通过认真的准备，能够自然大方地在讲台上做演讲等。书面作业也十分丰富多彩，富有启发性，能够引导学生深入思考，除了课堂上学习的基本知识的考查外，还要求学生掌握一定的网络技术，譬如和同学、老师互发文件，进行正常的网上交流；老师给出研究性课题，学生课下搜集资料，写成调查报告等。考试试卷的题目形式多样，难易结合，具有层次感。在考试试卷中，普通水平的最高层次是C，如果学生想要拿到更高的学习成绩，就需要加试附加试卷和附加试题。这种分层次的考查方式，能够测出学生的不同学习水平，并给学生真实的反馈，让学生认清自己的学习现状，以便及时弥补学习中的不足，并在日后的学习中把握明确的目的和方向。试卷中的题目具有开放性，更加贴近生活，切合学生实际。比如让学生观看一个新闻事件，学生要根据自己的经验和判断给出恰当的评价，或者是让学生针对一种生活用品做一个市场调查，并以一个市场调查员的身份写出调查报告，包括市场现状、存在的问题以及如何解决问题、预测发展前景等。这种方式能够锻炼学生分析问题、解决问题的能力，而且和生活联系紧密，学生兴趣浓厚。在英国，有一种被称为"课桌上的研究"的语文考查方法，注重理论和实践之间的联系，旨在培养学生搜集资料、分析资料、运用资料的能力。具体做法是在考前48小时将材料发给学生，给出具有启发性的问题，让学生有目的性地去搜集资料、分析资料，第二天将自己思考的结果写在答卷上。在英国的考评中，教师对学生评价非常重要，因为教师跟学生接触最多，最有评价的优势和权力。

美国高中和大学的考试形式多样，各种考试相互结合，注重学生的实际运用能力的考查。中学一般分为六年，其中前两年为初中，后四年为高中。学校一般允许学生在毕业前向自己理想的大学提出申请，由于第四年的学习成绩还未评估出来，所以大学很看重高中前三年的学习成绩。然而，高中的最后一年学生也不可轻而视之，很多大学规定，即使学生已经被录取，但如果后来提供的高中四年级成绩不太优异，学校有权要求学生对此做出令人信服的解释，如若不能，该学生有可能被取消入学资格。另外，大学录取还要考查学生的思维创造能力、实践能力、交际能力，考试成绩只是其中的一项，如果考试成绩突出，而其他方面较差，该学生依然不能够被名牌大学录取。美国大学入学考试，又叫ACT（American College Test）考试，是由美国大学入学考试公司主持的。其中的一些测试与我国的语文考试内容有相似之处，比如语言分测验和阅读分测验。测验分成Ⅰ语言、Ⅱ数学、Ⅲ阅读、Ⅳ科学推理四个分测验。其中ACT语言分测验分成"应用方法"、"修辞技能"两部分。其中"应用方法"又分为（1）标点符号；（2）语法运用；（3）句子结构三个测量项目；"修辞技能"则分为（1）策略；（2）组织；（3）风格三个试题项目。所有这些考查项目都配置在五篇散文体短文之中。[①]

德国的语文考试不只是关注学生对基本知识的掌握和运用，而且还注重对学生的思想道德情感方面的文学作品的考查。值得一提的是，德国在语文考试中更加关注人的生存和发展，尊重生命的价值。比如，德国某年中考卷中有这样一道阅读试题：1.分析《面包》这篇小说，写一个引言，总结出故事的梗概。2.沃尔夫冈·博彻特是如何运用语言来描述情节的？3.讲讲你从这篇小说中看到的第二次世界大战后德国人民的生活情况。从中可以看出，

① 李明洁. 德、英、日、美语文大考命题思路比较研究［J］.语文学习，2000，（7）.
http://chinese.cersp.com/sKcjc/200606/2062.html.

德国语文教育对人类命运的关注，培养学生的人文关怀情感。

加德纳多元智力理论指出，人的智力是多元的，评价学生也要多元化。从各国的语文教育评价中可以看出，单纯的考试制度不能够完全检测出学生的真实水平，只有多种考查形式相结合，注重学生的实践能力和思维创造能力的考查，才能促使考试制度进一步的完善。

第二节　我国语文教育的发展趋势

在未来的国际社会竞争中，将是技术和人才的竞争，而教育是二者繁荣和发展的重要平台，所以21世纪谁掌握了教育谁就把握了竞争和发展的主动权。在各国教育改革的浪潮之中，我国基础教育课程改革也逐步推进，旨在转变传统的教育观念，全面提升教育教学效率，促进学生健康而富有个性的发展。新课程改革提出很多新的教育理念，如生本教育、生命教育、慕课、翻转课堂等，这些理念在实践中不断接受检验，并发挥应有的作用。其中，语文教学改革也取得了很大的成绩，根据多年来我国语文教育的改革现状及世界各国的教育发展动态，笔者认为我国语文教育的发展趋势主要有以下六个方面：

一、语文教育的素质化

素质教育是与应试教育相对应的教育，是培养人的基本品质的教育。较为典型的定义是《中共中央、国务院关于深化教育改革全面推进素质教育的决定》一文所界定的，文件指出："实施素质教育，就是全面贯彻党的教育方针，以提高国民素质为根本宗旨，以培养学生的创新精神和实践能力为重点，造就'有理想、有道德、有文化、有纪律'的、德智体美等全面发展的社会主义事业建设者和接班人。"在教育实践中，素质教育具有基础性、全体性、全面性、创新性、主体性、可持续性等鲜明的特征。然而，当前，随着社会经济文化多种因素综合作用形成了强大的升学竞争压力，社会、学校和家庭片面追求升学率的倾向仍然相当普遍，致使学校的发展扭曲，学生的学业负担过重，学生的情意和身心发展不健全以及创新精神和实践能力低下等问题的出现。

　　素质教育与语文教育是什么关系呢？学科教育是实施素质教育的主渠道，语文学科教育，自然是实施素质教育的主要阵地之一。语文教育中包含着素质教育，素质教育存在于语文教育之中。语文学科是一门基础性学科，学好语文，有利于学生学好其他学科为今后的发展奠基；有利于全面提高学生的语文素养，吸收人类进步文化，弘扬中华优秀文化，提高思想道德素质和科学文化素质。吕叔湘指出："学好语文是学好一切的根本。"[①]可见语文素质教育与学生的全面发展、终身发展关系最为密切。实施语文教育就是提高全民族的基本素质，使人们更好更快地适应时代的变化、社会的发展。换句话说，语文教育就是素质化的语文教育。

　　在语文教育实施的过程中，要着力提高学生的语文素质。所谓语文素质就是指能以正确认识和熟练运用母语为基础，充分占有以文、史、哲为知识主体的各科知识，从而进行精神判断和精神创新的能力。"我们认为语文素质就是指人的全面素质，语文素质教育指人的物质实在与精神实在的开发，也就是被教育者知、情、意、行的全面开发。"[②]具体应该包括语言文字素质、心理素质、道德素质、智能素质、创新素质、人文素质、审美素质以及终身学习素质等基本素质。我们知道，教育的根本目的是提高国民素质，多出人才，出好人才。而语文教育则是以提高人的基本素质为发展目标的教育，未来肩负着极其繁重的任务，这就要求我们教师必须树立全新的、以人为本的、素质教育型的语文教育观，改革教学、考试、评价的方法，从而促进学生全面而健康地发展。

二、语文教育的个性化

　　学生是一个个独特的生命个体，具有差异性，教育应该尊重学生的个体差异。在教育改革过程中，重视人的个性发展，就是"要在人的共同性的基础上，充分地把人的差别性显示出来，从而使每一个人都具有高度的自主

---

　　① 《语文世界》创刊号题词，1994.
　　② 彭小明. 谈 21 世纪我国语文教育的走势 [J]，语文观察，2002，（1）：4.

性、独立性与创造性"。①长期以来，我国语文教育过于强调统一性，使用一种固定的程式去适应具有不同特点的学生，这严重扼杀了学生的个性，培养出来的学生多具有相似性，缺乏个体特点。要想培养出气质各异、各具其能的学生，就要实现语文教育的个性化。

语文教育的个性化可以通过以下几种途径来实现。首先，语文课程设置的个性化。随着学科的不断细化和相互交叉、相互影响，封闭性的学科难以取得更深的造诣和价值，多种学科的相互结合，才能找到更广阔的研究领域，取得更高质量的科研成果。语文教育只有从封闭、单一的学科类课程，转变为多种形式相互结合，合理分配，课程设置灵活多样，才能使语文教育更好地走向个性化。其次，语文教学组织形式的个性化。个性化的教学要通过个别化教学形式来实现。个别化，不是要让所有学生都变为优等生，而是使学生在各自原有的基础上获得最大的发展。在学习内容、方式和进度上，都要提倡学生"自由选择"，让不同水平、不同爱好的学生都能发挥自己的特长。多媒体信息技术在语文教育个别化中发挥独有的优势，师生之间完全可以借助网络，讨论问题，交流思想。教学的内容可变得更加图文并茂、生色俱全。每个学生都可以自由的选择，灵活和有效的利用时间，提高学习效率，同时可以充分地发展自己的个人特长。最后，语文教学艺术的个性化。每个名师都有独特的教学风格，在教学思路、教学设计、教学组织、教学形式、教学方法、教学评价以及师生关系等方面都具有独特性。语文教师在形成自己教学风格的基础上，更应当注意师生关系的民主、平等、和谐，注意与学生真诚的对话交流，这样个性化的教学艺术才能实至名归，因为高超的教学艺术是教师个人智慧的体现和个人魅力的完美展现。

三、语文教育的生活化

生活是知识的源泉，知识随着生活的需要而产生。牛顿在生活中发现了万有引力，从而推动了物理学科的极大变革，反过来又对我们的生活产生深刻的影响；瓦特在生活中发明了蒸汽机，从而让人们的出行和运输变得更

---

① 朱永新、徐亚东. 中国教育家展望21世纪 [M]. 太原：山西教育出版社，1999：40.

加方便快捷。语文学科和生活也有着千丝万缕的联系，语言文字在生活中产生，是人们相互沟通、交流的工具，带着人们心灵的烙印。华特·B.科勒涅斯克说："语文学习的外延与生活的外延相等。"①因为语文课程和人们的生活联系异常紧密，各种语文知识和常识很多都是在社会生活需要的情况下产生的，语言的出现是为了交流和沟通，文字的出现打破了时空的限制，使人类的灿烂文化得以传承。所以，要在生活实践中学习语文，走语文教育生活化的发展道路。

语文教育的生活化，就是要彻底改变语文的封闭性，加强语文的应用性和实践性。这需要师生的共同努力，将教学与生活相结合，语文教学应立足课堂，同时还应该与其他各科、校园、家庭、社会密切配合，充分调动并利用各种课程资源。语文教学只有与社会生活和学生的生活接轨，教学内容才会更加丰富多变，更好地触动学生的心灵，为教学注入充实的活力。②同时，学生在生活中应多观察、多体验，积累丰富的生活经验。这样语文教育的生活化才能落到实处。

四、语文教育的科学化

科学化有其客观性，它是指根据事物显现出来的和隐藏的种种特征，找出其内在的规律性，具有可预测性和重复实验性。语文教育是复杂的，它的科学性问题一直存在争议。比如，一些学者认为，语文教材虽然多样但没有统一的规定标准；语文教学内容脱离学生实际，过于浅显；语文教学研究通常是教师的经验之谈等。对于语文教育的不科学问题，张志公曾尖锐地指出，我国语文教育中的偶然性和随意性较多，在一本教材之中难以找到科学的数字，比如一本教材中有多少个标点符号，有多少个生字，有多少个成语等，我们都没有搞清楚，③他突出强调说，中国的语文教育要实现现代化，非走科学化的道路不可。事物的存在有其规律性，抓住事物的本质和规律，

---

① 转引自《语文学习》，2008，（11）．封面．
② 刘国正．语文教学与生活——在"大语文教育"研讨会上的发言[J]．中学语文教学，1993，（2）．
③ 张志公提倡两个"全面发展"[J]．语文学习，1996，（1）：3.

就能更深刻地掌握它，而且能够化难为易、化繁为简。语文也有自身的规律性，把握住它的规律，学习起来就会轻松、容易、有趣。汉字具有音、形、义相结合的特征，信息容量较大，研究表明，长期学习汉字有利于儿童智力的开发。就语文教材来说，要遵循学生的阅读规律：小学生喜欢绘画、传说、童话；初中一、二年级的学生喜欢故事；初三、高一学生喜欢纯文学；高二学生逐步有了思想，可据此来设置与编写（或选用）教学内容。

从近些年来我国语文教育的科学化探索来看，诸多学者借用心理学、生理学、阅读学、接受美学等理论对识字写字教学、阅读教学、写作教学、口语交际教学和综合性学习五大领域，以及学生的汉字、汉语学习的规律等方面都进行了科学化的探索，出版了大量的图书和音像资料，开发了许多汉语文学习网站，取得了可喜的成绩。通过多方努力，语文教育的科学化终将成为现实。

五、语文教育的信息化

比尔·盖茨在《未来之路》一书中指出，信息技术的发展有利有弊，它可以带来利益，也可以带来灾难。传统教育理念要在这个过程中接受考验，不断更新和适应现代教学的特点和方式，不同的政治经济形成不同的教育，信息社会要用信息技术来培养人才。奴隶社会和封建社会，受到客观条件的制约，经济发展水平较低，教育方式多为个体性，即便是群体性的规模也没有达到一定的程度，而且受教育者受到阶级的局限，下层人民接受教育的机会较少。近代工业化的生产方式，促使教育规模不断扩大，教育质量得到快速提高。而在信息社会中，信息成为比物质和能源更为重要的资源，这给人们的社会生活各个方面带来巨大的变革，语文教育也受到不同程度的影响。

语文教育作为现代教育的一个重要组成部分，在信息技术的影响下，会变得更加丰富多彩。（1）语文课堂的信息化。教师和学生借助网络技术可以进行随时随地地沟通交流。（2）教学组织形式的信息化。教学组织形式更加丰富多彩，能够根据学生的实际需要灵活选择。（3）语文学习内容的信息化。教师可以根据教材、学生的特点给出具有启发性的问题，指导学生运用信息技术进行搜集资料，锻炼学生的动手、动脑能力，培养其团结合作的意识。（4）语文教学方法的信息化。教师通过多媒体网络及微课和翻转课堂的使用，使教学方法更加灵活多样，更具有适应性。（5）语文教学评价的信息化。与传统的纸质试卷评定方式相比，网络测评更加高效、准确、公平，可将此技术广泛运用到中小学语文学业评价和选拔性考试中，大大提高评价的客观性和效率。

六、语文教育的国际化

随着经济全球化的到来，带动了多层面、全方位的全球化发展趋势，可以肯定，哪一种行业还未与其他同行取得长期性、发展性的沟通和交流，它的发展和繁荣将会受到极大的限制。中国自古以来和外界保持着友好的沟通和交往，不仅促进了本国文化和经济的繁荣，也给其他国家带来可观的利益。其中文化教育的交流事例更是不计其数，比如，鉴真东渡、郑和下西洋、"东学西渐"等，当然也应该指出，由于近代的闭关锁国政策，也给中国的文化教育带来限制和影响。从教育科学的"西学东渐"到中国近代教育科学的形成与发展，中国教育经历了一个曲折、坎坷的旅程，中国传统教育通过对西方教育科学的借鉴和运用，逐步实现的由传统向现代的转变。当代教育也在波折中前进。21世纪，中国正以开放的姿态走向世界，在全球大家庭中有了中国的加入，会变得更加融合、多彩。在国际化交际交流过程中，语文教育发挥着重要作用，将在教育目标、内容、方法、评价等方面逐步适应国际化的要求，按照国际通用规范进行应对性的变革，这也是中国语文教育国际化趋势的必然反映。

当然中国语文教育的国际化，必须立足中国国情，突出中国语文教育的特点，不能脱离中国的实际，不然反而会限制语文教育的发展，带来不利影响。比如，20世纪20年代和80年代，盲目模仿和借鉴西方的科学方法来改造中国传统的语文教育，导致惨败的情形，至今历历在目，发人深省。在与世界各国进行语文教育交流时，我们应当保持清醒的头脑，关注以下几点：一是正确把握国际化与本土化的关系，明确教育发展的定位。只有在坚持中国特色教育的基础上，才能与其他国家进行平等的交流。二是语文教育的国际化也会带来不利的影响，我们应该有意识地抵御其中的风险。要认清全球化进程产生的消极影响，要以批判的眼光重新看待西方的语文教育。三是人才培养模式的改革，培养具有创新精神和创新能力的现代新人。四是借鉴国际先进的评价手段。目前，国际经济合作组织的"国际学生评价"，国际教育成就评价协会的"国际阅读能力发展研究"、美国教育考试服务处的"全国教育进步评估"项目，等评价方式，对中国语文教育评价产生了很大影响。与此同时，中国传统的作文考试制度也变到西方测评界的信赖。五是国际交流日趋频繁。近些年，随着国际汉语热的持续升温，华侨华人华文学校生源日益火爆，孔子学院在全球各国普遍开设，并收到非华裔的外国人的普遍欢迎，因此对世界汉语教师的需求也越来越大，同时，随着国际文化交流的不断深入，外籍教师到中国任教的人次也有增无减。六是语文教育资源的国际共享。随着新媒体技术的快速普及，中外母语教育教学及文化交流方面的学习网站日渐增多，学习内容更加丰富，许多资料可以随意浏览和下载，很大程度上实现了课程资源的国际共享。

参考文献

1. 陈玉秋. 语文课程与课程论[M]. 桂林：广西师范大学出版社，2004.

2. 陈学恂. 中国近代教育大事记[G]. 上海：上海教育出版社，1981.

3. 曹勇军. 高中新课程实践引领[M]. 南京：南京大学出版社，2009.

4. 巢宗祺等. 普通高中语文课程标准解读〔M〕. 武汉：湖北教育出版社，2004.

5. 蔡明等. 语文课程教学设计与实施[M]. 北京：高等教育出版社，2008.

6. 丁朝蓬. 高中新课程评价[M]. 天津：天津教育出版社，2005.

7. 董菊初. 叶圣陶语文教育思想概论[M]. 北京：开明出版社，1998.

8. 董菊初. 张志公语文教育思想概说[M]. 北京：人民教育出版社，2001.

9. （德）雅斯贝尔斯. 什么是教育[M]. 邹进译. 北京：生活·读书·新知三联书店，1991.

10. 耿红卫. 语文教育新论〔M〕. 武汉：长江出版社，2007.

11. 耿红卫. 革故与鼎新——科学主义视野下的中国近现代语文教育改革研究[M]. 济南：山东教育出版社，2008.

12. 耿红卫. 和谐语文教育建构论[M]. 武汉：华中科技大学出版社，2010.

13. 高吉魁. 语文新课程研究型性学习[M]. 北京：高等教育出版社，2005.

14. 华中师范大学教育科学研究所. 陶行知全集（4）[C]. 长沙：湖南教育出版社，1992.

15. 华东师范大学教育系等. 现代西方资产阶级教育思想流派论著选[C]. 北京：人民教育出版社，1980.

16. 何克抗、吴娟. 信息技术与课程整合[M]. 北京：高等教育出版社，2007.

17. 胡适. 中国哲学史大纲[M]. 北京：团结出版社，2013.

18. 江明. 问题与对策——也谈中国语文教育[C]. 北京：教育科学出版社，2000.

19. 金琴. 初中语文合作学习现状及对策[D]，呼和浩特：内蒙古师范大学，2011.

20. 教育部师范教育司. 语文教育科研导引[M]. 长春：东北师范大学出版社，2001.

21. 课程教材研究所、中学语文课程教材研究开发中心等. 普通高中课程标准实验教科书语文（必修）[M]. 北京：人民教育出版社，2007.

22. 刘正伟. 国际语文课程与教学比较[M]. 杭州：浙江大学出版社，2008.

23. 刘国正. 叶圣陶教育文集（第三卷）[C]. 北京：人民教育出版社，1994.

24. 刘国正. 实与活——刘国正语文教育论集[C]. 北京：人民教育出版社，1995.

25. 刘捷. 高中新课程与教师专业发展[M]. 天津：天津教育出版社，2005.

26. 刘朝晖、申仁洪. 研究性学习教学论[M]. 广州：广东高等教育出版社，2006.

27. 李香平. 汉字教学中的文字学[M]. 北京：语文出版社，2006.

28. 李春华. 合作教学操作全手册［Z］. 南京：江苏教育出版社，2010.

29. 李海林. 言语教学论[M]. 上海：上海教育出版社，2006.

30. 联合国教科文组织国际21世纪教育委员会. 教育——财富蕴藏其中[M]，北京：教育科学出版社，1996.

31. 雷铃. 名师教学机智例谈[M]. 上海：华东师范大学出版社，2007.

32. 廖大鹏. 论师生关系的新发展[D]. 武汉：华中师范大学，2001.

33.（美）杜威. 民主主义与教育[M]. 王承绪译. 北京：人民教育出版社，2001.

34.（美）杰洛姆·希摩尔·布鲁纳. 教育过程[M]. 邵瑞珍译. 北京：文化教育出版社，1982.

35.（美）莱斯利·P.斯特弗、杰里·盖尔.教育中的建构主义[M].高文、徐斌艳等译.上海：华东师范大学出版社，2002.

36.倪文锦.语文考试论[M].南宁：广西教育出版社，1996.

37.倪文锦、欧阳汝颖.语文教育展望[M].上海：华东师范大学出版社，2002.

38.庞丽娟.教师与儿童发展[M].北京：北京师范大学出版社，2001.

39.潘新和.语文：表现与存在[M].福州：福建人民出版社，2004.

40.全国十二所重点师范大学.教育学基础[M].北京：教育科学出版社，2002.

41.（日）佐藤学.课程与教师[J].钟启泉译.北京：教育科学出版社，2003.

42.（苏）巴班斯基.教育学[M].李子卓等译.北京：人民教育出版社，1986.

43.舒新城.中国近代教育史资料（上册）[G].北京：人民教育出版社，1981.

44.王文彦.中国语文教育发展史[M].呼和浩特：远方出版社，2006.

45.王文彦、蔡明.语文课程与教学论（第二版）[M].北京：高等教育出版社，2006.

46.王松泉等.中国语文教育史简编[M].北京：社会科学文献出版社，2002.

47.王炳勇.中学语文合作学习的研究与探索[D].济南：山东师范大学，2008.

48.王道俊、王汉澜.教育学[M].北京：人民教育出版社，1999.

49.王策三.教学论稿[M].北京：人民教育出版社，1985.

50.王鹏伟.和名师一起读语文新课标[M].北京：教育科学出版社，2013.

51.韦志成.语文教学情境论[M].南宁：广西教育出版社，1996.

52.魏述琴.语文合作学习研究[D].曲阜：曲阜师范大学，2013.

53.谢作进.从主体性教育思想看中学语文学科性质[D].武汉：华中师范大学，2001.

54. 叶圣陶. 叶圣陶语文教育论集[M]. 北京：教育科学出版社，1980.

55. 叶圣陶、吕叔湘、等. 语文教育论文选[M]. 北京：开明出版社，1995.

56. 叶澜. 教师角色与教师发展新探[M]. 北京：教育科学出版社，2001.

57. 约之：先生的课堂[M]. 北京：光明日报出版社，2013.

58. 余文森、郑金洲. 新课程语文教与学[M]. 福州：福建教育出版社，2005.

59. 语文课程标准研制组. 全日制义务教育语文课程标准（实验稿）解读[M]. 武汉：湖北教育出版社，2002.

60. 语文课程标准研制组. 普通高中语文课程标准（实验）解读[M]. 武汉：湖北教育出版社，2004.

61. （英）查尔斯·汉迪. 非理性的时代：工作与生活的未来[M]. 方海萍等译. 北京：华夏出版社，2000.

62. 杨德如等. 语文教与学概论[M]. 合肥：中国科学技术出版社，1993.

63. 中外母语教材比较研究课题组. 中外母语课程标准译编［M］. 南京：江苏教育出版社，2000.

64. 中央教育科学研究所. 叶圣陶语文教育论集[C]. 北京：教育科学出版社，1980.

65. 中华人民共和国教育部. 义务教育语文课程标准（实验稿）[S]. 北京：北京师范大学出版社，2002.

66. 中华人民共和国教育部. 义务教育语文课程标准（2011年版）[S]. 北京：北京师范大学出版社，2012.

67. 中华人民共和国教育部. 普通高中语文课程标准（实验）[S]. 北京：人民教育出版社，2003.

68. 中国大百科全书总编委会《教育》编委会. 中国大百科全书·教育卷[Z]. 北京：中国大百科全书出版社，1985.

69. 朱永新、徐亚东. 中国教育家展望21世纪[M]. 太原：山西教育出版社，1999.

70. 朱绍禹. 中学语文教学法[M]. 北京：高等教育出版社，1988.

71. 张后安. 高中语文阅读教学问题与对策研究[D]. 东北师范大学，2009.

72. 张春兴. 教育心理学[M]. 杭州：浙江教育出版社，2006.

73. 张金桥. 汉语阅读与习得的认知心理研究[M]. 广州：暨南大学出版社，2008.

74. 周新桂. 探究教学操作全手册［Z］. 南京：江苏教育出版社，2010.

75. 祝新华. 促进学习的语文评估：基本理念与策略[M]. 北京：人民教育出版社，2014.

后 记

早在2000年，新课改实施前夕，钟晓雨在《问题与对策：中小学语文教育改革》一书中较为全面地集中阐发了改革开放以来至20世纪末期我国语文教育中存在的问题及其发展出路。2001年和2003年义务教育、高中语文课程标准颁布并实施以来，我国的语文教育改革在语文和语文课程的内涵、语文课程的性质、识字写字教学、阅读教学、写作教学、口语交际教学、语文学习、语文教学评价、师生关系等诸多方面取得了显著的成绩，但也存在不少问题，需要采取有针对性的策略加以解决。然而，当前语文教育界要么局限于从实践层面研究小学语文教育的有关问题与对策，如吴亚西编著：《小学语文教学的问题与对策》，要么仅局限于课堂中的热点问题以问答的方式来呈现，如王宗海著《有效教学：小学语文教学中的问题与对策》，丁莉娟等编著《有效教学：初中语文教学中的问题与对策》，赵志昇、丁丽娟编著《有效教学：高中语文教学中的问题与对策》，当前，尚未有一部从理论和实践操作层面系统地研究新课程背景下中小学语文教育问题与对策的著作问世。鉴于以上思考，作者尝试从宏观层面，用历史研究、文献研究、案例研究、比较研究、调查研究等方法，深入研究新课改以来我国语文教育中存在的问题与对策这一重大课题。

本著作得到了河南师范大学有关部处领导和老师的大力支持，在此表示由衷的谢忱！在写作过程中，李伟、彭秋丽等本科生，李娜、刘威、乔双莹、张丽娟、马郑豫、马雯雯、刘宁、侯超、原喜娟、刘天瑜、李瑞瑞、黄闻闻、张舒沛、闫记红、李英、周春翠、杨莉、白莎莎等研究生提供了大量

后 记
Postscript

的研究资料，在此表示深深的感谢！刘一博、原冰霄、李肖超、彭丽丽等研究生还做了大量的文章修改和文字校对工作，在此表示衷心的感谢！感谢新华出版社领导和张永杰编辑对本著作的垂青和厚爱！最后，衷心感谢那些曾经和正在帮助我的人们！

此外，本著作还参阅了不少论著，若因疏忽而未提到的作者及其文献，在此表示真诚的歉意！由于作者的学术水平有限，研究仅限于个人之见，若有不当之处，欢迎来函（邮箱：ghwhn2008@126.com），交流思想，批评指正。

耿红卫

2016年3月